責任から考える
現代社会

山本清 著

丸善出版

まえがき

　「責任」を巡る事件や事態が頻発し，それにわれわれがどう対応するかが問われている．最近では自民党派閥の政治パーティ券の収入が政治資金規正法の定める収支計算書に記載されず「裏金」処理したことが発覚して政治不信を招き，総理や関係議員は「説明するのが政治の責任」と述べ，マスコミや他の政党は「説明責任を果たすべき」と追及している．また，わが国が誇ってきた製造業の品質についても，有力自動車会社において認証試験などの不正が相次ぎ，信頼性が揺らぎ経営責任が問われている．他方，新型コロナウイルス感染症はいまだ収束していないが，2020年から3年あまりは，家庭や個人は外出禁止等の措置によらない自主的な責任ある行動が求められてきた．こうした状況下で重大な問題になっているのは，「忍び寄る」危機とも形容される気候変動，少子化および国際競争力の低下，巨額の政府債務への対策である．これらの問題への対処・解決は，すぐに国民生活に大きな影響を与えるものでないため，事態を無視したり認知が遅れがちである．それぞれ温室効果ガス削減，人口減少への歯止め・抑制，経済活性化と財政健全化は現役世代が将来世代に負っている責任である．

　しかしながら，現下の，再生可能エネルギー開発(原子力を含めたエネルギー政策の検討)など気候変動対策の遅れ，効果に疑問のある少子化対策，受益増賛成・負担増反対の世論は問題の解決を遠ざけるだけでなく，誰もが責任を負わない社会をもたらしつつある．従来の法的な懲罰や経済的な誘因あるいは政治的・社会的な制裁だけでは，行動を変えることはできない．ロシアのウクライナ侵攻や北朝鮮のミサイル・衛星発射は経済制裁や国連決議が機能しない象徴例であり，無償化や給付による出生率の上昇効果も北欧で低下しているのは経済的誘因の限界を示している．わが国では保育所の待機児童や保育料負担(3-5歳児)がゼロになっても少子化は加速化している．産業革命前に比べて地球の平均気温の上昇が観察で確認されている気候変動でさえ，国際条約で目標とした＋1.5℃以内への対策が各国で計画通りに実行されない．現状を踏まえると，各主体の責任ある決定と行動をどのように担保し実施・監視・修正していくかの体系的な方策論

がわれわれ人類に求められているといえる．

　本書では，これまで責任の議論が法制度や哲学・倫理的な定義・分類あるいは責任の有無(とくに戦争責任や原子力発電所事故)もしくは特定分野(政治，科学，企業など)に焦点が当てられていたのを，どのようにして「責任のシステム」を構築し，決定と行動(将来に向けた学習や創発を含む)に導くかを横断的に展開する．誰(who)が責任を負う(べき)から，いかに(how)責任を果たす仕組みをつくり，動かすかへの発展を目指す．そのための基礎的な枠組みとして「責任」を主観的で内なる統制にかかる「レスポンシビリティ」と客観的で外からの統制にかかる「アカウンタビリティ」に区分し，アカウンタビリティの責任の社会的制度化と個々の主体(自己責任論や最終的に個人責任に帰着させるのでなく)におけるレスポンシビリティによる責任の内面化の必要性を説く．

　アカウンタビリティは行為主体の統制可能な範囲内の行為結果についての責任であり，レスポンシビリティは統制可能性を超えた部分についての責任である．そして責任の結果は，行為を追及・非難する懲罰的側面以外に行為を称賛する側面および非難も称賛もない中立的な側面があることに留意しておかねばならない．中立的というのは機能していないということでなく，むしろ日常的な状況での機能であり標準的な基準や規範を満たしている状態である．したがって，この責任状態が組織や個人の通常の業績や政策の効果を規定しているといえる．称賛状態とは果たすべき目標水準を超えた成果を発揮する場合である．

　このように責任をアカウンタビリティとレスポンシビリティの2区分と懲罰・中立・称賛の三つの機能面から，どうすれば説明の機能が発揮され実践するかを探る旅に出よう．

　この旅の工程は読者に自由につくってもらえばよいが，著者として次の二つのプランをあげておきたい．一つ目は，序章から第10章までを順を追って読み進めるものである．これは，責任の概念や機能を理解して，現実の問題での責任の扱いに触れる流れである．大学の講義やゼミあるいは首長・議員や行政職員が学習・研修で利用される場合によいであろう．二つ目は，実際に関心あるトピックスを扱っている章(気候変動，政治資金，子育て・少子化，行政運営，企業不正)を先に読み，責任の作用を知ってから序章にもどって基礎的な概念を確認するという流れである．これは，一般市民や多忙な社会人などが空き時間を活用する場合に向いていると考える．

目　　次

序　　章　1

第　一　部

第1章　責任の概念──────────13

1.1　規範と実際　13
　　責任における規範の役割　13／規範の合意　15／行為と結果：統制可能性　17／複雑な問題のモデルと責任　19／責任の概念区分　21

1.2　責任の構成要素　23

第2章　責任のとらえ方──────────27

2.1　自由と責任：哲学，倫理学，社会学　27
2.2　非難と責任：法学　31
2.3　統制と責任：憲法，政治学，行政学　33
2.4　委託と責任：経済学・経営学　37
2.5　つながりと責任：心理学　39
2.6　権利と責任：福祉学，フェミニズム論　41
2.7　まとめ　43

第3章　責任の機能と効果──────────45

3.1　責任の機能と効果のモデル　45
　　責任の構造　45

3.2　責任の評価機能　47

iv　目　　次

　　　　　評価＝標準：準拠性と紀律・安定　47／評価＝非難：懲罰と抑止　49／
　　　　　評価＝称賛：報奨と奨励　50
　　3.3　責任の対話機能：評価過程　51
　　3.4　責任感の機能　54
　　　　　責任感がなす超越的な行為　54／責任の逆機能：過剰な責任による負の作
　　　　　用　55
　　3.5　責任の「対理論」との関係　56

第4章　三つの責任概念 ——————————————————————61

　　4.1　責任概念を区分する意義　61
　　4.2　責任モデルと責任の区分　62
　　4.3　アカウンタビリティとレスポンシビリティを区分する意味　64
　　　　　アカウンタビリティとレスポンシビリティ　64／アカウンタビリティを求
　　　　　めることの困難性　65
　　4.4　無限責任と有限責任　68
　　　　　有限的な責任と無限的な責任　68／不確実性と責任　69
　　4.5　自己責任と自己責任論　71
　　4.6　結果に関する責任のとらえ方の違い　73

第5章　「説明責任」とアカウンタビリティ ————————————77

　　5.1　「説明責任」の濫用と無責任体制への危惧　77
　　5.2　日本における「説明責任」　80
　　5.3　「アカウンタビリティ」の本来の意味は？　83
　　　　　「説明責任」の普及の要因　83／責任を巡る法的義務と自発的対応　87／
　　　　　アカウンタビリティと説明責任の関係（まとめ）　89

目　次　v

第　二　部

第6章　政治と行政分野の責任 ———————————— 95

6.1　政治資金規正法違反と責任　95

政治資金収支報告とアカウンタビリティ　95／政治資金報告制度の改革　98／政治資金を巡る責任　99／地方議会の責任　101

6.2　証拠に基づく政策決定(EBPM)の推進と責任　103

EBPM導入とその背景　103／EBPMの展開　106

6.3　責任の枠組みによるまとめ　111

第7章　企業の責任 ———————————————————— 115

7.1　企業の不正と責任　115
7.2　企業不正の理論　115
7.3　不正の原因と対策―ダイハツ工業の例　116

事態の概要　116／不正時の社内の体制　118／不正事案の概要　119／不正の原因　120／対　　策　125

7.4　認証試験にかかる責任の構成要素　125
7.5　持続可能性に対する責任　127

持続可能性報告　127

7.6　責任の枠組みからの考察　130

サステナビリティの開示責任と開示効果　131

第8章　個人の責任：少子化にかかる結婚・出産・子育て
———————————————————————————— 133

8.1　少子化をどうとらえるか？　133
8.2　結婚における責任　137
8.3　出産における責任：自己決定と責任　140
8.4　子育てにおける責任　144

8.5 生物的持続可能性と個人の自己実現保障の関係　150

第9章　専門家の責任―新型コロナウイルス感染症を例に―――153

9.1　社会における専門家の役割と責任　153
　専門家の定義と特性　153／専門家の責任　155
9.2　新型コロナウイルス感染症における専門家　158
　時期別の対応と対策　160
9.3　感染症分野の専門家と政府　162
　専門家間の対話と調整　167／専門家の「前のめり」と責任　169／専門家の責任を巡る課題　171
9.4　責任の枠組みにおける検討　174

第10章　気候変動と国際問題：責任の観点から考える――177

10.1　気候変動問題の特性　177
　気候変動の問題とは？　177／気候変動への対策と不確実性　181／手法の開発と政策科学の復活　183
10.2　国際的対応　184
　グローバル・ガバナンスとしての気候変動の対応　184／ガバナンスの複雑性：相互作用　188
10.3　方法・対策　190
10.4　責任の観点から対策を考える　195
　誰が責任を負うか　196／誰への責任か　197／何に対する責任か　198／どのように責任を果たすか　199

おわりに　201
参考文献　203
索　　引　209

序　　章

「責任」の時代

　東京大学の入学式での挨拶は「日本最高峰の総合大学」と称されることから，社会で話題になることが多い．2019年の上野千鶴子氏(東京大学名誉教授)による祝辞は男女差別や階級社会に関し，選抜された東大生に向けたものであったため大きな反響を呼んだ．「恵まれた環境と恵まれた能力とを，恵まれないひとびとを貶めるためにではなく，そういうひとびとを助けるために使ってください」[1]とノブレス・オブリージュ(社会的地位に見合う責任・義務)に相当することを求めたからである．上野氏が著名な社会学者であるとともにジェンダー論の代表的研究者の一人であったため，日本社会全体への分析と主張ととられた．

　この祝辞は，表現は変わるが2024年の入学式の藤井総長の式辞においても「われわれは，構造的差別の再生産と拡大とを断ち切り，あらゆる構成員が等しく権利を持つ社会を実現する責任があります」[2]と継承強化されている．いずれも現実の社会において差別が存在すること，それを克服するため誰もが等しく扱われ権利を行使できる社会を実現する責任を述べている．双方とも社会的に恵まれた「エリート」とみなされている東大あるいはその学生・教職員が責任をもって行動することは，最近の政治資金収支報告書の派閥をあげての「裏金」処理にみられるように政治家の無責任体質への大学側からの良識的な意見表明と考えてよいであろう．もちろん，大学組織にも自治に反して一部の集団や実力者の意向で決定や執行がなされたり，運動部の違法行為や不祥事を隠蔽するなどのガバナンス(統治)欠如で教育研究の責任を社会的に果たせない大学も出てきており，責任を主張したり強調するだけでは問題は解決しない．また，学校内でのいじめは

---

[1] https://www.u-tokyo.ac.jp/ja/about/president/b_message31_03.html(2024年9月22日閲覧)
[2] https://www.u-tokyo.ac.jp/ja/about/president/b_message2024_01.html　(2024年9月22日閲覧)

依然として増加傾向[3]にあり，児童・生徒の痛ましい事件とそれに対する学校・教育委員会側の責任が第三者調査委員会により改めて問われることも少なくない．いじめによる自殺に至る前に適切な指導や対策が打てたのではないかということである．

　実際，責任を果たせていない事件は政治や教育機関だけでなく，わが国の経済競争力の中核を担う自動車業界においても近年相次いでいる[4]．自動車という製品の安全性能は最優先されるべき事項であるが，認証試験データの偽造や，不正処理する事態が大手の自動車メーカー・部品会社で多発している．直接の責任は開発部門や品質管理部門にあるが最終的な責任は経営トップにある．

　わが国でも会社法の役職ではないがトヨタ自動車をはじめ経営トップ・代表取締役社長を欧米と同じくCEOと称する企業が増えている．CEOはChief Executive Officerの略であり，邦訳は「最高経営責任者」となっている．CEOの役割は，その用語にあるように業務執行全体の統括，経営方針や戦略の策定，利害関係者との対話と情報開示がおもなものである．経営責任を担う最高の地位にあるから認証試験などの執行業務に関しても統括・監督する責務があり，不正があったということは責任を果たしていないと判断される．何よりもCEOは企業だけの役職でなく非営利組織や公的組織の一部でも業務執行の最高責任者であり，CEOは経営の意思決定機関である取締役会や理事会で指名・任命されることになっている．業務執行の統括という与えられた職務を果たさなかったから経営陣は経営責任として辞職や賞与返納などをすることになる．こうした経営者の責任の取り方は当該組織にとっても社会にとっても妥当であり，それゆえ政治家が自己の政治団体の政治資金について収入の一部を資金収支報告に無記載(裏金処理)の件を秘書などの会計責任者のせいにし，政治家本人や政治家の所属する政党のトップが責任をとらないのは企業経営に比してバランスを欠くという意見が多い．

---

[3] 文科省(2023)「児童生徒の問題行動・不登校等生徒指導上の諸課題に関する調査」によると2022年度のいじめ認知件数は小中高・特別支援学校で68万1948件と過去最高になっている．

[4] 2020年以降に限定してもトヨタ自動車，デンソー，曙ブレーキ，日野自動車，豊田自動織機，ダイハツ工業，愛知製鋼があげられる．

リーダーの責任で解決するか？

以上の例は組織のトップやリーダーシップを執る人物が責任を担う必要があること，または，責任ある行動をとっていないことへの非難である．しかしながら，われわれがいま直面し挑戦を受けている気候変動や人口減少・経済財政問題あるいは社会の包摂化への解決は，トップやリーダー層の責任を認識してもらい強化することで対処し克服できるのだろうか．現代社会は特定の人物や現象を非難することで真の問題を人々の関心からそらし，日常の不満を責任追及に替えてさまざまな非難事項を対象にすることでゲーム的な毎日を過ごしているという理解も可能である．米国でトランプ大統領を支持する層は白人の非大卒の教育歴で経済的にも恵まれてないという分析が世論調査[5]にある．確かに仮想敵国のようにエリート層を批判・非難することで国民の不満を一時的に吸収し，その対象を次々と変えれば不満の管理は成功し支持の安定化にもつながる．しかし，この非難ゲームの社会自体は（カリスマ的なあるいはエンターテナー的な）トップの指導者に依存したモデルであり，具体的なゲームの解法を示さない点で，トップの責任に期待する政治や企業経営の責任モデルと共通している．冒頭の東大入学式の式辞・祝辞もリーダーシップの心意気と責任を語ってはいても，どうすれば実現できるかを明らかにしていない．リーダーシップ論でしばしば展開されるように，リーダーはフォロアーがいて初めて存在し機能する．したがって，組織でも社会でもトップやリーダーの行為と同時に健全な批判・提言・実行を担うフォロアーの行為がセットで必要である．フォロアー・リーダーシップが提唱されるのも同じ論理である．

責任の効果：懲罰と称賛

何よりわれわれの社会はトップやリーダーだけで成立しているのではないし，各人が自己の能力に基づきそれぞれの責任を果たすことで機能している．社会システムを円滑に動かし改善・向上させていくためには，各アクター（主体）への役割の割り当てと主体的な役割遂行が前提になる．民主主義には自由で公正な選挙制度と政治と行政および司法の権力分立および適切な執行が確保される必要があるし，市場経済には競争原理が働くとともに企業の起業家精神とガバナンスの確立が求められる．責任は，任務や義務を果たさない場合に非難や懲罰を課すことで職務に対する紀律

---

[5] 金成（2017，2019）や調査会社ロイター，イプソスの世論調査を参照．

保持とこうした負の誘因・制裁を回避しようと行動させる効果をもつとされる．組織または人物が責任を果たさないことから不利益等を生じた者にとっては，そのことを批判したり，補償を受けることで心理的・経済的に不満が解消され，欲求が充足されることもある．

しかし，責任感・使命感とか職業倫理からくる行為は，契約的な行為（職務記述書の内容）を超えて高い成果を生むことがある．2024 年 1 月 2 日の羽田空港での日本航空と海上保安庁の航空機との衝突時の日航機の乗務員の対応は，この象徴的例である．前日の能登半島地震への救援物資の輸送をする海保機が離陸準備をしているときに千歳発の日航機が羽田空港に着陸しようとして両機は衝突し，日航機は炎上した．その後，乗務員の的確な判断と誘導および乗客の協力もあり着陸後 18 分程度で乗客・乗員 379 名全員が機外に安全に脱出できた．海保機の 6 名の乗員のうち機長を除く 5 名が亡くなるという痛ましい事故ではあったが，日航機側に犠牲者がいなかったのは奇跡的なこととされる．火災などの航空機事故への訓練がされていたとはいえ，機内でマイクが使用できず煙も出ていた状況下で安全なドアの開放と乗客のパニック行動を押さえ，安全かつ迅速な誘導をしたのは乗客の安全を守るという責任感と現場での危機対応能力が働いたものと理解される．

このように責任には非難や懲罰的な効果の側面以外に称賛の肯定的な効果があることに留意しなければならない．結果につき個人の自己責任論のもつ危険性を論じたモンク自身も，責任には肯定的，懲罰的および否認的な 3 つの概念があると述べている（Mounk, 2017）．日航機の乗員に社内表彰などがなされたかは不明だが，全員無事脱出に関して世界の同僚・航空関係者から大きな称賛が表明され，乗員のみならず組織の名声を高める効果があったことは確かである．また，忘れてはならないことは，責任は起こったことに対する事後的な観点からの評価だけでなく，先取り的な分析や対応をする事前の評価の側面もあることである．多くの行為は繰り返されるものであり，負の結果を受けて懲罰が課される場合もあるが行為の検証もなされることで同様の事態を回避し，正の結果をもたらすよう計画や行動の修正がなされる．とくに，行為と結果の関係が事前に特定化するのが困難な場合に，負の結果に対して懲罰的な対応をすることは統制不能な要素にまで責任を追及されることになり，実施主体の意欲的な行動を委縮させモラル・ハザード（責任感の欠如）を生じることになりかねない．このため，プラス・

マイナスの双方の作用を念頭に「責任」を考えていくことにする．

「責任」を巡る議論　責任の重要性を主張するのは主体の行為や意識に着目することになるが，他方で「責任より原因の解明が大切」という論もある．責任追及では不満のはけ口になるだけで問題の解決にならないのではないかという論理である．しかし，次の三つの観点から，この論理は否定される．

① 当該事態への責任の有無は原因の特定化と同一である．

　因果関係が特定化できるとき，ある主体の行為を x，結果（成果）を y，ある主体の行為ではない外部要因を e で表すとその関係は下記のように定式化される．

$$y = f(x, e) \tag{0-1}$$

　この場合，ある主体につき結果につき責任があるということは，自己の行為でない要素 e を考慮しても実施した行為の量あるいは質に自己に帰する問題があったということになる．したがって，e の特定化が十分な精度（信頼性）でなされれば，行為が要因で所期の結果が得られなかったか否かは判断でき原因の究明も可能になる．

　しかし，何が外部要因として作用しているか，主体の行為の可能な範囲や内容はどこかを特定化することは困難である．先にあげた少子化は直接的には出生数の減少からくるが，本当に家庭の経済状況や教育費負担で子どもの数が決まっているのか，なぜ婚姻やカップルになる数が減っているのかなどはわからないことが多い．それは政府の行為と少子化あるいは出生数という結果の間に，多くの過程と相互作用などの複雑な関係が介在することから，行為によるインパクトを合理的に特定化できないことによる．行為と結果が比較的近く，価格・コストと質およびマーケティングで業績が規定される企業の場合でも，利益を結果とみなすと自動車メーカーであれば国内以外に外国メーカーとの国際競争があり，為替市場が販売価格に大きな影響を与える．さらに，輸出先の国の規制（環境規制，関税や補助金など）により製造コスト以外に相手国の政策により販売数量は左右される．自動車市場および為替市場はメーカー単独では統制可能でないし，競争環境下ではもともと価格決定能力はないはずである．できることは政策や市場動向を含めて環境や外部要因を的確に予測することである．予測の範囲であるのに行為（製造や販売など）が不適切なため想定される利益を確保できない場合には，経

営陣は責任を負うことになる．利益が十分確保できなければ株価上昇も配当支払いも期待できないからである．この場合，責任の特定化は，環境要因などの予測・推計が適切であったかに依存する．経営陣が業績見込みを環境変化に対応し期中に行うのは，統制不能な要素の影響を考慮して，適正な範囲で責任を担おうとするためである．もちろん，最終的にこの推計や説明に納得しない株主などは責任追及するか当該会社との関係を断つことになる．たとえ原因が経営にあると合理的に特定できなくても「会社に責任がある」と判断して株主は行動する自由があるのが資本市場である．

　このように行為と結果の関係が因果に基づき特定化できない場合も多いため，責任追及よりも結果から原因を考えるという姿勢が研究開発・イノベーションやベンチャー的な事業ではむしろ奨励される．ただし日常的な業務では計画・設計段階で行為と結果が特定化できていることが前提になっており，逆にいえば起こる結果は行為から合理的に事前に高い確度で推計され，実績と予定なり計画が対比できる業績管理システムが運用されていることが望ましい．企業の予算管理や業績管理は，財務と業務につき計画，実施，測定・評価，修正，そして次の計画に至るプロセスを経て業績の改善・向上を目指している．それは，主体が統制可能な範囲で結果につき責任を負うシステムであり，統制不能な要素である環境や上位者の権限にかかる部分は除かれる．製造ラインならば事前に定められた品質とコストを所定の時間内に製造し，次のラインや販売先に引き渡す範囲が行為の対象になる．どれだけ販売されたかの責任を負わないし，負えないという論理[6]である．権限と責任を一致させ，結果による賞罰との連動を行う場合の負の効果（責任のない結果に責任を負わされ懲罰を受けたり，怠けていたのに結果が良い実績のせいで報奨を得る）を避け，正の効果をあげる配慮が求められる．

　もちろん，単純な行為と結果を結ぶ「行為―因果モデル」に対しては各方面から批判があり，責任の見地からは，結果志向から行為に原因を求めがちになる過剰な責任追及や反対に何に対しても責任を追及するインフレ現象という社会的インパクトを指摘する意見がある．確かにマスコミやSNSで取り上げられたり話題になる事項は非難や責任追及が多く，称賛は少ない印象があり，現代は人々が非難対象の素材を次々と求め，それへの責任追及で不満を解消し日常を送ってい

---

[6] 管理会計や業績管理論における責任管理（accountable management）の考え方である．

るという見方もできるかもしれない．また，後述するように因果関係の特定化は困難だとし，責任を追及したり，誰かのせいにする責任帰属は一種の儀式にすぎないという見解(小坂井，2008; 2020)もある．

上記の説は理論として理解できるものの，現実は行為と結果をみて業績を評価したり責任を担う制度が構築され，実践されている．責任を判断するレベルは行為なのか結果なのか，両方か，また，結果ならば責任主体の管理や統制を超えた要素(外部要因)はどう考慮するのかに関し，企業も政府部門も検討し対処しているのである．本書の第二部では，事例を通じて具体的にどう応えているのかを検証し，理論的な問いにどこまで回答しているかを探ることにしたい．アカウンタビリティ概念はこの問いに主体が統制不能な要因を除いた部分に責任をもつ限定的なものとし，統制不能な結果にも責任をもつ(道徳的責任である)レスポンシビリティと概念を区分して応えようとした．そして，両者を区分し限定した責任ゆえに測定の客観性や賞罰との連動性を維持しようとしたものといえる(山本，2013)．

② 原因の解明を待たずに対応する責務がある．

悪い結果，あるいは目標に至らない結果になった場合，すぐ原因解明できれば修正は可能になる．しかし，そうした場合は少なく，社会的に影響度が高い結果(事態)になっているときは，早急に事態に対処する責任がある．企業ならば製品や商品に欠陥が見つかった(結果の認識)場合には，記者会見やウェブなどによる欠陥情報の周知と製品・商品の回収等が最優先であり，調査委員会も発足させることが必要[7]である．大震災やテロなどの緊急異常事態には，被害の全容把握と安全確保および復旧が原因究明より優先される．とくに地震の確度の高い予知は理論的に困難とされているから，メカニズムを事後的に測定する調査と同時に防災や耐震等の事前対策の充実強化をはかる責任と復旧責任が重要である．

ロケットの打ち上げ失敗や商品不良あるいはいじめの発生では，想定外の事態や環境変化に遭遇した可能性もあるが事前の予測や計画で推測・解明できず適切な行為が実施できなかったとも考えられる．この場合には，発生した直接の経済損失は(損害保険の対象外ならば)回復不能であり，精神的・物的被害の回復とマニュアルなどの改訂による同種事態の回避が責任となる．もっとも，自然現象な

---

[7] この点で2024年3月に明らかになった小林製薬の機能性表示食品「紅麹コレステヘルプ」の健康被害事件は監督官庁への報告も消費者への情報提供も遅すぎた．

どでは原因が特定化できないこともあり，特定化できても事前に予測あるいは対応が困難なこともある．

③ **責任があるか否かは，事前の基準なり目標に照らして判断される．**

　責任が問題になるのは人々（利害関係者）が責任を担う側の行為を非難するか，結果につき満足しない場合である．非難とか不満は人々の想定する許容水準あるいは期待水準に行為や実績が達していないことに起因する．水準が事前に客観的に明示されていたり，法的に定められている場合には責任を果たしたかが容易に判断できる．とくに結果でなく行為が非難される場合には，行為自体の規範から乖離なり違反がある．結果から原因として行為が特定化されるものでないから，結果の原因究明というよりは行為規範を遵守しない心理・態度の解明ということになる．たとえば，政治家・公務員・会社員の飲酒運転は交通事故を起こさなくても道路交通法違反であり，飲酒運転をした者は責任がある．これは行動の背景の究明も飲酒運転予防には有効であるが，飲酒による交通事故を起こす確率が相当程度高いという証拠がすでに存在するため，行為自体を観察し懲罰を伴う責任を求めているのである．

▍「責任」の態様

　責任は事後的な概念であり，フィードバックがあるにしても回顧的アプローチになるのではないかという向きがある．しかしながら，責任を果たす・負うには「こういう行為をすれば，要求されるあるいは期待される結果をもたらす」という関係を前提にしている．その意味では事前の戦略や計画策定時になされる，問題の構造化と処方箋を検討し決定する（政府部門では政策形成と政策決定に相当）段階を踏んでいる必要がある．したがって，責任には事前的な概念を含むことを認識しなければならない．このことは，具体的な実態・実相を抽出すると明確になる．近年の関心をひく事例のなかで責任に関する事項につき政治，財政，経済，国際問題の順に頭にすぐ思いついたものをあげると次の四つになった．

① 政治資金規正法による収支報告書に記載がない「裏金」についての政治家の責任
② 赤字公債や少子化に関する現役世代の責任
③ 入札情報の提供の自治体職員の責任や個人情報を漏えいした企業の責任
④ 国際紛争・気候変動における紛争解決・温暖化抑制の国際的な協定・行動

への各国および国際機関の責任

　上記のうち，①と③はすでに起こったことへの責任であるのに対し，②と④はこれから起こることへの責任である．再発防止が過去の事象に求められ，方法論と工程管理が未来への事象に要求される．いずれも責任は誰で，どこにあるかという責任追及だけが焦点でないことがわかる．責任を探求することは，哲学的な概念の定義や明確化や機能以外に，方法論や責任を巡る利害関係および社会との関わり合いを検討していくことになる．日常や生活において責任は実践として存在し役割を果たしていることを踏まえ，第一部では責任の理論面での検討をアカウンタビリティとレスポンシビリティの区分および行為主体への非難・中立・称賛行為のマトリックスから行い，第二部では実践面でどのような対処がなされているかを政治・行政，企業，個人，専門家および社会分野において追っていくことにしたい．

第　一　部

　わが国では「責任をとる」ことが職を辞したり賠償をするなどの負のイメージで語られることが多い．しかし，責任とは何か，正の効果はないのか，いかなる場合に責任をとらねばならないか，はたして責任は社会や組織そして家庭でどのように作用しているのかについては分野や論者によって違っているのが現状である．そこで，第一部では，まず第1章で責任とは何かの概念，その構成要素について整理する．この概念定義に基づき，法律や経済，社会などの制度や学問分野で責任がどのように扱われているかを第2章で検討する．そして，第3章において，責任が果たす機能と効果についてプロセスとしての対話や責任観および逆機能について触れる．第4章では，責任の概念をアカウンタビリティとレスポンシビリティおよび自己責任の3タイプについて区分し，それぞれの特性と限界につき解説する．最後の第5章においては，わが国での「説明責任」の過剰な使用とアカウンタビリティの関係・違いにつき整理する．

第1章

責任の概念

1.1 規範と実際

責任における規範の役割　人や組織が責任をとるとか，人々が責任を追及するというときは，行為主体の果たすべき規範か基準に照らして，実際の行為や結果がそれを下回っていたり，満たしていないと思われる場合である．もちろん，規範・基準を大きく上回る水準の場合には，責任追及でなく称賛がなされる．そして，規範・基準が行為にさいし達成したり満たすべき水準として主体に意識され埋め込まれているときには，その水準を満たすよう行動することで責任を果たすことになる．

また，完全に行為の主体の意思と行動に内在化されていなくても，外部から遵守すべき規範・基準として示されているか，罰則などを課されることを知っていれば，規範・基準に沿った行動を促し，責任を果たすことになる．たとえば，一般乗客の移動サービスを担う公共交通機関に区分されるタクシーやバスの業者は，道路運送法の一般旅客自動車運送事業者として安全管理規定を定めるほか各種の法令を遵守することが法律で規定されている．したがって，車両点検や運転手の雇用管理等の法令違反の場合には規範・基準たる道路輸送法や事業会社内規を満たしていないことから，たとえ事故に至らなくても責任をとることになる．運転手の乗車前・勤務中のアルコール摂取は安全管理規定に反するのは当然であるが勤務時間外で飲酒運転をして道路交通法違反をすると，やはり事故を起こさなくても懲罰を受ける．

責任ある行動をとるか否かが確定的でないときとは，どういう行為が責任ある行動かが事前に明らかになっておらず，事後的に「責任をとれ」とか「無責任だ」という評価が支配的になる場合である．行為の意思決定の前の段階ではどの

程度の質・量の行動をとれば責任の追及から免れるかが行為主体に不明であるから，確実に責任ある行動をとることは容易でない．かかる場合には，何度か主体の行為と利害関係者からの評価行動によって責任に見合う行為水準の推定が可能になり，一種の基準として機能することになる．いわゆる企業等(行為主体)が顧客に対するサービスの質を保証するため，提供先の客体の満足度を調査して満足度を品質管理の指標として組織内部や外部に示すことがある．近年では国や自治体でも窓口サービスの向上の一環として住民のサービス満足度に関する目標値を示して実績を測定して公表しているところもある[1]．サービスの主体と相手が1対1の個別的かつ継続的関係の場合には，相互に満足したコストと質の水準で合意に達し，その水準を目安に責任を追ったり追求することが混乱なく実施できる．しかし，多くの主体は複数あるいは不特定多数の顧客や対象者に対して関係をもつため，同じコストと質を提供しても個人の選好に応じて満足度などの評価は異なり，ある人は「この値段ではサービスが悪い」とし，別の人は「この価格でこのサービスは素晴らしい」とまったく正反対の評価をする事態が生じる．

　主体が満たすべき規範・基準が責任を判断する他者により異なり収束しないのは，主体の行為によりサービスなどを受ける側の価値観や基準が多様であるためである．このこと自体は，市場における異なる需要に応じた供給という競争メカニズムの存在で(完全競争が成立すれば)理論的には解決されるものの，政府部門では公正な扱いが要求される特性[2]から，平均的・代表的な市民と特別な対応が包摂的観点から必要な市民に区分してサービス責任も設計されることになる．一般企業や事業者においてもある程度のボリュームをもつ顧客層を相手にしないと経営的には成り立たない．このためサービスは平均的な層あるいは多数が満足する水準にコストと質が決定される傾向にある．価格は明示されているから顧客が企業等の責任を問うのは質に関してであり，非難しても対応・応答がない場合には市場では退出(ほかの企業に切り替える)の選択になる．

　質の基準をどのように設定し，顧客から非難をいかに回避するかは経営戦略的に重要な決定であり，組織内の業績管理や人事管理においては達成すべき基準として内部の従業員等に明示され行動規範として作用し，報奨等に連動する．ただ

---

[1] 国税庁では納税者サービスの向上で税務相談などの満足度の目標を定めている．
[2] 税金負担が高いからといってゴミ収集などの公共サービスにつき優遇的な扱いは公正性から許されない．

し，非難を避けることと満足度を高めることは同じでなく，前者は一定の集団からマイナス・ネガテイブな評価にならないようにすること，後者は全体としての満足度を高めることである．企業ならばどちらの管理が収益や利益に結び付くかになり，政府ならば国民の福祉の向上にどう影響するかの判断になる．ただし，責任を問う非難側の立場からすると，実際の水準が不満や耐えられる質の限界に照らしてどうかになり，責任の管理(対外的)と業績の管理(組織内)とは異なることに留意しなければならない．

具体事例で検討しよう．昼休みのランチは勤め人にとっては食事によるエネルギー補給の意味もあるが，同僚などとの会話によるリフレッシュや情報交換の場でもある．職場近くのレストランなどは昼食を休憩時間の11時半から14時半くらいの間でなるたけ短時間[3]で提供することが通常要求される．ある時計会社が実施した待ち時間の調査[4]によると，ランチタイムで料理が運ばれるまでの時間で我慢できる(イライラしない)限界がどこまでかを聞いたところ，15分までとした者が約6割，20分までを含めると8割になったという．2023年調査は5年前の新型コロナ前と比べると若干長くなっているとはいえ，注文して15分以上待たされるとサービスへの不満なり非難の可能性が高まるといえる．こうしたデータに基づけば，店の管理基準として15分以内の食事の提供をサービス水準として，店や従業員の責任を管理することが合理的になる．これは組織内管理における責任原理であるが，顧客用に「当店は15分以内に食事を提供します」という目標を公表してサービスを展開すれば顧客は実績が15分を超えるか否かで評価して店の責任を判断することになろう．もちろん，15分を超えた場合には値引きをするなどの価格低減やデザート無料提供など付加サービスで客を引き留める(客側からの非難を回避する)ことも考えられるが店の経営管理的にプラスか否かの検討が必要になる．

規範の合意 この例で理解できるように，責任の判断の規範・基準は，法律など責任を担う主体および問う主体に外在的に与えられるときを除き，応える側(責任を担う側)と問う側の双方の関

---

[3] 昼休みは普通1時間程度であり，ランチは時間という制約が大きい．牛丼チェーンが「うまい，やすい，はやい」のキャッチフレーズを掲げているが，1970年代は「はやい」がトップになっていた．当時はそれだけ多忙で勢いのあった時代だったのかもしれない．
[4] シチズン時計が2023年に行った「ビジネスパーソンの「待ち時間」意識」調査．

係で決定されるということである．柔軟な休憩がとれる職場に勤務している層を対象にしたレストランならば，待ち時間は少々長くても構わないかもしれないし，逆に多忙な金融街などならばもっと短い待ち時間が我慢の限界の水準になるかもしれない．また，人々の価値観や意識は変化するから，責任の限界時間も違ってくる（事実，5年前よりも15分までの比率は増加している）．また，ランチのようにある程度反復継続したサービスであれば，サービスの提供側および利用側が内容を変えたり，利用自体をやめてほかの店に替えるなどの対応がとれるが，不動産の購入や学校の選択などでは一度限りの関係という場合もある．こうした場合には販売・供給主体と購入・利用主体で情報の非対称性があるため，事後的に初めて欠陥とか質の問題点が明らかになる．このため，責任を巡り両者間で対立や紛争が生じる可能性がある．その解決のため，民法では契約後に商品や工事に不備があったときに販売者・請負者は購入者・発注者に契約不適合責任を負う旨が規定されている．このほかにも，組織内の上司と部下の関係では，人事考課において目標管理制度が導入されているが事前に行為と結果の目標が明確になっておらず，事後的に良い結果あるいは悪い結果となってから責任を考えることも少なくない．

　したがって，責任があるかないかを判断する尺度は絶対的な基準たる憲法や法令を除くと，責任を負う者と問う者との間での相対的な規範たる基準であるといえる．そして事前の基準に関する合意と共有がある場合，円滑に責任に関する応答がなされることになる．責任の程度を判断する基準は両者の合意であっても相互の関係性や利害は場と時および内容に応じて異なるから，責任の認定は客観的に決まるものではない．主体は相対的な規範・基準である規範水準を満たさないときには非難され，また，規範水準を相当程度超えて閾値たる超過水準以上になるときに称賛される．それゆえ規範水準と超過水準の間の実績に対しては，非難も称賛もされない判断となる．基準が相対的に決定されるから，同じ行為や結果であっても，ある場合には非難され，別の場合には称賛される．ここで規範水準は非難という判断に達するかの規準になるから，この基準を通じて行為者に非難を回避するメルクマールの役割を果たす．そして，事前に特定化・合意することで規範水準を超える行為なり結果を出そうとする努力を促し確実なものとするだけでなく，事後において行為者もほかの者も責任を果たしたかの判断に食い違いが生じることをなくす効果もある．事後的に規範水準や超過水準を設定すること

は，行為者にとって行為や結果の後から責任をとれといわれることになり，相互不信を招く．

なお，非難も称賛も責任を果たした結果に対する評価行為であり，行為なり結果の評価という軸において連続する評定結果であることに留意しておく必要がある．モンクの責任の肯定的概念・懲罰的概念および否認の3区分は連続的な概念の区分でなく，異なる観点なりアプローチからみた責任である．行為と結果と責任の評価という点では，非難は結果以外に行為だけに関してもなされるが，称賛は行為というよりも結果に対してなされることが多い．たとえば消防士が困難な環境下で特殊装置と鍛えた技術・身体能力を駆使して人を救助すれば，責任ある行動として称賛されるが，残念ながら同一程度の行動をしても救助に至らない場合には特段の外部からの称賛はない．他方，所定の救助行動規範を遵守する限り人命救助にならなくても社会からの非難も受けない（責任は問われない）．ただし，スポーツ競技などで相手側のアクシデントに支援すること（マラソンの給水失敗選手に水を渡すなど）は，本人が勝ったり，優勝・入賞しなくても，ルール以外にスポーツ・マンシップに沿った責任ある行為として評価される．

行為と結果：統制可能性　責任に関するアプローチや理論には後述するようにさまざまなものがあるが，責任概念で重要な点は行為と結果の関係である．責任を負う主体は最終的にはヒトになるから，行為について焦点をおくことになる．しかし，行為が正当なり合理的であっても結果が期待したものでないことがある．また，当初から結果について目標が設定されている場合には，結果を無視することはできず，結果が悪いときには何らかの責任を問えないかという話になってくる．たとえば「行為—因果モデル」では，自由な行為主体ならば自らの行為の結果を引き受ける責任があるという．また，責任を問う者と答える者の関係とみなす「応答責任モデル」では，結果について正当性の説明を求められたら答えなければならないと考える．

このように行為と結果にずれがあるとき，結果に関する正当性を求められたときに負う責任は行為に関する責任とはレベルが同じでないから，責任への対応（答える者および問う者）は違うはずである．企業・政府・非営利組織のいずれでも業績評価・測定の領域は，結果にどのように責任を認定し対応すれば組織や構成員の成長や改善につながるか，反対に何を避ければ悪い結果をもたらさないようになるかを探求してきた．それは前述したように，結果 y と行為 x の関

係を記述する式 $y = f(x, e)$ に示される．確かに結果は行為と無関係ではないが，問う者が結果のみに対して評定を行い，それを行為主体が受け入れることは責任や業績管理の観点から適切だろうか．このように行為―因果モデルは慎重に検討される必要がある．

　まず，さまざまな組織では行為の前段に意思決定があり，行為を可能にする権限，資源，能力が備わっている必要がある．そして法令等の制約条件の範囲で活動(行為)がなされるが，目標とする行為は時間内にコストと品質を満たしてなされる必要がある．それゆえ，適切に責任を果たして実行するには質とコストおよび(完了)時間を事前に設定していくか合意しておかねば応答はかみ合わない．行為が終了した段階でこれらの要素に合意しても修正ができないからである．この行為の段階では，行為主体に自由が認められている限り意思決定と行動は自身で統制可能であり，行為に関する責任の規範と規準が確定していれば責任を問うことも答えることもできる．また，責任を負う側が問う側から過大な責任を求められることもなく責任管理も機能する．標準的なマネジメント・システム理論で記述すれば，インプットを処理(プロセス)しアウトプットを産出し，その結果を規準に照らし評価し，次のインプットにフィードバックする回路となる．この手順が責任を担う(負う)者と問う者(たとえば，企業の執行担当者と経営管理者)の間で組織内においては共有化されている．

　ここで問題になることは，行為による直接の結果から，そのことが企業業績に与える効果，そして企業への影響，さらには社会的なインパクトにまで及ぶ場合である．生産までは執行者の管理統制が及び責任を負うことができるが，それを超えた場合には必ずしも執行者や上位の経営管理者にとっても統制できない局面になる．ところがいまや企業のESG[5]報告や統合報告は気候変動や人権・人道などの社会的インパクトを含む内容を扱っており，社会的な責任範囲は国や国際機関と同等水準になっている．企業業績の尺度たる利益水準や株価を例にとっても，商品やサービスの売り上げや市場価値は企業活動がグローバル化すると国内外の消費者・投資家の選好によって左右される．売り上げはライバル企業の戦略や為替相場あるいは年金資金運用機関等の大口投資家の投資方針などによって株価も変動するから，経営責任者の統制可能性は産出段階と異なり，自己の統制を

---

[5] Environment, Social and Governance の三つの要素の頭文字をとったもの．利益などの経済的観点以外の環境・社会・統治の観点から企業を経営したり評価する考え方である．

超える環境要因が結果に大きな影響を及ぼす．さらに製品・サービスの環境インパクトは政府による規制および人々の行動様式によって規定され個々の企業活動が責任を負う範囲を特定化するのは困難である．もちろん，かかる外部要因を考慮した推計を行い，経営戦略を策定し軌道修正するのも経営者の責任に属するが，結果に対して行為と同じ程度の責任を負うことや問うこととは少なくとも区分するのが妥当と考える．同じことは，政府部門でもいえることで，児童手当を適格者の家庭(養育者)に給付することは確実かつ所定の期日までに行う責任と児童手当により子どもの成長や家庭の負担を軽減して出産が増加するという効果を与える責任は同等ではない．前者は行政事務が法令に従い効率に実施すれば100％確実に果たせるし，該当家庭で未給付の場合には責任を追及できる．だが，子どもの成長や出産は個々の子どもや家庭の環境にも影響され，子どもをもつか否かは家庭の自由な選択に委ねられるため児童手当による経済援助は間接的な働きかけにすぎないからである．

複雑な問題のモデルと責任　行為－因果モデル，応答責任モデルにせよ結果につき責任を負うことや問うことができることを前提にしている．しかし，政府や企業の行為についてどのような結果を得ようとするか，逆に実現したい結果はわかっているものの何をどのようにすればよいかの行為がわからない，あるいは決まらない場合がある．因果関係が合理的に一意的に確定しない，複雑な問題あるいは厄介な問題[6] 解決での責任はどうなるかである．気候変動や少子化は厄介な問題の代表例であり，行為と結果の関係が不確実・不確定なものである．1950–60 年代では行為と結果の因果関係の不確実性は環境要素 e を組み込むことでリスク下の意思決定として管理しようとしたが，1970 年代以降は問題の定義自体が利害関係者間で合意しないものがあることを認識し，理論的に対応するようになってきた(Churchman, 1967; Rittel and Webber, 1973)．貧困や紛争，社会の分断あるいは近年の気候変動などは e の特定化および f の定式化を困難にして問題の解を得られないようになってきた．21 世紀に入り複雑系理論やフレーミング論(Schön, 1984; Rein, 1983; Weick, 1995)を用いて生態学や公共政策学の分野で地下水管理，パンデミック，遺伝子組換えなどの問題に適用してきている．因果関係は安定したものでなく，関係の不確実性はリス

---

[6]　厄介な問題では問題の構造も解も同意に達しない．

クとして事前に考慮できる以外に，① 因果関係が事前には特定化できない場合，② 因果関係が時と場所で変わってしまう（文脈に依存する）場合，③ 因果関係自体が不明な場合が存在する．また，結果は因果関係に応じて予測可能な場合と予測不能となる．不確実性を「複雑」，「入り組み（不確実）」，「カオス」および「単純（リスク）」の四つ[7]に区分したクルツとスノーデンのモデル（Kurtz and Snowden, 2003）では，「複雑」な問題とは因果関係は回顧的（結果が出てから）に特定化されるため，予測不能である．他方，「入り組み」問題は，因果関係は時と場所で変わるが，その条件がわかれば予測可能になる．また，「カオス」問題は因果関係自体が不明であり，結果の予測も不可能となる．そして，「リスク」問題は安定した因果関係が存在し，確率は見積もり可能であり，結果は予測可能となる．

このため，問題への対処方策は，「複雑」には適合（結果を受けての適応），「入り組み」にはシナリオ計画や実験，「カオス」には危機管理，レジリエンス，「リスク」には標準的なリスク分析に基づく最適化モデルが対応する（図1-1）．先の行為と結果につき環境を考慮した定式化では，「リスク」に関しては結果を状態が生起する確率を見積ることができ，期待値として推計できる．このため，事前に行為から期待できる結果（実現する結果の範囲）が算定でき，結果に責任を負う側と問う側が共通の基準に照らして規準も合意することは可能である．もっとも，事後的に結果につき責任を判断する場合には，期待値に関してどれだけの数値ならば許容範囲とするかを合意をしておくことが必要である．

したがって，行為と結果につき安定的な因果関係がある場合とない場合に区分

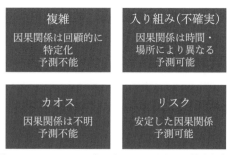

注：Kurz and Snowden（2003）の Fig. 1 をもとに筆者作成．
図 1-1　不確実性の区分

---

[7] 同じ4区分でも Stirling（2010）は，「複雑」に「曖昧性」，「入り組み」に「不確実」，「カオス」に「無知」そして「単純（リスク）」を「リスク」とマトリックスにまとめている．

して責任概念を定義し運用していかねばならない．責任には懲罰・非難以外に報奨・称賛の効果をもつとする視点からは因果関係が相当程度でないと逆効果となり，責任の過剰状態になる．活動(行為)と生産(アウトプット)の直接的な関係が成立する段階では責任を合理的に判断して合意に達することはできる．しかし，直接的な関係が成立せず環境の要素が作用したり，結果そのものが予測不能あるいは文脈依存(何が結果として生じるかの確率が不明)なものは，行為主体で統制可能性があるとはいえない．つまり，アウトプットの結果としてのアウトカムおよびインパクトを対象とする場合，また，行為と結果が不確実な関係となる場合である．そのような状態で行為主体に責任を帰すことは，たとえ事前に責任を負う結果水準として規準が設定され合意に達していても合理的ではない．統制(管理)できないことに責任を負わすことは責任管理の原則にも反する．この場合に負うべき責任は道義的責任(主観的)であり，責任管理の契約的責任(客観的)とは区分される必要がある．

責任の概念区分　以上の検討から，安定的な因果関係がある場合には，責任を問う側の業績評価と責任を負う側の態様(統制可能性)の区分で責任概念は図1-2のように6タイプに整理できる．縦軸は業績(結果)がきわめて低い(poor)状態，普通・標準(standard)の状態および卓越(excellent)した状態の3区分，横軸は行為主体にとって結果に対して統制可能性が高い場合と低い場合である．ここで統制可能性を完全な100％か否か，あるいは中間の場合を考慮しないのは，行為主体の統制可能性が低くても結果が悪い場合には責任を負うことが求められ，また，結果が素晴らしい場合には，行為主体の統制可能性が低くても責任ある行動とみなされることがあるためである．以

結果の評定	統制可能性が高い	統制可能性が低い
悪い(低い業績)	I (懲罰/非難)	II (中立)
普通(標準)	III (中立)	IV (中立)
卓越(高い業績)	V (報奨/称賛)	VI (中立)

注：括弧内は評定により行為主体が受ける賞罰
　　因果関係が特定化されない場合や不明の場合を除く．
　　II, IV, VIは結果の評定が特定化できないため「中立」となる．

図1-2　責任概念の6タイプ

下，6タイプを解説する．

　Ⅰは，結果が悪く，行為主体において結果が統制可能なタイプである．この典型例は法律を順守する法的責任を果たさない違法行為であり，懲罰を受けるか非難される．法律以外に事前に合意した規準に達しない結果をもたらし，その結果につき行為主体に統制可能性があると判断される場合も含まれる．

　Ⅱは，結果は期待される水準でないか悪い結果であったが，行為主体の統制可能性は低い場合である．成功確率が高くない実験で失敗したとき責任者はリスクがあると認識していても，公的資金が投入されたり，資金援助を受けているときは，納税者である国民などに道徳的責任を負う．

　Ⅲは，普通の結果，つまり実績の結果で最低の非難水準を超え超過水準の間であるが，責任を問う側に結果に対して統制可能な観点から正当性の説明が求められる場合である．事前に合意した非難水準を上回るが超過水準にも達していない状態である．

　反対に，Ⅳは，同様の普通の状態であるが，行為主体が統制可能性の低い点を踏まえて結果につき説明する場合である．

　Ⅴは，結果が卓越した実績であり，行為主体の統制可能性ある活動の結果であることを示す場合である．端的には事前の超過基準を実績が上回り，行為についてもマニュアル的な規定を超える活動をしたときは客観的にその評価の正当性が証明される．称賛や報奨によって責任が報われる．

　最後のⅥは，結果は卓越した水準にあるものの，行為主体の統制可能な行動で十分説明できないものである．たとえば，業界の世界ランキングで目標の世界3位以内を目標としていたとき，前年の5位から躍進し2位になった理由が，上位会社の業務の中心地（主要販売先）における政治的混乱で経済活動にも停滞をきたしたことが影響しているときが該当する．

　ここで留意すべきことは，企業，政府，非営利組織あるいは個人であれ，主体の行為とその結果は良いか悪いかに分かれるものでなく，多くはどちらにも評価されない中立的な評定に位置づけられることである．責任の機能や責任管理は責任を問う観点から低業績，不適切行為や結果の抑制に焦点がおかれやすい．しかし，大半はそのような対象にならない結果であり，重要なことは非難水準や超過水準をどのように設定し，いかに結果を高めるように設計し運用するかで組織全体の業績が規定されることである．組織ならば時間軸および部署単位での業績を

高めるように動機づけや業務管理を行うことである．また，行為と結果の因果関係を解明・特定することは，結果がアウトカムのレベルのときや不確実性の高い領域において統制可能性を高めることになり，責任を負う者と問う者の対話促進や合意形成に資することになる．この意味において責任論は業績管理論や動機づけ理論さらには評価論と密接に関係する．

1.2　責任の構成要素

　責任のタイプの検討において整理したように，責任概念は行為と結果をめぐる責任を負う者と問う者の関係が中心である．ただし，行為主体の統制可能性，つまり行為と結果の因果関係性をどう特定化するか，明らかにするか（できるか）によって責任の意義や有効性は規定される．行為と結果の因果関係性を前提とする行為―因果モデルでは，責任は行為主体と行為，結果および任務を与える者の四つの要素で記述する．しかし，責任を果たすには，ロックが説く[8]ように，①負う主体(who)と②問う主体(to whom)および③対象(for what)だけでなく，方法論(how)として，④どのような手続き(via what procedures)で⑤何を行うか(with what consequences)か[9]を確定させる必要がある（Rock, 2020）．責任の対象とは行為―因果モデルの行為と結果に対応する．

　序章であげた四つの責任問題を例に検討してみよう．まず，政治資金の「裏金」経理処理は，政治家本人の資金収支報告における関与の有無が政治資金規正法の観点から問題になっている．すなわち，政治家が会計責任者に相談を受けて報告書に記載せず「裏金」処理を指示したのであれば，会計責任者だけでなく政治家も罪に問われる可能性があり，この場合には法的責任が問われる．すなわち，政治家で統制可能な行為により不正な処理と報告（結果）をしたことになる．政治家が会計責任者の監督につき相当の注意を怠ったと判断されるときは50万円以下の罰金を受けることになっている（政治資金規正法第25条第2項）．本件では，「誰が(who)」は政治家，「誰に(to whom)」は国民，「何に(for what)」は政治資金収支の適正報告，「手続き(via what procedures)」は情報公開を通じて，

---

[8] 責任の合目的性なり効果を透明性，統制，修正，報い，抑制の五つに要約しているが，称賛の要素は含まれていない．

[9] 評価論や測定論は④と⑤に密接に関係する．

「何を（with what consequences）」は懲罰（罰金）または道徳的な非難を受けることになる．政治家にとって有権者から非難を受けると次回の選挙のときの得票数の低下，さらには当落に影響する可能性もある．

　第二は現役世代の政府債務の将来世代への責任問題である．これは，常識的には現役世代が負うべき責務と考える人が多いかもしれない．しかし，理論的にはなかなか複雑な責任概念を含んでいる．将来世代はどこまでか，期間が違うアクター間で責任を問うことが可能かという問題である．親世代が子どもや孫世代に負債を押し付け，課題解決を先送りするのは無責任であるとする論がある．心情的にはそのとおりであるが，子どもや孫の世代がいまの現役世代の責任を問おうとするとき，現役世代はすでに亡くなっていて責任を負うこともできないかもしれない．また，現役世代が責任を負うことを前提にするとき将来世代はどこまで含むか，次の子どもの世代までなのか，まだ生まれていない（意思決定も行動もできない）子どもの世代はどのようにして責任を問うことができるのかなどの問題がある．意思決定に関与していない者に債務償還義務を課すことはその者の自由度を制約することになるという理論も，公共事業の財源となる建設公債において将来世代も便益を享受するから負担すべきだという論理も同じ批判があり得る．同時代に生きていない者同士でどのようにして責任関係を構築し機能させるかの課題である．同時に将来世代は現役世代が経験していない環境下で生活するため，現役世代が知らない新たな価値・効用を享受する便益[10]もあるかもしれないため将来世代の負担と未知の便益（どのように予測し計算するかの課題があるが）双方を考慮すべきでないかという議論もある．

　政府債務についてはわが国が先進国のうち対GDP比が最大である（2024年末で251.9％[11]）ことを踏まえ，債務の償還可能性や財政の持続可能性につき将来につけをまわすとする健全化論と国内金融残高の範囲内ならば国債は国民の資産となっていて問題がないとする現代財政理論の間で論争が続いている．政府の債務は最終的には税金で償還されるから将来世代の負担になることは確かであるが，現在の政府債務は政府の債務であり，市中消化されている国債という金融資産の保有者は国民などでありそれぞれ主体は異なる．したがって，形式的には

---

[10] たとえば新型コロナウィルス感染症による死者数はワクチンの早期開発によりスペイン風邪に比べ大幅に減少し，感染症へのパニックを防いだといえる．
[11] 国際通貨基金IMFの2023年10月のWorld Economic Outlookによる．

「誰が」は政府が，「誰に」は国債保有者に，「何に」は適正な国債管理（利息支払いと債務償還および借換債発行）を，「手続き」は償還ルールおよび予算審議に従い，「何を」は公債の格付けによる評判維持（中立評価）または金利上昇という懲罰により責任が果たされることになる．この場合，政府は財政法の原則に従い公債管理を行う限り，債務償還を行うことは統制可能の範囲内にとどまる．ただし，国内消化が困難になり，また，償還可能性に資本市場が疑問符を付けたときには統制可能性を失うことになり，国債保有者の国民およびその金融資産を当てにしていた者（子どもや孫）に責任を果たせないことになる．なお，国債格付けは国内企業の債券格付けのベンチマークになり，国債より低い金利（高い格付け）はないので，国債の発行主体である政府は国債保有者以外の投資家や企業にも責任を有している．

　三番目の企業の個人情報の漏えいの責任問題は，直接的には顧客などの情報漏えいは個人情報保護法の違反になり，企業の行政上，刑事上および民事上の責任を負うことになる．個人情報の漏えいを知った場合には企業は個人情報保護委員会に情報漏えいの報告義務があり，報告をしなかった場合には報告徴収等の処分を受ける．また，損害を与えた場合には損害賠償責任を負うことになる．したがって，「誰は」は企業，「誰に」は個人情報保護委員会や損害を与えた者，「何に」は個人情報を漏えいしたこと，「手続き」は個人情報保護委員会への報告および漏えい情報にかかる本人への通知などが，「何を」は罰金支払いや損害賠償をすることになる．個人情報の漏えいは企業のセキュリティ対策の観点からも避けるべき内容で，組織への信頼性の確保からも重要で，必要な対策を講じていても現実に漏えいが発生し相手側に損害を与えると法的責任を問われる可能性がある．ただし，企業の扱う個人情報がデジタル社会で増えてきているため，企業の負うことになる「誰に」の範囲は漏えいされた情報にかかる被害者だけでなく社会全体になり，社会的責任に次元が拡大する可能性がある．

　四番目の気候変動における国の責任は，二番目の将来世代への責任にも通じる地球の将来に関する世界各国・国民にかかる責任である．形式的には，政府債務と同様に，「誰が」は各国政府・国民，「誰に」は世界各国・国民および将来の人類，「何に」は地球環境保護，具体的には産業革命前に比べ1.5℃以内の気温上昇に抑えることになる．また，「手続き」は国際条約で各国が温室効果ガス抑制に努力し，技術開発や資金援助を先進国が途上国に行うこと，「何を」は各国の

温室効果ガスの排出抑制状況をレビューし開示することになる．

　この場合の責任は行為主体となる各国が気温上昇の目標に統制可能か否かである．温暖化の研究により二酸化酸素などのガスと気温上昇の関係はかなりの信頼度で確認されるようになったから，温室効果ガスの排出減少が主体の行為として合理的といえる．したがって，気温上昇を 1.5 ℃ 以内にとどめるため排出削減・抑制を各国に確実に履行させ，全体の削減目標を達成するかが課題である．しかしながら，現在の国際的な取決め（条約）はパリ協定（2015 年採択，2016 年発効）であり，各国の排出量削減は自主的目標である．このため，目標を達成しても目標時の 2030 年なり 2050 年に世界全体で排出量増加をネットゼロになることも地球の平均気温上昇が 2 ℃ 以内になる保証はない．その意味では，責任の全体枠組みは各国による統制可能性が低く，かつ，罰則も作用しない道徳的責任にとどまる．このため，実質的な目標をどう達成していくか，責任システムの設計はどうすればよいかは最終章でさらに詳しく検討する．以上をまとめたのが表 1-1 である．

表 1-1　本章事例における責任の構成要素

項　目	政治資金	政府債務	個人情報漏えい	気候変動
誰が（who）	政治家・会計責任者	政　府	企業等	各国・国民
誰に（to whom）	国　民	国債保有者	個人情報保護委員会，被害者	世界，将来世代
何に対して（for what）	収支報告書の適正報告	国債管理	個人情報保護	1.5 ℃ 以内の気温上昇，温室効果ガス排出削減目標
いかなる手段で（via what procedures）	情報公開・監査	償還規則・予算	報告・通知，内部通報	排出実績の開示・検証
どのような結果を（with what consequences）	懲罰・道徳的批判	格付け・金利変化	罰金支払・損害賠償	非難・名声

第2章

責任のとらえ方

　ここまで責任のタイプや構成要素について責任の主体と統制可能性に着目して検討してきた．それは，主体の行為や結果に伴う責任がその社会や組織でどのように運用されているかという技術的・実践的な観点から概念やアプローチに迫るものである．しかし，こうした技術的探究に先行して理論面から学術的な研究と検討が蓄積されている．このため，本章では関連する学問分野で責任がどのように扱われているのかを整理する．技術論で暗黙裡に仮定しているのは何かを明らかにし，技術論から理論面に向けた問題を提示することになると考えるからである．

2.1　自由と責任：哲学，倫理学，社会学

　自由には責任が伴うといわれる．学校の校則の議論で，校則がなく生徒の自主性に委ねられている中学や高校が話題になるが，こうした学校では生徒による自律的な管理が行われている．人間が責任を果たすことは社会生活を営むうえで必要条件である．約束した商品が期日までに到着しなかったりサービスが完了しない（責任が果たされない）と，商品到着やサービス完了を前提にして策定した次の作業なり工程（原料加工や食品製造業などの）は実行不能なり，混乱と機能不全になる．

　社会のルールを規定するのは法や慣習であり，そこでは責任はどのように位置づけられているのだろうか．法哲学では，ハートによる責任の4区分が参照されることが多い（Hart, 1968）．役割責任（role responsibility），因果責任（causal responsibility），負担（責務）責任（liability responsibility）および能力責任（capacity responsibility）である．これは責任の意味が多義的であることを踏まえ，法的責任を含めてさまざまな責任概念を理論的に区分したものである．わが国において

もハートの『懲罰と責任』の出版直後から紹介や批評[1]およびそれを受けた論文が数多く公表されている．各責任概念を小手川(2016：31)の解説に基づき検討し，第1章での定式化と関連付けてみよう．

まず，役割責任とは「社会組織における特定の地位・役職に結び付いている義務を果たす責任」とされ，例示として旅客船の船長では「航海を指揮し，乗員乗客の安全確保をする責任を負う」ものとされる．わが国の法令では船長は船員法の規定に従い，安全確保については第12条で「船長は，自己の指揮する船舶に急迫した危険があるときは，人命の救助並びに船舶及び積荷の救助に<u>必要な手段を尽くさなければならない</u>」(下線は筆者追加)とされている．航空機の機長にも同様の職務が課せられている．これは安全な航海・航行 y の実現のため標準的な規範 x^* 以上の行動 x をとることが要請されるということである．

次の因果責任は「結果を引き起こした原因としての責任」と定義される．例として操船中の事故について「船の転覆の責任は船長の飲酒と怠慢にあったが，船長は船の転覆の責任は異常な嵐にあったと主張した」をあげる．これは原因として船長の行為と天候(嵐)があり得ることをさす．天候は船長が統制可能でない環境要素 e であり，船長の行為 x との関数で転覆という結果 y が生じたという記述になる．この関係は式(0-1)と同様に $y = f(x, e)$ と定式化できる．

三番目に負担責任は，「自分がなしたこと，なさなかったことによって刑罰や賠償義務や非難を負う責任」とされる．そして，この負担責任には法的責任と道徳的責任の二つがあり，それぞれ刑罰にかかる刑事上の罰および損害賠償の民事上の罰，道徳的な非難を受けることが対応する．具体的には「刑事訴訟において，船長は自らの過失行為に対して刑事責任……民事訴訟において，生命と財産の損失に対して法的責任を負わされた．……船長は今でも生きて……たくさんの乗客の死に対して道徳的に責任がある」(Hart, 1968：211)ということになる．ここでの船長の過失とは規定遵守・善管注意義務を怠ったということになる．定式化で述べれば，実際の船長の行為 x が規範 x^* に達していなかったと判断されることである．

最後の能力責任は「法や道徳がどのような行為を要求するかを理解し，その要求に沿って決定し，その決定に従って行為する正常な判断能力」をさす．行為主

---

[1] 1971年には書評が，1985年には伝統的なドイツ刑法の専門家によってもハートのアプローチへの言及がある．

体に要求される能力を保持し発揮することであり，船長ならば海技士の資格を有し，各種法令に従い適切に行為する能力をさす．ハートの例には「多量の飲酒にもかかわらず，航海中，船長には責任能力があったと医者は判断した」とある．この場合多量の飲酒自体，船長としての職務に適合したものといえないが，そうした環境でも判断能力は有していたとみなし，責任を負える状態と医師は判断したことになる．しばしば，裁判で被告人の精神鑑定がなされるのはこの能力責任に注目したものと理解できる．これは定式化では行為 x を構成する要素として質的な能力 x_1 と量的な努力 x_2 からなるとみなした場合の x_1 に該当し，要求される能力水準 x_1^* を満たしている(超えている)ことを能力責任があると判断することになる[2]．

このハートの第一義的な意味は三番目の負担責任にあるとされ，小手川も「責任とは，自らの過失によってある人に課せられる責務，要するに自らの過失に見合った罪を受ける義務に帰着する」(2016：32)としている．これは罪の帰責に焦点をおく責任の概念であり，まさに「罪と責任」を扱うハートの考え方を反映している．

しかし，負担責任は行為主体の責任の帰責・配分を規範・基準に従って判断するものであるが，責任は責任を問う者とその問いに応答する者との関係とみなす考え方をスキャンロンは提示している(Scanlon, 1998)．ハートの責任論が外形的な規範に照らして責任を判断するのに対し，スキャンロンの責任論は応答的関係としてみるから，問う者と答える者の間のコミュニケーションを前提にする．その意味で責任の判断は相対的な性格をもつといえる．そして，応答責任の特性を帰属可能性と説明可能性に求め，責任をだれかに帰属させることができ，かつ，行為の正当性を説明できることとしている．

瀧川(2003)も基本的にはスキャンロンの責任論を肯定し，責任を負担責任でなく応答責任とし，責任に応える過程に焦点を当て応答責任を配慮応答責任と理由応答責任に区分する．配慮応答責任とは「自己と他者とのつながり・関係を基礎として，他者の期待に応答する配慮」(瀧川：130)であり，理由応答責任は「他者に対する正当化欲求」(同：136)に理由応答することとされる．ここで応答は原因でなく理由を述べ意味を与えることで行為を正当化することにより責任を果

---

[2] 定式化では結果 y や行為 x がそれぞれ複数の要素 i 個および j 個に分解できるとき，$y_1, y_2,$ ……, y_i および $x_1, x_2,$ ……, x_j と表す．

たすとする．具体例として，瀧川は「なぜあくびをしたのか」という問いに対して「体内の酸素濃度が低下したから」[3]という答えは原因を述べたことになり，「話がつまらないから」という回答は「意味に対する反応であり，理由による応答である」(同：146)とする．定式化すれば自己の行為である「あくびをした」という結果xの直接の原因を酸素濃度の低下という現象($x = h(o)$, oは体内の酸素濃度)に求めない．xの背景にある「話がつまらない」という理由を述べることでxに意味を与えることになると考える．酸素濃度以外の要素でhについて行為主体(答える者)が意味ある説明をすることは，責任実践として問う者からの正当性の要求に応えたものといえる．このため(答える者にとって)責任に必要なものとは理解能力であるとする．ここで行為ではなく，結果に関する責任論として応答責任をとらえるならば，医師が患者の「体調が悪いにはなぜか」という問いyに対して「血圧が高いから」というのが原因cによる応答で，医師は患者に「処方された薬の副作用による」と説明した．これは，患者の行動(x)と薬(m)の相互作用に問いに対する理由を求めたもの($y = f(x \times m, e)$, eは外部要因)になる．ただし，この理由以外にほかの理由付けも考えられること，また，理由付けによって問題の修正行動も変わってくることに留意しておかねばならない．本例では薬の副作用とするならば服用を中止することになるが，職場での強度のストレスを抱えて高血圧になっているとすれば，本当の原因は職場環境にあることになる．理由応答責任論は，問う側と答える側それぞれに行為の正当性の証明と受容による応答を求めるから，相互のコミュニケーションの言語となる枠組みは両者に意味あるか否かで決定される．その意味で問題の構造化におけるフレーム論に通じる側面がある．

　哲学における責任論では，ハイデガー(Heidegger, 1927)やレヴィナス(Levinas, 1974)が無限責任概念について述べている．高井(2017)は「〈ひと〉としての『全うな考慮』という限界を外したとき，主体が身に受けるべき責任の射程は無尽蔵に拡大してしまう」とし，「行為者の責任が『合理的熟慮』の圏域を越えて出て及ぶことをハイデガーが理論化していた」(p.155)とする．また，小手川もレヴィナスの責任論をハートおよびスキャンロンの有限的(時間軸を含めた)責任と対比させ，「『無期限的な』仕方で，つまりいかなる起源ないし理由に基づくことなく

---

[3] あくびの原因は科学的に特定化されておらず，従来の酸素濃度説には疑問が呈されている．

私に課される」責任（「感じる責任」）としている．ここでは主体の行為に原因（過失など）があるか否かにかかわらず，責任を感じる側面を扱う．われわれの定式化では結果 y を自己の行為 x で説明できない，または帰責されないときでも責任を覚えることの意義を説くものと理解できる．ここでは，自らの行為の統制の及ばない部分を環境要素 e とすることは有限責任に基づくシステムに圧縮したものとみなされ否定されることになる．有限の規範や基準に従って責任を判断することは，言語化された空間で結果や現象を認識・測定するにすぎず，言語化されていない外側の無限の要素を考慮していないことになるという解釈になる．

2.2　非難と責任：法学

　法哲学のハートは刑罰と責任について説いたものであり，法的責任のうちでも刑事上の責任に焦点をおいたものであった．このため，非難から称賛に至る効果をもつ責任概念で称賛を扱うことはない．法学・法律は社会生活の行動規範を規定し，その規定に違反しない限りで自由な活動を保証するため，何が非難され懲罰を受けるかを扱う．とくに刑法は責任の関係が重要な論点で，責任主義は結果責任から脱却をはかった近代刑法の基本原理とされる[4]．ここで責任主義とは「行為者がその行為につき責任を負う場合にのみ，犯罪が成立し，刑罰が科される」（徳永，2017）とされる．そして責任とは非難可能性であり，ほかの行為をすることができたにもかかわらず，あえて違法行為をしたことについて行為者は非難されるとする「他行為可能性」をさす．ここでは行為者は自由意志を有するという前提（自由は責任の必要条件）がある．

　刑法ではこの責任主義に加え，罪刑法定主義，法益保護主義と社会倫理秩序維持機能から，それぞれ有責性，構成要件および違法性が導かれ，犯罪は「構成要件に該当する違法で有責な行為である」とされる．罪刑法定主義とは，どのような行為が犯罪とされ，どのような刑罰が科されるかにつき法律で定められていることであり，憲法にも規定（第 31 条，第 39 条および第 73 条第 6 号但書）がある民主主義の原理に基づく．法益保護主義は名前のとおり，生命，身体，自由，財産などの法益を侵害した場合には，刑罰を科することを予告することによって，

---

[4] 詳細は団藤（1990），山口（2016）らの刑法の基本書を参照されたい．

人が犯罪行為を行わないようにする役割である(西田, 2019)．また，構成要件は，犯罪が成立する要件であり，主体，客体，行為，結果，行為と結果の因果関係，故意または過失などから構成される．

つまり，刑法では，行為→構成要件該当の結果→違法性→有責性→刑罰という流れになる．ここでは結果と行為の関係が構成要件に含まれ，因果関係を含めて行為が評価されて刑罰の有無および程度が確定されるまでが対象となっている．その意味で最終的な判定（刑罰）に至る過程は長いが，行為と結果は相当因果関係を満たす範囲，つまり直接的な関係に近く（たとえばハンマーで頭を強く殴れば死亡する可能性が高い），社会的な効果や影響（を機能や目的として内在していても）の次元で結果を評価するものではない．刑法ではあくまでも結果yでなく，行為xに関して刑罰が科されるから，犯罪の行為xに対する制裁として刑罰sという判定がなされると解釈できる．実際，刑法では犯罪行為に着手しても結果に至っていない未遂についても殺人罪，窃盗罪，強盗罪，詐欺罪などの責任が問われることになっている．

先のハートの船長の責任に関して，船長の刑事責任について検討しよう．船長が就航前に確認すべき無線通信装置の不具合に気づかなかったとき，その後の船への浸水などによる救助要請が不可能になり，救助が遅れ多数の死者が出たとする．この場合，船長は善管注意義務を怠って死亡事故を招いたという相当因果関係が成立し，また，海上運送法に基づく安全管理規程に違反することから違法性，さらに規程を遵守できた他行為可能性から，犯罪行為が成立することになる．他方，操船ミスにより座礁して沈没した場合，もし船長も死亡しているときには，船長の聴取が不可能になり，過失の有無の判断はできず，構成要件の条件を満たさないことになり，刑事上の責任を問うことは困難になる．このように，刑法では行為から有責性まで3段階のチェックを経て非難可能性が判定され，刑罰が科されることになる．そのため，どこかの段階で条件を満たさないときには刑罰は課されなくなり，とくに責任主義が最後のチェックの原理になっている．

刑法学における責任は，責任主義をはじめ個々の主体の行為に着目する点および法的責任であり罪刑法定主義から限定的なものであり，「特殊なもの」(浅田, 1993)である．哲学でのレヴィナスらの無限的な責任や通常の道徳的な意味を含む責任とは次元が異なることに留意しなければならない．

2.3 統制と責任：憲法，政治学，行政学

民主政治は国民主権であるから，国民が政治家を選び，政治家が国民の代表として意思決定し，行政が執行するという関係になる．このため，いかに執行機関の行政を統制するかが重要になる．わが国のような議院内閣制では行政府の長（総理大臣）は国会議員のなかから議会(国会)で選出(指名)され，議会が行政を統制する．憲法第66条第3項で「内閣は，行政権の行使について，国会に対し連帯して責任を負ふ」としているのは，「行政権を国会をとおして国民による民主的なコントロールのもとにおくのが，その狙いである」(宮沢，1978：497)とされている．このように，責任は憲法や政治学では統制とセットとなる重要概念である．法律や租税あるいは財政などで国会の権限や行政に対する統制は憲法で明文化されているものの，内閣の責任について具体的に内容を定めている条項は第7章の財政に関する部分(第87条の予備費，第91条の財政状況の公表は明確)に限定される．内閣の国会に対する責任は，法律に基づく責任としての法的責任，法律によらない責任としての政治的・道義的責任に区分され，法的責任は限定，政治的責任は無限定とされる(大西，2015)．また，主権者の国民の責任については憲法第12条で「国民に保障する自由及び権利は，国民の不断の努力によって，これを保持しなければならない．又，国民はこれを濫用してはならないのであって，常に公共の福祉のためにこれを利用する責任を負ふ」としている．

内閣の国会に対する責任の重要性は認識していても，概念から内容に至るまで検討している憲法学者が少ないなか，吉田(2005)は一貫して国会・議会に対する責任を考察した点で特筆される．吉田は責任を「一定の基準・規範に違背することをもって批判・非難を受け，ひいては一定の不利益・制裁を受ける立場・地位をさすもの」と定義する．これは，刑法で責任を非難可能性とする考え方と同じであり，責任のプラスの利益・称賛的な立場・地位は含まないことになる．このため責任概念を3区分し，「応答責任」たる「レスポンシビリティー」は「委任者の意思に応答する受任者の責任」，「説明責任」の「アカウンタビリティー」は「委任者に応答不十分と評価される場合に受任者が負う責任」そして「受裁責任」たる「ライアビリティー」は「弁明不十分と評価され制裁を受ける責任」とする．応答責任を除き吉田の責任概念には負の評価を前提にしているため，責任を

問う主体(議会)は責任を負う主体(行政)が基準を遵守するよう管理することが統制とみなされている．この点で吉田の憲法での責任概念は，評定が非難か否かの二択になり，主体の統制可能性は高い限定(法的責任)と低い無限定(政治的責任)の2領域があることになり，第1章の責任の部分集合とみなせる．

内閣の責任を行政府全体に拡大し，大臣以外の公務員を含めた行政の責任をどのように統制するかに関しては，ギルバート(Gilbert, 1959)によるものが有名である．ギルバートは行政組織を対象にその統制が公式の制度として実施されているか否かおよび組織の外部からか内部からかの2軸から，図2-1のように4領域に区分している．具体事例で示せば，制度的かつ外在的な統制は議会，裁判所，外部監査機関(会計検査院など)によるもので，それぞれ，議会審議・決議，裁判の判決，監査報告・勧告が対応する．制度的かつ内在的な統制は，組織内部の監査あるいは監視機関によるもので，内部監査やオンブズマンあるいは調査・評価委員会などが該当する．また，非制度的で外在的な統制は，マスコミや情報公開制度による情報開示などが対応し，非制度的かつ内在的な統制には，同僚の批判などがある．なお，内部通報制度などは制度的かつ内在的な統制に含まれる．行政統制は議会や主権者である市民が行政を統制する仕組みであり，不祥事などを契機に制度的に充実されることが多い．

	外在的	内在的
制度的	議会，裁判所，外部監査	内部監査，オンブズマン，内部通報制度
非制度的	マスコミ，情報公開	同僚からの批判

図2-1　ギルバートの行政に対する統制モデル

ただし，憲法や政治学では統制や責任の対象が何か，どうあるべきかの議論が少ない．法律や予算において成果を定量的に示すことは技術的に困難なことに加え，あいまいにしておく利点もあり，政策目的や効果は不明確か抽象的な表現にとどまる．したがって，予算は何にいくらの金額を投じるかという投入(インプット)ベースで編成され議会で審議・可決されることが通常である．成果主義の予算手法もあるが，成果は活動量を示すアウトプットのレベルに着目し，いく

2.3 統制と責任：憲法，政治学，行政学

らの資源が必要かを見積もるのが標準であり，アウトカムの成果 y を示したものは少ない．式(0-1)の定式化に従うと，統制の対象は行動レベル x を確保する資源の投入となる．わが国では所管・組織・項(自治体では款・項)が議決項目であり，組織と目的および額が予算科目として決定されることになっているが，具体的な目的や成果は何かその根拠の法令等においても明確でないのが通常である．そして目以下の科目は議会統制でなく行政科目とされ，項の目的のもと，行政の管理となる．たとえば，(項)河川費，(目)河川改良費 x を行う場合，その設計 x_1，用地買収 x_2，工事 x_3 などが必要になり，それぞれの要素 x_i を決定し執行するのは行政の守備範囲となる．したがって，議会の統制および行政の議会への責任は項まで，目以下の科目は予算当局や会計検査院に対して内部統制を通じて責任を果たすことになる．

なお，西尾(1990)も説くように，統制とセットの責任を強化すると公務員・職員は強化された基準に従うから準拠性は高まるものの，裁量性は制限されるためモチベーションや提案行為は減少する可能性がある．逆に統制・責任を緩め職員の裁量性を増やすと効率性が向上したり新しい企画案が生まれやすくなる半面，規律が低下したり不正が増えることもあり得る．統制と責任は相互にバランスがとれていることが前提になり，行政組織の設計や管理とはこのバランスをどうとるかにかかっているといえる．

1980年代以降に盛んになった新公共管理(New Public Management; NPM)は，行政活動の結果面(成果 y)で統制・責任を強め，過程面 x で統制・責任を弱め(裁量性を高め)ることでバランスを修正したものといえる．この理論は，結果への責任を強化する代わりに，行政にその執行方法にかかる過程を自律的にした(統制を弱めた)．第1章での枠組みに従えば，職員に責任を求めるには統制可能性が高いことが前提になるため，成果は測定可能であることに加え運営に裁量性を与えた条件下で十分統制可能なことが条件になる．これは，職員が自己の権限・能力で統制できないことに責任を負うことはできず，合理的でないからである．もし，この条件が整わない場合に，責任を追及し懲罰を与えることになると逆効果になる．NPMでは成果重視といいながら，成果は憲法などで定める公共の福祉といった最終成果の尺度でなく，満足度とか給付完了までの時間あるいは健診・精密検査の受診率という中間的な尺度で管理されるのは(有限的な)責任の統制可能性に着目するためである．

民主政治では議員の選挙は，投票行動が業績評価に基づきなされると考える（政治学の投票行動にかかる行政評価投票理論[5]）ならば，政治家の責任は投票による信任によって果たされることになる．現在の政権を構成する与党の候補者に対して現政権の業績 y が満足できると有権者が評価すれば信任して投票することになり，反対に不満足と評価すれば現在の与党候補者には投票せずほかの候補者に投票するか棄権する選択をすることになる．もっとも，業績とは何を指すのか，人々が経験する経済状況であればどこまでが政治や政府の責任かはなかなか明確でないため，生活実感が反映した評価となる可能性がある．不信任とは現職議員や与党にとっては非難であり，有権者による責任追及の行動といえる．多くの有権者が信任せず投票しないならば，落選する事態になり政治家にとっては最大の懲罰を受けることになる．このように政治学では主権者と政治家，政治家と行政，行政の長と職員というように統制と責任の関係が連続して政府のシステムが構成されているとみる考え方が支配的である．これは民主的統制の原理に合致している側面があることと同時に次節で述べる本人・代理人理論で記述できることが大きい．

　さらに国際政治に議論を拡大すると，現下のウクライナやパレスチナなどにおける国際紛争において紛争調停や休戦あるいは難民支援などにつき国際社会の責任が国連など[6]により訴えられている．しかし，こうした国・政府間での国際紛争においては，誰が責任の対となる統制を行うかにつき不透明かつ実効性がない課題がある．国連の安全保障理事会がその役割を果たす位置にあり統制手段も決議，勧告のほか平和維持軍の派遣も可能であるが，常任理事国に拒否権があるため実際の責任能力は高いとはいえない．こうした場合には，前述のギルバートの分類における非制度的な統制を通じた圧力が有効になることがある．ただし，責任主体をどうするか，国際世論というあいまいな統制は誰が責任者なるか，つまり，全員なのか代表なのかネットワークなのかという責任の構成要素の問いに答えなければならない．

---

[5] 投票理論には業績評価投票以外に期待投票や心理学的な印象投票などさまざまなものがある．詳細は小林（2000）参照．

[6] イスラエルのパレスチナへの攻撃について，2024年南アフリカはイスラエルを国際司法裁判所にジェノサイド（集団殺害）として訴えている．

2.4 委託と責任：経済学・経営学

　行政は議会で決定されたことの執行を担う責任があるが，それは議会で定めた予算や法律などの枠組みに従い実施する責務である．会社の取締役会は株主から経営を委任された機関である．また，建築士は建物の設計を施主から委託され，請負工事の監理も請け負う．これらの関係を，本人(プリンシパル；principal)が特定の行為を代理人(エージェント；agent)に委任する契約とみなすのが本人・代理人(PA)理論である．本人は代理人に報酬(対価)を支払って業務執行してもらうことになるが，支払い後の本人の効用(利得)を最大化するよう報酬を設計することになる．この最適契約を設計したり検討するのが本人・代理人理論である．ここでは，本人は代理人の行為xを観察できないものとして，相互に観察可能な成果[7] yに関して報酬を支払う契約を結ぶとされる．また，代理人はリスク回避的で，なるたけ努力は少なくしたいと仮定される．

　したがって，本人は報酬を統制し，代理人は成果に関して責任を負う．そして，かかる契約が成立するため，本人にとって望ましい行動を代理人に(自発的に)選択してもらう誘因両立性と委託契約を引き受ける，つまり，ほかの契約で得られる効用より大きくなるようにする個人合理性または参加制約の誘因条件を設けることが前提とされる．他社などとの別の契約のほうが代理人にとって有利であれば，本人との契約関係に入らないし，また，一度契約しても継続せずに退出(離転職)するのが合理的であるからである．

　この理論は株主と取締役などの経営者の関係および経営者と従業員の関係などコーポレート・ガバナンスの考察に有用であり，とくにリスクや成果の測定の信頼性(誤差)を考慮した誘因制度の設計が可能になる利点があるほか，組織内の業績管理や人事管理にも応用できる．経営者・管理者を本人，従業員を代理人としてモデル化が可能であり，代理人が2人以上になる複数エージェントについても理論的な分析やシミュレーションができ，個々の代理人の責任をどのように設定し，責任が果たされないときあるいは責任が十分果たされたときに，いくらの報酬を与えるのが最適かを導ける．第1章での責任の区分モデルにおける統制可能

---

[7] 経営者がどれだけ努力したかは株主には観察できない(経営者と株主の間で努力に関する情報は非対称)が，利益や売上高がどうかという成果は財務尺度で示され情報には非対称性がない．

性が高い場合で各評定に応じたプラス・マイナスの誘因報酬を求めることができる(図1-2参照).

もちろんPA理論における本人および代理人とも制約下で自己の効用を極大化するという仮定に関しては，経営学や組織論から批判もある．受託責任論(stewardship theory)は代表的なものであり，株主と経営者の関係は株主の利益になるように経営者が行動するよう統制するものでなく，両者は協働関係にあるとする(Davis, Schoorman and Donaldson, 1997)．経営者は株主と目的を共有し相互に信頼関係にあり，組織目的へのコミットメントという内発的な動機づけをもつと考える．換言すればPA理論は性悪説に立つのに対し，受託責任論は性善説に立つ．もっとも，PA理論では相互不信，受託責任論では集団浅慮の負の効果もあり，両方の理論は統制と信頼の緊張関係を解く必要性を示しているとするパラドックス理論(Sundaramurphy and Lewis, 2003)を導いている．

双方とも成果yに着目するが，PA理論では本人と代理人の効用が異なり，それぞれが効用の極大化をはかるとみなすのに対し，受託責任論では本人および代理人とも同じ効用を最大化するよう協働する．パラドックス理論は状況に応じて，信頼を重視したり，反対に統制を強化することでコンフリクト・緊張関係を管理する必要性を説く．注目されるのは，この信頼と統制のコンフリクトの管理は，NPMの原理となって公的部門で先行して実践化されていることである．成果・結果yについて経営管理者(プリンシパル相当)は執行管理者(エージェント相当)に責任を求め，結果に応じた報奨を与えるとともに，成果を実現する過程や方法xについては自律性を付与(信頼)しているからである(2.3参照)．このようにNPMは，結果に責任をもって実現「させる」こと(making managers manage)と実現方策の行為を「任せる」こと(letting managers manage)を組合せで構成されている(Schick, 1996; Lynn, 1996; Norman, 2001)．シックらによればコンフリクトなりパラドックスを時間軸と局面で異なる原理の組合せを採用することで解決しようとしている．

この受託責任(stewardship)は英国での財産管理を領主から委託されていた執事(steward)の果たす責任に起源をもち，執事は主人に代わり本人の意思に従い財産の管理保全をする責任があった．その受託責務を果たしていることを委託者に証明するのが会計記録に基づく財務報告であり，受託者の管理責任は会計を通じて会計責任(accountability)として果たされるとされる(友岡，2020)．もっとも

所有と経営の分離が現代の企業経営の基礎とみなす考え方に立てば，経営者に所有者の執事的なコミットメントを期待するのは難しい側面があろう．

社会的責任論はこの会計責任論の拡大であり，1970年代の社会関連会計の興隆と 2000年代以降の企業の社会的責任(CSR)や ESG 経営・投資の動きにつながる．ここでは責任の主体は企業であり，社会に対する責任になり受委託よりも統制と責任の関係から理解するのが妥当と思われる．

2.5　つながりと責任：心理学

結果につき誰に責任があるかを特定化することは責任の構成要素(1.2 参照)で述べたように基本である．責任の帰属理論は，結果を人へ帰属させる社会心理学の考え方であり，人が行為と結果につきどのような過程を経て責任があると判断するかを扱う．責任の帰属理論の創始者として知られるハイダーは「人の責任は，環境要因がその人の行為の結果に対してどの程度作用しているかによって変化する」とした(Heider, 1958)．つまり，観察者は行為者の結果をみて，行為者にとって外的な環境要因と内的要因(意図など)を推定し，内的要因に行動結果の原因が帰属されるほど行為者に大きな責任があると判断する．逆に外的要因に原因が帰属されるほど行為者の責任は小さいと判断される．帰属理論は，その後シェーバー(Shaver, 1985)らによって発展し，因果的な帰属理論では，行為結果の原因の特定，責任の帰属および懲罰の決定という過程を経るとする．

シェーバーは責任を因果性，法的責任および道徳的責任に区分し，日常の責任概念は道徳的責任に属するとした．そして因果性や法律以外の基準で責任を判断する(しなければならない)人間の社会行動に着目すると道徳的責任こそが中心になる．この道徳的責任は上記の原因→責任→懲罰で判断と行為が終了するが，因果性は有無の二択に対して，責任は変数(無限の程度)，懲罰は責任の評価(関数)であって，三つの概念は区別されるとする(Shaver and Drown, 1986：701)．また，シェーバーは道徳的責任の評価には道徳的非難(blameworthiness)と道徳的称賛(praiseworthiness)の両面があるとする．この理論は責任の肯定的要素を認知した点で特筆できる．責任の帰属理論は原因から責任を推計し，責任から評価を導く点で，行為・結果の改善にも寄与する．心理学では人の行動や意思決定の内面およびその効果に焦点をおくため，責任の原因を探求し行動の修正に活かす

ことが可能である．上述の非難や称賛は起こったことへの責任の事後評価[8]であるが(応報的効果)，将来の制止や奨励の事前評価を下すのは行為前の責任行動を呼びかけるものである(予防的効果)．この点で，法学の「因果性」や「責任」の概念と違うことに留意しなければならない．法学では因果関係について相当因果関係という用語にあるように，原因(行為)と結果の間の因果性には幅があるとし，あるかないかの二値選択とはみていない．また，法学の責任は非難可能性であり，肯定的な称賛は含まれない．

われわれの定式化で記述すると，責任の帰属理論は行為と結果(x, y)から原因となる人間行動・意思などの内部要因mと外部要因eを推計し，そこから外部要因の比重を勘案して責任の程度を評価することになる．これを定式化すると$y = f(x, m, e)$と表すことができる．業績評価や政策評価においては行為x，内部要因mおよび外部要因eを特定化して結果yを推計する流れ[9]となる．これは責任の帰属理論とは逆の推定となる．ただし，行為と意図などの内部要因を区分することは困難であり，内部要因mは行為xの構成要素とみなせば，$y = f(x, e)$と統一化して，責任をR，責任の評価をSとすると$y \to x$ and $e \to R \to S$と記述できる．この場合，結果が行為によって規定されている程度をいかに測定するか，また，どのような水準以上で非難なり懲罰が課されるかが確定していることが前提になる．したがって，測定の方法と信頼性および規準によって，同じ行為結果をしても責任の評価は異なってくることに留意しておかねばならない．あくまでも行為者でなく評価者の測定と規準に依存するからである．

社会心理学と政治学の両方で活躍したテトロックは責任の意思決定おける効果について研究結果をレビューしている．その結果によれば，行為の正当性を説明するという責任(accountability)は必ずしも認知的努力を増し，より良い便益をもたらすとはいえず，文脈や状況に依存するという(Lerner and Tetlock, 1999)．

責任の帰属責任論は，行為主体の本人以外の他者が観察者・評価者として参加し，本人の行為結果が本人の内的要因と外的要因でどのように説明可能で，内的要因はどの程度の比重を占めているか評価するものであった．しかしながら，他者が観察者として介在せずに行為者自らが原因を分析し責任を評価する場合があ

---

[8] この責任の評価行為を責任におきなおして，責任として4タイプがあるとするのは帰属理論からすると正確でなく，責任の評価様式として4パターンあるということである．

[9] ロジックモデルはこの典型である．

る．他者が介在しないか他者を拒否するときは自己評価となり，行為結果の原因が自己の内的要因にあると考えると，自己非難の責任の評価になることがある．これは行為結果の原因の多くが外的要因にあっても，そのせいにしないか，要因として考慮しないか，あるいは外的要因を文字通り変えられないと思い，自己の責任に求める自己非難に結び付くからである．反対に自分を褒める場合もあるが，自己の評価で自己の行為・結果を内的要因に求めることになる．ここでは，外的要因は無視されるというより，それを上回る内的要因があって責任の比重が大きく評価していることになる．外部環境を克服して(逆境を乗り越えて)成果を達成したという自己評価であり，結果は外形的に明らかであるのでそうした理由付け(評価)が可能になる．

2.6　権利と責任：福祉学，フェミニズム論

　憲法で健康で文化的な最低限度の生活をする権利(生存権)が保障(第25条第1項)されていて生活保護を含めた社会保障制度があるものの，現実には貧困や差別あるいは社会的疎外などの状態におかれている人も少なくない．わが国の子どもの相対的貧困は最新のデータでも9人に1人に上り先進国中でも高いとされている(厚生労働省『2023年　国民生活基礎調査の概況』)．わが国は国民の生存権を保証する責務を負っている(同条第2項)．この生存権を巡る国の責任をどうするかについては，古くから生活保護を巡る訴訟で争われてきたし，社会的弱者の権利や保護についてどのような理論に依拠するかはさまざまなアプローチがとられている．国際的な子どもの人権条約といった国際的取決めに根拠をもつ法律もあるが，一般的に社会的弱者に関する国の責任や個人の責任をどうみるかについては哲学や思想的な側面もある．

　近年，自己責任論への対抗軸やフェミニズムあるいは貧困・障がい・介護などの現場で注目されているのがグディンの「脆弱性モデル」[10](vulnerability model)である(Goodin, 1985)．このモデルは原因と結果の関係(行為―因果モデル)から責任を考えるのでなく，権利と行為者の関係から責任を考える．その意味では憲法の生存権と親和的である．グディンは「Aの権利がBの行為や選択によって

---

[10]　岡野(2007)は「傷つきやすさを避けるモデル」と訳している．

脆弱な状態におかれている場合，BはAの権利を保護する特別な責任を負う．この責任の強弱は，BがAの権利にどの程度影響を与えうるかに厳密に依っている」[11](Goodin, 1985：118)とする．たとえば，親は子どもを育てる特別な責任を有しているが，経済的条件あるいは心身の状態から最終的な責任を果たせない場合には，親に代わり子どもを脆弱性から保護できる者であれば誰もが責任を負うべき主体となると考える．現在の子どもの脆弱性の原因とみなされる親＝行為者に責任を負わせるのでなく，脆弱性から子どもを保護する結果を導く責任が誰かに(社会)にあるとみる．

　実際児童虐待などの場合には，児童相談所がこの役割を果たしているが，脆弱性モデルはワーキング・プアーや引きこもりあるいは高齢者ケアにおいても問題解決のヒントを提供する．岡野(2007)は親に子どもの養育責任があるのは，自分が産むという行為をしたからその帰結に責任を負う帰責主義の契約モデルとする．そして，親が子どもの養育をするには，もっとも責任を果たせるからにすぎないとする帰結主義の脆弱性モデルと対比する．したがって，脆弱性モデルの責任は，弱者を現在と異なる(危害が少ない，脆弱性が低い)未来の環境に送り届けるという意味で未来志向的である．他方契約モデルの責任は誰に責任を帰すべきかを明らかにする過去志向的である．責任の内容の焦点は，脆弱性モデルでは誰が危害に晒されているのか，また，誰がもっとも効果的に危害を緩和しうるのか，そして契約モデルでは，誰が責任をとるべきかになる．

　われわれの行為・結果モデルに対応させると，脆弱性モデルは未来の改善された結果 y を得るため，想定される環境下 e でどのような行為 x を行うかを決定し，的確な主体に行為を割り当てることが責任になる(結果→行為→主体)．一方，契約モデルは現実の結果 y を生じた原因はどこにあり，行為 x と外的要因 e がどのように作用したかを評価する責任になる(外的要因→行為→結果)．

　意思決定や政策過程でいえば脆弱性モデルは政策デザイン，契約モデルは政策評価に相当する．脆弱性モデルでは原因となる行為者が必ずしも責任をとるわけではないので，個人以外に政府やコミュニテイも責任主体となることも合理的と考えられる．中村(2010：8-9)はグディンや脆弱性モデルに言及していないが，瀧川の責任概念を適用して「責任とは，状況や人の呼びかけ・告発等に対して，

11　この訳は基本的に中森(2016：186)を使用している．

あるいは規範が求める内容に対して，責任主体が理由をもって応えることであり，もし，答えなければ責めを負うことである」とする．この応答責任を前提に「選択肢がないがゆえに支援が必要な状態になっている人（子供の貧困）だけでなく，自己責任が問われうる人（大人の貧困）に対しても，社会福祉の主体は責任を負っている」（同：13，括弧内は筆者追加）とする．そして，責任を負う主体が政府，市民，自己からなる「新たな公的責任」に基づく福祉思想を提唱している．この公的責任は岡野の説く社会的責任とほぼ同じである．ここでは，結果→行為→主体の流れは脆弱性モデルに従うものの，最後の責任主体は政府とか市民団体あるいは自己（個人）といった特定の主体に割り当てられるのではなく，分担あるいは共同の責任を有すると考えられている．

　もちろん，誰がもっとも効果的に責任を担えるのか，いかに認定された者に責任を果たしてもらうかが決められ実行されなければ，自己責任論と同じく選択肢があっても危害から免れない状態になってしまう可能性がある．また，社会的責任と契約責任は必ずしも対立する概念でなく，保険（介護保険など）制度を通じて契約責任に移行したり，反対に契約責任を個人に求めることが合理的でないことが確認されて社会的責任に向かうこと[12]もあり得る．

　しかしながら，「新たな公的責任」は行政と市民との協働として実践されていて，社会福祉ならばわが国の地域包括ケアの概念が相当する．地域のNPO，自治体，ケアマネジャー，医療・介護事業者等がケアの必要な人に対して包括的なサービスを提供するもので，自助（個人），互助（家族および地域），共助（保険）および公助（行政）から構成され分担・共同責任のシステムである．

2.7　まとめ

　責任に関するアプローチを理論面から整理してきた．その結果わかったことは，責任が哲学では自由，法学では非難，政治学・行政学では統制，経済学・経営学では委託，心理学では観察者，福祉学では権利との対概念として定義されていることである．また，責任主体は，誰に責任があるかの帰責主義から確定するか，結果に責任を負うべきは誰かの帰結主義に立つかによって異なることを明ら

---

[12] 災害時のボランティア，炊き出し，子ども食堂などが該当する．

かにした．このことは，責任においてどの対概念を重視するか，また，行為なのか結果なのかによって，役割や機能さらには責任体系が変わってくることを意味する．そこで次章では責任の機能について検討することにする．

第3章

責任の機能と効果

　責任に関する理論とアプローチについて整理してきたが，責任帰属の理論への批判(脆弱性モデル)にあったように，いかに責任を負担し応答していくかの実践が求められている．それは，責任が制度的あるいは非制度的を問わず，社会的な機能を担っていることまた期待されていることによる．責任実践はこの機能を実証的に明らかにすることを通じて行われる．そこで，本章では責任の機能について責任を問う側と答える側の応答に焦点をおいて検討することにする．

3.1　責任の機能と効果のモデル

責任の構造　ここまでの理論とアプローチを集約すると，責任は行為主体の行為結果に対する正当性の説明を含む応答であるといえる．責任実践としては責任の機能や効果をいかに高め，副作用があればそれをどのように低減するかが重要である．そこで責任を成立させるシステム構造を提示する．責任は誰が(who)，誰に(to whom)，何に対し(for what)，どのように(how)[1] 正当性を説明するかの応答関係であったから，われわれの定式化 $y = f(x, e)$ で示せば，結果 y と行為 x，そして外的要因 e で構成される関数 f を規定する主体が責任主体(who)になる．このさい，y が何か(for what)を規定するのは責任を問う者(to whom)であり，f から責任の程度を評価して責任の効果が生じる[2]．責任の評価結果が「非難」，「称賛」，「中立」という評定になり，その評定が直接的および間接的効果を及ぼす(図3-1)．

---

[1] 前出 Rock(2020)によると how はどのような手続き(via what procedures)で何を行うか(with what consequences)で規定される．

[2] 第1章で述べたように f が確定しないような不確実性が高いときや問題の構造が不明なときには，責任の評価の前に予測や知識の向上や関係者間での対話・討議が必要になる．

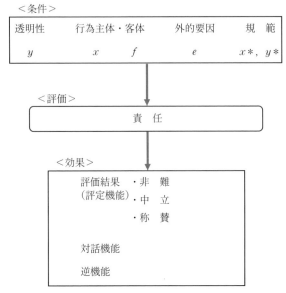

図 3-1　責任のシステム

　ここで直接あるいは間接の意味は，効果の及ぶ時間軸に関するものと効果の対象の帰属軸に関するものの両面があることである．時間軸では責任の評価が責任主体に対するものであることを踏まえ，今回の行為結果を受けたものが直接的効果であり，応答関係が継続することを前提に次回以降の教訓・修正・参考などにするのが間接的効果となる．また，帰属軸に関しては，責任主体にのみ効果が限定される場合は直接的効果であり，責任主体以外の潜在的な責任主体(同一組織内のほかの主体など)に対して参考などになることを間接的効果とみなす．

　これら責任の評価を可能にするには，関数 f の特定化と測定(how)である．問う側と応える側で情報の透明性を確保することで，評価過程における対話を円滑・促進する機能を有する．また，行為主体の x には，活動の質・量以外にコミットメント・使命感とも表現できる責任感を含む．これは，責任の評価の対象になる行為結果に影響する内的要因にかかる要素であり，行為の意思決定の前あるいは行為中に作用する感情・意識である．もちろん，責任の評価結果に伴う効果以外に評価に伴う逆機能も有することを忘れてはならない．以上を整理すると図3-1のようになる．

3.2 責任の評価機能

> 評価 = 標準：準拠性と紀律・安定

個人であれ組織であれ，活動を行う場合には法令に違反しない範囲で自由が認められている．そして遵守することが要求されている事項については，その基準・規範を満たさなければならない(問われる側の責務)．責任のシステムで示せば，準拠性は責任の評価結果が中立的な場合の直接的な効果である．問う側が責任主体に対して行為結果に求めている標準を実績が満たしているならば，行為者としての責務を果たしていることを意味する．法令・規則準拠は責任を果たす基本であり，コンプライアンスの徹底が近年では企業部門でも強調されるようになった．これまで規則に縛られ自由度が少ない官僚制のレッドテープ[3](繁文縟礼)を揶揄していた民間部門も効率性と準拠性の両立を求められるようになった．もちろん，コンプライアンスは企業を含めた組織に法令による各種の社会規制が追加されたり，国際化に伴う国際基準の適用がグローバル企業に要請・奨励されるようになり，従前より強化された背景もある．

前者の例としては，令和元年に「女性の職業生活における活躍の推進に関する法律等の一部を改正する法律」（令和元年法律第 24 号）により男女雇用機会均等法，育児・介護休業法および労働施策総合推進法の改正が実施され，ハラスメント対策が強化され企業等に対策の組織や規程の整備等が義務付けられたことがあげられる．最近のものには自動車運転業，医師，建設業における時間外労働の上限規制が 2024 年 4 月から適用されるようになった(いわゆる「2024 年問題」)ものがある．「働き方改革を推進するための関係法律の整備に関する法律」（平成 30 年法律第 71 号）によって適用が猶予されていた 3 事業につき原則として月 45 時間，年 360 時間に超過労働時間が規制されるようになった．このため，物流の遅れや建設単価の上昇，あるいは病院の診療科目の縮小・廃止が発生するという事態である．しかし，雇用者や事業主は法令を遵守する責任があり，どのように事業を継続し顧客ニーズに応えるかという経営上の課題を抱えている．

また，後者として，わが国の企業には会社法や証券取引法による財務諸表等の

---

[3] 膨大な書類をくくる紐の色が赤であったことに由来する．Kaufman（1977，2015）参照．

作成が要求されているが，企業のグローバル化に伴い国際財務報告基準(International Financial Reporting Standards; IFRS)による財務報告を作成するところも増えていることが該当する．ハラスメントや弱者・人権保護あるいは環境基準は国内法令で定められていない項目についても，各組織の内部規定により追加的な規則適用が増えている．業界の自主規制や国際的な基準(The International Organization for Standardization; ISO 基準[4]など)や認証もこの分類に含まれる．会社におけるダイバーシティにかかる女性の管理職比率とか温室効果ガスの削減率を政府目標より高めている場合には規程の整備とともにその目標の達成度も準拠性の判断基準になる．

これらの基準は法令に基づかず強制力はないものの，自組織のサービスや商品の品質を保証するものであるため，遵守を示すことは利用者・需要者などに対する経営者の責任とされる．たとえば，消費者は製造過程につき国際認証を受けていることを示されることで質に対する情報を得ることになる．したがって，準拠性には行為主体による行為・結果が法令・基準にしたがっていることの報告と監査が必須要件となる．責任に応えるには責任を問う側に信頼できる判断情報(この場合には法令等への準拠性)を与えていることの証明が必要だからである．法令でないレベルの自主基準ともいえる東京証券取引所の「コーポレートガバナンス・コード」[5]は，わが国の主要企業が適用している行為規範のようなものである．そこでは① 株主の権利・平等性の確保，② 株主以外のステークホルダーとの適切な協働，③ 適切な情報開示と透明性の確保，④ 取締役会等の責務，⑤ 株主との対話，を基本原則としてあげている．このうち③では補助原則として外部監査を示しており，情報と監査の必要を示している．

責任を果たすことが準拠性を満たすことにもなるのは当然だと思う人がいるかもしれない．準拠性は責任に応える側にとって一定の規範なり基準に従うことで条件かもしれないが，責任を通じて多くの人なり組織が準拠性を満たせば，規範・基準の目的とする紀律や安定性が確保できることになる(問う側の効果)．つまり，行為主体が標準の責任の評価を得ると他者も模倣・参照するようにな

---

[4] わが国の企業で認証を受けている有名な基準は ISO14001 の環境マネジメントシステムおよび ISO9001 の品質マネジメントシステムがある．いずれも環境や品質を直接改善するものでなく，その管理システムであることに留意しておく必要がある．

[5] わが国では 2015 年の企業へのガバナンスコードに続き，大学にも公立大学と私立大学には 2019 年，国立大学においては 2020 年にガバナンスコードが策定された．

る[6]ことが間接的効果である．標準の評価結果は責任主体が通常の努力・活動をしていれば得られる水準であるから，他者に参照されやすい．温室効果ガス排出の場合ならば，削減目標を特定企業だけでなく，ほかの人・組織も達成するよう努力するのにつながるならば，気温上昇は 1.5 ℃ を下回り地球環境の保全が維持される可能性が高くなる．ということは，準拠の基礎になっている基準が適正で，準拠を要求する行為と目標への到達に因果性が存在する必要がある．この因果性が低いときとか時間的に長期にわたるときには，途中で準拠の基盤を見直すことが責任を果たすうえでも必要である．

評価 = 非難：懲罰と抑止

準拠性は責任に応える側の行動基準であり，問う側にとって帰属効果を生じるものであった．その意味で行為の事前・事後というより，まさに行為中の基準である．他方，非難は行為結果の責任に対する評価結果であり，最終的な効果としては評価が行為主体に与える影響である．具体的には，非難の直接的効果は懲罰という行為主体への制裁であり，行為主体に規準に達していないか法令等に違反していることを警告する意味で不利益な処分を課すことになる．会社の業務用の車で飲酒による交通事故を起こし，加害者になった場合には刑事罰を受けるし，法律に違反しなくても内規に違反（準拠性を満たさない）したときには，懲戒解雇などから減給・厳重注意などの処分を受けることがある．また，非難が懲罰という制裁にならないときにも職場の上司（責任を問う側）からマイナスの評価を受けて自己（応える側）の行為結果を反省する直接的効果を生む．また，再度の懲罰を避けるため原因を見出し再発防止に努めると期待できる．

他方，間接的効果としては当該責任主体においては再発を防止しようという意思が働くことが期待されるほか，同僚や周囲の人に懲罰の原因となった行為を抑制させる効果があるとされる．死刑などの極刑罰は応報性と同時に，その判決（裁判所による責任の評価）の対象となった同種行為（犯罪）の発生を抑止することを目的としている．もっとも死刑が凶悪な犯罪の抑止につながるかは議論があり，森（2020）の分析によると死刑の効果を肯定あるいは否定する先行研究のいずれにも方法上の問題があることを明らかにしている．死や死刑を望んで犯罪をする者にとっては確かに死刑が抑止効果を担うかは疑問であるが，そうした者以外

---

[6] 制度的同型化のうち模倣的・規範的同型化であり，組織が同質化することである．

の犯罪については一定の効果は期待し得ると思われる．しかし，懲罰が実際に犯罪などの悪事を抑制しているかについての過程に関する研究蓄積が不足しており，認知と行動に関する心理学を含めた検証と道徳的・哲学的な検討も必要である．森が引用しているように「死刑の執行などに関する傾向を人々がいかに知覚しているのか，それがどのようにして人々の行動に影響を与えることになっているのかといったことについての知見が不足している」（Nagin and Pepper, 2012: 5-6）といえる．

評価 = 称賛：報奨と奨励　一方，称賛は行為主体への報奨であり，責任を問う側が行為主体に規準を大幅に超過していることや事前の報奨規準を満たしていることを表彰することである．責任主体が正の制裁（positive sanction）の評定を受ける場合の結果は称賛となる．行為結果を客観的にはかる尺度がない，規準が定性的な場合もあるが，そうした場合，評価・評定の妥当性を確保するためには外部の有識者による審議を経ることで信頼性を高めることが効果的である．

　称賛の直接的効果とは責任主体への報酬になるが，報酬の内容が金銭的報酬か非金銭的報酬か，責任主体が個人か集団か，また，評価の対象が行為か，結果か，それとも能力かに応じて異なったものとなる．金銭的報酬とは規準を超えた場合の特別報酬金・手当のようなものであり，非金銭的報酬は規準を超える場合への特別休暇や海外研修機会の提供あるいはイメージキャラクターとの面会などがある[7]．また，個人の業績が規準を超える場合は個人表彰（報奨金），集団や組織が規準を上回る場合は集団表彰になる．さらに，能力に関しても規準を超える水準の評価の場合には昇格・昇進などの処遇で報奨が与えられる．これらはいずれも高い成果に対して報いることは，責任主体のモチベーションを高めることにつながるという動機づけ理論[8]に基づくものであり，業績給制度（pay for performance）の枠組みから解釈することができる．業績給制度は内発的動機づけのDeci（1975）らの心理学からの批判的な考え方[9]も少なくないが，江夏（2020）によると売り上げなどの客観的な業績尺度のみならず顧客満足度などの主観的な尺度

---

[7]　国家公務員に対する人事院総裁賞は，公務による貢献が優れた個人または職域グループ（集団）を表彰する制度であり，各府省から推薦された候補の中から選考委員会の議論を経て選定される．また，受賞者は天皇皇后両陛下に接見する機会を賜ることになっている．

[8]　代表例はブルームの期待理論である（Vroom, 1964）．努力が成果につながる期待，成果から報酬を得る用具性および報酬の魅力度の誘因性の積がモチベーションを向上させるとする．

で成果を測定するほか，報酬形態にも多様性があり，個人業績を高める効果が一般的に確認されているという．

　称賛は報酬を経て二次的な効果(間接的効果)をもたらす．直接的な効果を受けるのは責任主体たる応える者であるが，応える者以外の他者にとっても称賛は最優良事例となる成果を象徴として示すことになる．つまり，奨励される行為なり能力であることを明らかにして組織や社会の人々を良い方向へ誘導する将来への作用がある．称賛される行為なり能力が後続者あるいは新規参入者にとって実現されることが増えると，それは標準的な状態となり，称賛から中立の存在，準拠性の効果になってしまう．実際，体操やフィギュア・スケートの場合，難度の高い演技は最初ごく一部の選手の称賛行為であったものが，多くの選手がやるようになると標準的な演技になってしまう．称賛や前提の行為結果は，その実現の確率の向上[10]および時間の経過に伴い，同じ行為結果に対して異なる責任の評価・評定をもたらし得ることに留意しなければならない．

3.3　責任の対話機能：評価過程

　責任の評価結果が得られるのは，行為主体のなすべき行為と結果が明らかであり，かつ，評価の標準や超過水準が決まっている場合である．しかしながら，何を行うのか，いかにそれを測定し管理するかが事前に完全に決まっていない場合とか評価の規準が未定の場合がある．企業，政府，非営利組織を問わず，目標や成果に関しては，抽象度が高い定義をする傾向があり，具体的にその実現のために何をするのか，どのように測定するかについては，はっきりしないこともある．たとえば「グローバル・リーディング企業」，「世界最先端デジタル国家」，「世界に伍する研究大学」といった表現で目標が設定される場合，これらは何を意味するのか，どのような尺度で測定するかという課題に直面する．

　筆者がかつて関係していた高等教育界では，「世界に伍する研究大学」は現在「国際卓越研究大学」という名称になって制度化され，東北大学が第一号に指定

9　(前頁)報酬の対象となる業績を高めるため働くのでなく仕事自体に価値を見出して働くとする．大学教員であれば創造的な自主的な研究をすることが内発的動機であるが，研究評価(被引用回数等)や資金を得るという外発的動機で研究をするようになってしまうこと．

10　人類の努力による成長部分とみなすことができる．もちろん，戦争など進歩がない部分も少なくないが．

(認定)されている．しかし，伍するという意味は「他者と同等の位置にある」(大辞林)ことであり，他者の定義が世界では意味をなさない．現在の国際卓越研究大学は国際的に卓越していることと研究を主とする大学という意味を併せ持つが，卓越とはどのような状態か(世界ランキングの上位としても何位までなのか，どのランキングを使用するのかなど)，研究を主とするのは何で定義するのか(研究費の大きさ，経費全体に占める比率か，教員の研究時間の割合，研究成果の多さやインパクトかなど)が定まらないと実績の測定も目標となる規準も設定できない．

こうした場合に責任の評価結果を得るには，責任を問う側と応える側の間で「対話」(dialogue)を通じて何に関する責任か，どのように測定して判断するかにつき検討する必要がある．しばしば，対話は討論(debate)，討議(discuss)，熟議(deliberate)とほぼ同義語として使用されるが，ここではヤンケロビッチの定義にしたがい区分する(Yankelovich, 1999)．それは，責任を問う者が応える者に行為結果の正当性について説明を求め，それへの応答関係が責任の本質であると考えるからである．応答は本来水平的・相互的なものであり，垂直的なもの(指令や命令)でない．ヤンケロビッチによると，対話は① 対等の立場(地位とかに無関係に)，② 相手の意見に耳を傾け理解する，③ 相互の根拠・仮定を知る，という三つを条件とする議論である．一方，討論は相手との論争であり勝ち負けがあり，自己の意見か相手の意見のいずれかに従う結果になる．そして，討議は三つを満たさない場合であり，熟議は対話をさらに進め，合意を得ることを意図する．ただし，対話は熟議の空間を開ける段階にとどまる．責任を果たすことは応答責任であるから，その回答に至る過程において行為の正当性につき回答者(応える者)の説明の根拠などを聴き，内容や仮定を理解することはなされるが，最終的な判断(意思決定)は問う側が行う[11]ことになる．

対話型の責任プロセスについて図3-2を用いて説明する．まず，責任に応える側は，自己の行為と結果につき仮定する因果関係的なモデルにしたがい，問う側に報告を行う．問う側はこの報告を受け取り，内容を吟味し，不明な点を応える側に確認する．そして，問う側は報告等につき応える側と対話を通じて，理解を踏まえ最終的な責任の評価を行う．この過程で，何に対して責任を負うのか，い

---

[11] 医師と患者の診療行為に関する責任におけるインフォームド・コンセントと似た構造にある．患者は医師からの説明を受けて医療行為への合意＝最終決定を行うことになる．

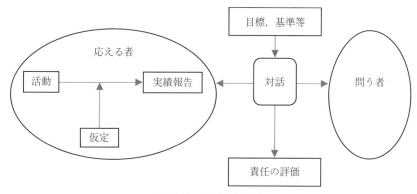

図 3-2　対話型の責任

かなる水準(成果目標の規準)を求めるのか，どのような統制可能性があるか，どのような外部要因と能力を前提にするか，つまり基準と仮定が明らかになるから，相互学習・理解の側面もある．このモデルは教育学で盛んな対話型論証モデルとか対話型学習と類似点があるものの，教育モデルでは同じ問題となる対象や主題に関して，自分と他人がそれぞれの論拠に基づき論証して自己の主張を修正して結論を得る．しかし，責任モデルでは行為主体(応える者)の行為結果に関する説明の正当性に対して行為主体と評価主体(問う者)間の対話であり，両者には情報の非対称性がある．対話型の責任は，本人・代理人(PA)理論(2.4 参照)における問う者(プリンシパル)から成果や目標が提示され，応える者(エージェント)がそれを所与として活動した結果の成果を報告し，その報告に基づき報酬を得るという垂直的な関係ではない．成果・目標および行動を含めて両者が対等に対話する機会が保障されている．行動の観察可能性が PA 理論では否定されている(プリンシパルはエージェントの行動を観察できない，観察可能なのは成果という仮定)が，責任モデルでは少なくとも行為が結果にどのように結びつくかの仮定につき相互理解がされる．

　社会会計や環境会計，公会計において対話的会計や対話責任は「対話的会計責任(dialogic accountability)」(Grossi et al., 2021)として実践化を志向している．株主と経営者あるいは市民と政府の関係は，PA 理論からそれぞれ本人と代理人として整理する利点はある．しかし，本人と代理人の間の専門性に関する知識や情報の非対称性を前提にしていること，多様な株主や市民の実態を無視している

といった批判もある．対話型会計責任は，情報の非対称性を解消し，本来の意思決定への参画や多様な情報ニーズに応える必要性を勘案して対話型の報告を目指す考え方である．専門的な知識がなくても理解できるよう財務および定量的情報に加え，図表による説明とか非財務，定性的な情報を応える側が提供し，問う側の需要に応じようとする．

3.4 責任感の機能

責任感がなす超越的な行為　序章で触れた 2024 年 1 月 2 日の日航機と海保機の衝突炎上事故における日航機からの全員避難の結果は，客室乗務員の見事な避難誘導によるもので称賛されるものであった．それは，外的要因である機内や機外の状況 e を的確に把握し，乗務員としての緊急時対応を訓練通りにするだけでなく同時に内的要因 x に含まれる仕事への責任感が最大限発揮されたものと考えられる．周知のように客室乗務員は乗客への機内サービスを行うほか，法律（航空法）により安全確保のため座席数などに応じて乗務員の定員が決められている．その意味で安全管理要員でもあり安全管理に関する専門性と倫理感を兼ね備えていなければならない．実際，日本航空では「安全憲章」を定め，過去の日航機墜落事故などの反省と教訓を踏まえ，安全の明確な定義と専門職としての使命と責任を次のようにうたっている．

> 安全とは，命を守ることであり，JAL グループ存立の大前提です．私たちは，安全のプロフェッショナルとしての使命と責任をしっかりと胸に刻み，知識，技術，能力の限りを尽くし，一便一便の安全を確実に実現していきます

他社の安全理念や原則などと比較しても，安全が命を守ること，つまり死亡事故を起こさないということが明言されている点が特徴になっている．また，安全の専門家としての職務の位置づけと最大限の努力が規定されている．高い責任感は責任の評価においても標準を上回る行為結果をもたらす可能性があり，称賛の直接的効果をもたらすと期待される．しかし，責任感は責任の評価や評価結果にかかわらず，責任主体の行為にさいし内的要因の一つとして備わっている特性である．その意味で，責任の評価過程の前に機能として作用する要素といえる．

もちろん，職業資格として専門職でなくても仕事の責任感が重大な事故を防止したり人命を救うことはある．ここでの責任は職業倫理的な意思から生まれる．その事例はスカイツリー建設工事で東日本震災直後の鳶職の対応があげられる．NHKの総合テレビ番組「新プロジェクト X」の初回（2024年4月6日）放送で描かれたように，震災当日は鉄骨組立作業を行っており地震直後に避難した後に，余震が継続し組み立てた部材を固定化しておかないとタワー自体が倒壊する可能性があることに気づいた．鳶職としての作業はすでに完了していたから，余震が続く中で固定化という生命の危険を伴う追加作業をあえて行う仕事の義務も命令もない．こうした状況下で，工事全体の成否を決めかねない固定化作業を，自らの危険を押して追加する現場の判断は，まさに職人としてのプロジェクトに対する貢献からくる責任感のなせるものであったといえる．この時点で作業はタワーの先端部分に達していたので，知識・技能に加え経験も十分有していたと考えられる．したがって，固定化の作業をする場合に問題になるのは，作業を成し遂げる難度でなく，作業中の余震による自己の生命へのリスクである．このリスクに対する報酬（賞罰）はないにもかかわらずリスクを引き受けたのは，ほかに代わるものはいないという建設に対する職人としての責任感である．

責任の逆機能：過剰な責任による負の作用　責任には前述したように目標とする成果を達成したり，不正などの行為の発生を抑止する機能がある．これは，責任主体に行為結果の正当性を説明させることから生じるもので，Tetlock（1992）によって心理学における説明責任（accountability）の作用とされる．

しかしながら過剰な責任あるいは偏った責任概念が責任主体に適用され，真の目標が達成できなかったり，かえって負の効果が正の効果より大きくなることもある．企業の人事管理や従業員の健康管理の観点から，過重労働，過重な責任に伴う精神疾患の発生や作業効率の低下から早期の予防対策が叫ばれ，厚生労働省も「こころの耳」で情報提供[12]に努めている．心理面・精神面への過重な責任感からの個人への逆機能のほか，過大あるいは不適切な責任管理による組織に与える悪影響や負の作用がある．

第一は，結果に関する責任を求めることは革新的なアイデアや工夫の創出を阻

---

[12] 「プロジェクトリーダー昇格後に過重労働と責任感からうつ病になり自殺未遂に至った事例」（kokoro.mhlw.go.jp/case/630/）などが掲載されている．

害し，イノベーションを抑制する危険性である．イノベーションは挑戦と失敗を前提にして生まれるため，結果を問うことや責任を追及することはリスク回避的になってしまう．

第二は，責任を徹底すると，悪い結果は誰かのせいにして責任の評価からくる懲罰を免れようとする傾向がでてくることである．そのことは互いに責任を押し付け合う組織文化を生み，無責任体質になってしまう可能性がある．これは「罰ゲーム ＝ 責任転嫁行動」と表現される(Hood, 2011)．

第三は，責任の対象になる行為結果が本来の目的から乖離したものとなって，成果が低下してしまう可能性である．これは，業績給での内発的な動機づけ低下と似ているが，成果自体の指標設定や測定の問題に起因する．業績評価論でしばしば議論されるもので，真の成果の定義や認識が困難なため，代替的な指標で測定することによる．病院の質は治療実績で把握できるかもしれないが，治癒率で測定すると，治療が困難な患者の引き受けを拒否して治癒率を高めようとするバイアスが作用する．また，所定時間内の手術までの待機時間を病院のサービスの質の尺度とすれば，所定時間に収まっても平均の待ち時間が長くなってしまうこともある．さらには，研究者の成果に関する責任を，年あたりの研究論文数にすると，複数の論文に分割して論文数を増やすサラミ現象が生まれる．

第四は，責任を割り当てることから，目標達成のため不正行為に及ぶ危険性である．後述する企業での認証試験の不正は，開発期間の短縮という目標を達成する責任から生じたものである．もちろん，副作用がない薬がないのと同様に責任に関してもこのように逆機能は避けられない．重要なことは，これら逆機能を認識し，なるたけ低下させること，また，プラスの機能たる便益と逆機能の費用を比較考量することである．

3.5 責任の「対理論」との関係

前章の理論的整理で責任は対概念として成立することを示した．自由に対する責任，非難に対する責任，統制に対する責任，委託に対する責任，つながりに対する責任および権利に対する責任であった．この対関係を，責任システムとしての実践モデル(機能)に照らし，理論と実践の対応を整理しておこう．

初めに，自由に対する責任は，主として哲学的アプローチから導かれる概念で

ある．実践モデルでは，自由を拘束する側面から責任の評価結果が「標準」な場合の準拠性・紀律保持の効果に結び付く．経済活動を含めた社会的活動は市場ルールに従う限りで自由ではあるものの，経済取引はまったく制約のない環境で営まれているわけではない．資本市場での企業は会社法や有価証券法などの法律のほか証券取引所の規則にも従う必要があり，各種報告の義務や監査証明を受けねばならない．このように準拠性は主として行為に関して作用するため，自由の効果も期中に働くことになる．

次に非難に対する責任は，法学，とくに刑法学に基づくアプローチからでてくる概念であった．実践モデルでは責任の評価結果が「非難」で懲罰の直接的効果に対応する．法学では「非難 = 他行為可能性」と定義されることから，違法行為を回避できた(他行為可能)のに避けなかった責任があるとされる．これは特定の行為につき罰則を課すことで違法行為を社会や組織内に認識させるとともに悪事の再発を抑制・予防しようとする．その意味で直接的には事後的に非難はなされるが，効果は将来に及ぶといえる．

三番目の統制に対する責任は，憲法の議会による民主的統制にかかる行政の責任に代表されるものであった．しかし，企業統治における取締役会の執行役員に対する経営監督と執行役員の事業運営責任の間においてもみられる．したがって，統制側の基準(憲法なり会社の定款など)に従って業務を行う責任とみなし，実践モデルでの準拠性に含めることができる．ここでは統制をする者(責任を問う者)と責任を負う者の間で垂直的関係を前提しており，事前または期中の行為に対して作用する．

四番目に委託に対する責任は，受託者が委託者に負う責務であり，経済学や経営学における本人・代理人理論から契約責任として導かれる．もっとも，契約的な考え方とは違い受託を受託責任(stewardship)とみなすアプローチも存在した．どちらのアプローチをとるかは，受託者の行為の内的要因が何か，つまり動機が経済的報酬を得るといった外発的なものかそれとも仕事自体の価値や委託者の行動理念などへの共鳴や賛同といった内発的なものかによる．ただし，責任を果したか否かの判断は行為結果に基づくため，実践モデルでの準拠性に従うことになる．

五番目のつながりに対する責任は，行為結果に関して行為主体の内的要因と外的要因に区分して原因を解明ししようとする社会心理学的アプローチである．そ

こでは，業績評価や責任の評価結果の推論とは逆に結果から原因を求める．評価結果には非難と逆の称賛もあり，結果に対する負の制裁および正の制裁とみなされる．このため，実践モデルでの非難と称賛に対応する．したがって，非難は回避し，称賛は得ようと人間は行動するから，事後的な行為結果と事前の内的要因の双方に影響する．

最後の権利に対する責任は，社会的責任論や脆弱性モデルから弱者を含む包摂的な見地から権利を保障する責務からくる概念である．そこでは誰に責任が帰属するのかではなく，弱者や規範に対してもっとも効果的に応える者（であれば誰も）が責任をもつべきと考える．実践モデルでいえば，責任の評価過程で責任を果たしているかが判断されることになる．Aの権利が十分に保障されていない状況ならば，Aに責任がある場合でもその状況を改善するため別の者が責任を担うべきとする．したがって，帰属責任モデルとは対照的に行為主体を別の主体にして，そのもっとも効果的な者[13] が弱者などの権利を保障（責任を負う）すべきと主張することになる．

実践モデルにおける対話機能については，対理論のうち統制，委託および権利との関係が深い．権力的な統制や委託は相手となる主体のモチベーションの低下をもたらしかねないし，統制や委託の観察可能な結果や品質で評価にならない要素の軽視になる恐れがある．とくに弱者の権利保障においては，本人が自己責任感を有していて他者に支援を求めることへの抵抗感があり，責任の代替や分担について十分な対話を通じた相互理解が必要になる．

逆機能という点ではすべての対理論と関係する．多くの自由には対応して大きな責任を伴うから，その責任を受け入れる能力と態度が要求される．多くの自由に対して小さな責任では，全体として責任を負わない社会になってしまい負の効果になってしまう．行為への非難は他行為可能性であるというのが通説であった．ただし，非難は責任主体にとっての制裁であり，非難回避に努めるあまりイノベーションを阻害する恐れもある．他方，統制は責任主体に対して所定の行為を実施するように制度を運用することになる．そのさいに行為の監視や規則への遵守を確保するため監督や情報の提供を求めることになり，過度な要求は責任主体の負担を増し本来の行為の妨げになる可能性もある．

---

[13] 政府を含む非営利組織，地域などのほか，資源と能力がある企業や個人を含む．

委託に関しても統制と似たような逆機能が働き，結果に関する委託は委託者にとって観察可能性があり，受託者の個々の行為を監視する必要がない利点がある．その反面，結果や成果が的確に定義・測定できないと契約責任は果たしても委託者の目的は達成できないことになってしまう．つながりに関して社会心理モデルでは外的要因は責任主体の統制範囲外になるから，問う側は外的要因をなるたけ少なくし，反対に応える側は多くする傾向になる．責任を過度に追求すると，この傾向が強まり本来負うべき責任があいまいになったり，負う必要がない責任について追及されることになる．

権利に関しては，個人の人権や生活保障を軸とするため，社会的責任の主体をどうするかが問われる．社会的責任を分担する個人責任あるいは政府責任が過剰に求められる可能性がある．分担・共同責任につき脆弱性モデルではもっとも効果的に責任を果たせるものが担うことになるが，資源と権力で優位なのは政府でありその負担能力は財政余力に依存する．

第4章

三つの責任概念

4.1 責任概念を区分する意義

　責任の定義や理論および機能について検討してきた．責任を巡る議論の混乱を整理し，責任が果たされる社会を実現していくには，現在語られている「アカウンタビリティ」としての「説明責任」と「レスポンシビリティ」としての「責任」・「責務」をいかに明確に区分するかの作業が必要である．同時に『自己責任の時代』という訳書[1]が出版されるようになった時代背景を踏まえた個人責任としての「自己責任」とは何かについても社会との関係について検討しておくべき事項である．前著『アカウンタビリティを考える』(山本，2013)でアカウンタビリティとレスポンシビリティの概念の違いについては，アカウンタビリティはレスポンシビリティの部分集合とみる考え方と客観的責任か主観的責任かの違いとする考え方を紹介した．

　しかしながら，アカウンタビリティを説明する責任とし，レスポンシビリティを一般的な責任・責務の意味合いで使用することは，社会的に有用なのかを考えると大きな問題があることがわかる．説明することで果たされる責任は基本的に良くない結果や期待されない事態が生じた場合に求められるものであり，行為や結果の後の段階で説明しても責任の機能面で検討したような抑止や防止の効果を発揮できないし，弁明的な意味合いが強い．アカウンタビリティにおいて事前の意思決定の段階で責任の基準を明確にしておくことがより重要になる．また，レスポンシビリティの責任や責務は道義的責任を指すのか，あるいは，法的な刑事責任までも含むものかが不明になる．損害賠償責任や不法行為責任あるいは国家

---

[1] 原題は"The Age of Responsibility"であり，序論にPersonal Responsibilityが論じられている．

や企業の責任はどういう性格かを明らかにしないと議論は進まないし，アカウンタビリティで法的責任を含むとする考え方との整理も必要である．

両者の区分が重要なのは，政府でも企業でも企画立案や制度設計あるいは評価の対象となる行為結果が当該主体で統制可能か否かがアカウンタブルかの判断の基準になるからである．共同責任を含め誰が行為や結果にどこまで責任をもつかが不明では，経営や政策の制度の設計や運用も評価ができない．結果がすべて主体の責任だとすると，責任を負う者の特定化や程度の判断は不要であるものの，どこを修正すれば改善されるのか，外的要因は何でどの程度影響したかの分析もされずに済んでしまう．関係主体がすべて責任を負うということは，換言すればどの主体も明確な責任を負わないということになり，それぞれの主体の行動や成果管理も不完全なものになってしまう．

4.2 責任モデルと責任の区分

責任モデルを操作可能にして実践に利用するには，第一に責任の評価と責任の区分とを対応させる必要がある．図3-1と図1-2の6タイプとの関係である．両者は責任の評価区分が非難・中立・称賛の三つである点では共通しており，違う点は統制可能性による区分を設けているか否かである．ここで行為主体と統制可能性により責任概念を区別する．統制可能性が高いということはそれだけ責任を負担する程度も大きいということを示し，狭義の責任たるアカウンタビリティの領域になる．他方，統制可能性が低いときは行為主体の意思や内的要因にかかわらず責任を主体に負担させることは合理的といえず，広義の責任たるレスポンシビリティと位置付けることができる．同様に，行為結果の対象がインプット，アウトプット，アウトカムおよびインパクトの区分において，どの過程かも重要になる．アウトプットまでの結果については行為主体の統制範囲（管理可能）にあるが，アウトカムやインパクトの結果は外的要因の影響があり統制可能性が低くなる．その意味でアカウンタビリティを求めることは適切とはいえず，レスポンシビリティにとどまる．

要約すると図1-2の六つのタイプは，タイプⅠ，Ⅲ，Ⅴはアカウンタビリティの領域，タイプⅡ，Ⅳ，Ⅵはレスポンシビリティの領域となる．そして，それぞれのタイプを代表する名称は，Ⅰが法的責任，Ⅱが政治的責任，Ⅲが目標達成責任，

IVが道徳的責任，Vがポジティブ・アカウンタビリティ，VIがスーパー・ポジティブ・レスポンシビリティとなる．

第二に責任モデルにおける責任の評価にさいする必要条件を満たすことである．透明性，行為主体・客体，外的要因，評価基準・規準である(図3-1参照)．しかしながら，何で測定するかの評価基準とどの区分に判定するかの評価規準について，責任を負う者(行為主体・被評価者)と問う者(評価者)の間で合意に達することは難しい．合意を巡る対話機能を責任モデルで効果に含めているのもこのためである．組織内の人事考課で上司の評価者(問う者)と部下の被評価者(応える者)で仕事の目標や指標で話し合う場合を想像すればよい．評価者は高めの目標設定を求め，被評価者は達成が容易な目標を示す傾向がある．また，仕事の成果が定量化しにくいものでは定性的な指標や多くの主観的な指標，あるいは定量的なものは行為・能力レベルの指標(職場研修への参加とか仕事関連資格の取得など)で代理測定されることになる．だが，これらについて合意に達するのは容易でないであろう．

アカウンタビリティの歴史的起源を英国の土地台帳に求めるにせよ，アテネの会計帳簿に求めるにせよ，その本質が正確性にあったのは，その記帳や正確性の責任が一定の区分に関する規則と数値により相互に検証可能だったことが影響している．同じ尺度で同じ対象を測定することが前提になっていて，ここでの基準は測定規則への準拠性，規準は誤差である．アカウンタブルであることは数えられることであり，その数え方について共通理解があるということである．アカウンタビリティの概念がその後，財務から非財務面や倫理面・環境面への拡張をしても基本は責任を負う者の報告を基礎としているのは，契約的なモデルを前提にしたものといえる．その意味では脆弱性モデルと対立する構造にある．脆弱性モデルは因果論的な責任でなく効果的な応答責任を説くものであるからである．

次節では，行為・結果にかかる基準と規準に関してアカウンタビリティとレスポンシビリティの違いの意味をさらに検討することにする．

4.3 アカウンタビリティとレスポンシビリティを区分する意味

アカウンタビリティとレスポンシビリティ

まずアカウンタビリティとしての責任(RA)に関してみてみよう．契約的な責任モデルとして解釈できる責任の評価区分は非難・中立・称賛である．アカウンタビリティでは，行為主体(応える者)と評価主体(問う者)の間で，何に関して(for what)・どのように(how)責任を果たすかが合意されている．また，結果を規定する内的要因と外的要因についても相互に理解していて，外的要因の影響はそれほど大きくない(統制可能性は外的要因分だけ低下するが相対的に高い)状態である．以上の条件を満たすときには，結果を何で測定するか(基準)，どの水準になれば低いと非難するのか，高いと称賛するか(規準)，を実績値で評定することが可能であり，かつ，評定結果は一致する．たとえば，小学校の運営結果を学力テスト[2]と体力テスト[3]の成績(平均正答率および平均点)と出席率(平均)[4]の三つの尺度で測定し，すべての項目で全国平均より10％を超えて上回れば「称賛」，いずれかの項目で10％を超えて下回れば「非難」と判断することにし，±10％以内の場合には「中立」とすれば，小学校と教育委員会なり保護者間での責任の評価は可能である．

　この場合，責任の評価結果に基づき懲罰や報奨をどうするかは，責任の効果をどこに求めるかにより違ったものになる．称賛の場合に学校予算を増やしたり教職員の賞与に反映することに異論は少ないだろう．成績や学校生活を改善したことへ教育委員会や自治体当局が報いることは教職員のモチベーションを高め，いっそうの教育改善効果が見込まれるからである．しかし，非難の場合に学校予算の削減や校長先生の交代，あるいは教職員の賞与減額は適切だろうか．

　教育成果は学校側の施設環境や教育活動の質・量によってもちろん規定される部分はあるが，児童生徒の学習行動や家庭環境によっても大きく左右される．も

---

[2] 全国学力・学習状況調査が文部科学省によって毎年度実施されている．小学校の場合は6年生を対象に国語と数学についてなされる．

[3] 全国体力・運動能力・運動習慣等調査が小学校の場合には5年生を対象に文科省により実施されており，男女別に体力合計点が算定される．

[4] 文部科学省の「児童生徒の問題行動，不登校等生徒指導上の諸課題に関する調査結果」に基づき長期欠席者割合を控除して算定可能である．

し，責任の評価の対象となる小学校において外国人を保護者とする児童が多く転入学してきた場合には，教職員の多文化共生にかかる対応（日本語の補習など）として負担は増すから，人員の手当てがないならば，日本語を母国語とする児童のみを教育してきた場合より児童あたりの教育指導は低下する可能性が高くなる．こうした場合，全国平均値より10％を超える良い成果をあげることはきわめて困難であり，中立あるいは非難の評定になる可能性がある．統制可能性を考慮して小学校がアカウンタブルであるには，この異文化出身の児童への教育に見合う資源の確保が前提になる．そのうえでの実績水準であれば非難も懲罰も受容されるかもしれない．統制可能性が同じ水準を確保されていない状況で，成果が低いとして非難し懲罰を課すのは，責任主体にとっても耐えがたいし，問う側の管理・監督者にとっても事態の悪化を招くだけである．教職員の負担増に見合う人材が手当されない状態で，予算を削減したり賞与を減額すれば，改善措置を講じる財源もなく，教職員のモチベーションを低下させたり燃え尽き症候群（バーンアウト）を生じさせるだけである．

同じような事態は，社会経済的に恵まれない家庭から通う児童が多い学校においても生じる．こうした学校の学力は全国平均値よりも低い状態が通常であり，単純に自校の学力テストの平均値を全国値と比較して学校の教育に関する責任の評価とするのは誤った判断を招く．学力は家庭環境などの社会経済的背景と学校の教育活動および児童生徒の学習行動の相乗効果として現れることがわが国でも確認されているからである（お茶の水女子大学，2018）．学校側の教育活動が優れていても，この学校の学力テストの成績は全国平均より低いことは十分あり得る．かかる状況下では，入学時からの学力の伸びである付加価値で成果を測定するのが妥当である．

アカウンタビリティを求めることの困難性　上記で解説したようにアカウンタビリティの場合には，問う側と応える側の双方で何に責任を負うのか，どのように責任の評価をするかについて合意が成立していなければならない．しかしながら，現実的に考えると前述の小学校の運営に関する責任に示されているように，何をもって成果とするか，それらをどのようにして測定するのか，また，どのような水準に達していれば責任を果たしたと判断するかに関して事前に合意して行為主体が実施することは容易でない．

まず，何を成果とみなすかである．学校教育においても学力や知能以外の非認知能力の要素をどこまで考慮するかは絶えず論争されることである．統一的な概念定義はいまだ定まっていないが，意欲・意志・情緒・社会性にかかわる要素からなるとされる．これらの要素の数も確定していないため，幼児教育における非認知能力の重要性が提言されてもどのように推進していくかの集約は容易でない．

　次に，これらの要素をどのように測定するかとなると，学力テストや温度計といった尺度がないため，協調性とか自己肯定感あるいは忍耐力などについて意識調査などを用いることになる．しかし，これは質問項目や内容につき多様な形式が存在する．何より測定には概念の精緻化が必要である．協調性とは何か？　協働との違いはどこにあるか？　協調の相手はどこまでか？　などにつきさまざまな試験を繰り返して信頼度を確保しなければならない．

　三番目に，測定結果をどう評定に変換するかである．小学校の学校教育の成果であれば，非認知能力を含めて合計点数が何点を超えれば称賛され，何点を下回れば非難されるかの決定をどうするか．この場合，成果を定量的に総合化して把握しようとすると，認知能力と非認知能力に重みづけて総合点をつけることになる．もちろん，総合化はより価値観が反映され合意が困難になることを避けて，成果を構成する個別要素ごとに識別される規準を定め評定することも可能である．

　以上の3点を一般化して検討してみよう．行為主体(応える側)の結果に関する責任の評価要素がm個あり，その測定指標がr_i，超過(下限)規準が$g_i(l_i)$とする．これに対し，評価主体(問う側)では評価要素がk個と認識し，その測定指標がr_i'，超過(下限)規準を$g_i'(l_i')$とする．もし，$m \neq k$ならば，成果を認識する要素が双方で異なることになり，k個の要素がすべてm個の要素に含まれない限り，行為主体の成果で評価主体の情報ニーズに応えることはできない．この条件を満たしたうえで，測定に関する方法に移る．どのようにして成果指標を測定するかの段階になると，評価主体よりも行為主体のほうが情報優位・技術優位になると考えられる．そのため，測定可能性の判断が行為主体側でなされることになり，結果的に責任の要素の一部について測定するにとどまることになる．ただし，これは測定の技術的制約によるもので，双方に責任回避(責任を問う・応える)の意図があったことにより生じたものでない．したがって，かかる責任の評

4.3 アカウンタビリティとレスポンシビリティを区分する意味

価における制約があることを相互に確認し明らかにしておくことが重要である．

これら二つの条件をクリアして，i 番目の指標につき $r_i = r_i'$ が確認できたとしよう．この場合では評価の最後の段階にある主観的な価値である規準は評価主体と行為主体で一致する保証はない．学力の到達水準は，過去の学力成績，学校所在地域の社会経済状況や学校の教育体制等である程度，合理的に推計できる．たとえば，全国平均値を 10-15％上回る範囲内に 95％の確率で収まるとかである．しかし，10％から 15％のどの値に評定の規準(超過規準)をするかは，評価主体や行為主体の主観的な想いに左右される．図 4-1 に基づき説明しよう．事前に合意された 1 番目の成果指標 r_1 につき評価主体の目標 g_1'，行為主体の目標 g_1 に対し，実績は g_1^0 であったとする．このとき，$g_1 < g_1^0 < g_1'$ ならば行為主体の目標 g_1 は上回るが評価主体の目標 g_1' を下回る．したがって，行為主体は評価主体の目標を満たさないから称賛の評価はアカウンタビリティとして得られないことになる．他方 k 番目の成果指標 r_k につき評価主体の目標 g_k'，行為主体の目標 g_k に対し実績は g_k^0 とする．このとき $g_k' < g_k^0 < g_k$ ならば，実績は評価主体の目標を上回るから称賛の評価としてのアカウンタビリティを得る(ポジティブ・アカウンタビリティ)ことになる．このように一般的な責任の場合(アカウンタビリティの領域が成立しないとき)には，責任を問う者と応える者の間で責任のコミュニケーション・ギャップを生じることを認識しておかねばならない．

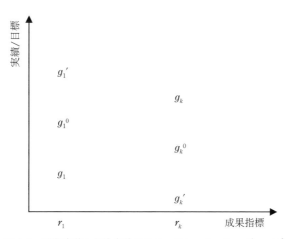

図 4-1　評価主体と行為主体のコミュニケーション・ギャップ

4.4 無限責任と有限責任

有限的な責任と無限的な責任

統制可能性の程度によりアカウンタビリティとレスポンシビリティを区分する必要性とその意義について述べてきた．これに関係した議論で両者を有限責任か無限責任かで区分することを主張するのが國部(2017，2023)である．國部は現代がリスク社会であるとし，リスクに対してシステムで対処するのは限界があり，想定外のリスクに対応できないとする．リスクへの対応もリスク管理システムに含まれているものの「人間の能力に限界があり，すべてのリスクを事前に予想することが不可能であるとすれば，このようなシステム的な対応だけでは不十分である」(國部，2023：16)とする．そして，レヴィナスやデリダのポストモダンの哲学を責任概念に適用する．責任の概念はリスクの管理責任を個人に割り当てるような有限責任とは正反対で「応答できることが」が本質とする．応答するためには「他者からの呼びかけが必要で，実際には他者からどのように呼びかけられるわからないのであるから，responsibility としての責任は，本来限定できない，無限の責任を基本と考えるべきである」(國部，2017)とみる．

ここでは，従来の既存秩序のなかにあるシステムは有限なものであるが，「秩序が成立するためには，その秩序を形成する外部が必要で……それは無限でなければならない」ことになる．つまり，有限責任は無限責任を前提にして初めて成立することになる．しかし，「システムが責任を限定してしまうと，その限定された責任が，本来の無限責任を不可視化して排除するように作用する……これが，近代社会において(想定外の：筆者追加)リスクが蓄積される原因であり，いったん，その(想定外の：筆者追加)リスクが顕在化してしまうと，無限の責任が起動しない社会では，簡単に混乱を収めることができなくなってしまう」(國部，2023：19)．

ここでは responsibility としての責任はシステムの外部にあり，想定外のリスクに対応するため既存秩序を覆すことで果たす無限的なものとみる．既存秩序をシステムで管理し想定されるリスクに対処する有限的な責任(accountability)と区分する．この無限性はシステム外部における存在に起因するが，呼びかけに応じる特性から，それに対応すれば，また別の呼びかけに応えることになり，責任を

果たすほど次の責任を生じる絶えざる外部へつながりが広がることになる．

　確かにリスク分析やシナリオ分析などのシステム理論に基づくアプローチには有限的な境界を設定することで最適解や許容解を求めていく思考がみられるから，現行の秩序やシステムの外側を扱うことは難しい．國部の説くように無限責任やそれを起動させる方法は実践論としても魅力的である．また，われわれの定義でのアカウンタビリティとしての責任が國部の有限責任に相当し，まさに統制可能性が高いことはリスクが予想可能なことと重なり，その効用や限界も共有する．ただし，予測可能性による不確実性の類型(リスク，不確実[5]，無知＝カオス)とそれへの対応アプローチは Roe(2020：76-78)が説くように1対1ではない．リスクへは統制と管理，不確実へは管理，そして無知へは対処が主たるアプローチとなる．

　ここでインプット・プロセス・アウトプットの過程モデルに従うと，統制はインプットおよびプロセスの予測と実績の差を小さくすることでアウトプットの差異を小さくかつ安定化することである．また，管理はアウトプットの差異を小さく安定化するため，プロセスの差異を大きくしてインプットの差異も高めることである．さらに，対処はインプットの差異と合わせるためアウトプットの差異を大きく不安定にするか，プロセスの差異を不十分にすることである．つまり，統制と管理はアウトプットの達成のためにインプットとプロセスを通して計画・過程制御する方式に対し，対処は最初のインプットの投入の違いに応じてプロセスとアウトプットの水準を変えていくシステム保全の観点からの追随制御方式である．

　したがって，残された問題はわれわれのレスポンシビリティとしての責任と國部の説く無限責任としての responsibility との差である．

不確実性と責任

すでに問題構造における不確実性で検討したように，社会経済問題は因果関係および結果の予測可能性によってリスク，不確実，複雑およびカオスの四つに区分されることを示した(図 1-1 参照)．換言すれば，それぞれリスク下，不確実性，曖昧性および無知な環境下での意思決定問題である．それゆえ，リスクや確率計算が可能な問題は

---

[5] ここでの不確実はスターリングの可能性と確率(Stirling, 2010)に知識のマトリックス区分における曖昧性(ambiguity)［Kurtz and Snowden(2003)の複雑(complex)と同義］と不確実(uncertainty)の和集合である．

リスクと不確実性のタイプに限定され，統制可能性の高い領域とはこの範囲でアカウンタビリティとしての責任の問題や管理を扱ってきたことになる．しかしながら，複雑な社会問題の多くは四つの不確実性の次元を有していて，どこかの不確実性区分に帰着させて分析するのは範囲を限定したアプローチであることが示されている(Leach, Scoones and Stirling, 2010)．

たとえば，遺伝子組換え食品の規制は健康リスクの評価のようにみがちであるが，リスクにおける客観的確率に基づく特定化された潜在的危害のほか曖昧性における異なった枠組み[6]による討議，不確実性における未知の確率をもつ潜在的危害，および無知状態における予測不可能な影響も考慮するのが適切と考えられる．その意味でわれわれはリスク管理の不完全性による問題を無視しているのでなく，むしろ限界を認識して主たる関心事に焦点をおいて分析をしている(せざるを得ない)ことになる．責任の範囲や対象を限定した有限責任に問題があるとするならば，それは，この有限性を意識せずにひたすら制度を忠実に運用して制御不能状態になることである．

図4-2でいえば，統制可能性のある領域を今回の責任の主たる検討対象とみなし，右端は複雑系の問題や厄介な政策経営課題へのアプローチとする．ここでは行為結果に関する責任(無限責任としてのresponsibility)というより，分析の前の問題の整理分析や合意形成に焦点をおくべきとみている．統制可能性が低いものも責任の対象にしているということは，因果関係や予測可能性を否定しているわけでない．われわれのレスポンシビリティは國部の定義によるresponsibilityとは異なり，むしろaccountabilityの部分集合とみなすことができる．國部のresponsibilityの領域は，図1-2を拡張した図4-2における外側の「統制可能性が予測不能」の区分に対応する責任概念といえる．ただし，アカウンタビリティもレスポンシビリティもシステムの外側への拡張はつねに意識されたものであり，科学の進展，対話や討議を含む分析手法の改善によりアカウンタビリティからレスポンシビリティ，そしてレスポンシビリティからresponsibilityとしての無限責任に通じる道は拓けると考える．そこでは，responsibilityのaccountability化に伴う責任の無限性が損なわれることにはならない．内なる精緻化と同時に外への責任拡大が行われるからである．

---

[6] アフリカにおける食料危機とみるか，それとも貧困問題，人口問題とみるか，それとも世界における食品健康，温暖化あるいは先進国と途上国の国際対立とみるかなどである．

結果の評定	統制可能性 高	統制可能性 低	統制可能性 予測不能	
悪 い	I 法的責任	II 政治的責任	VII	
普 通	III 目標達成責任	IV 道徳的責任	VII	無限責任
卓 越	V ポジティブ・アカウンタビリティ	VI スーパー・ポジティブアカウンタビリティ	VII	
責任概念	アカウンタビリティ	レスポンシビリティ	Responsibility（國部）	

Accountability（國部）

図 4-2 責任の概念整理（拡張版）

4.5 自己責任と自己責任論

　自己責任はその名のとおり，自己の責任，すなわち個人的責任である．自由で自律的な人間は，その範囲で個人として責任をもつ．1990年以降の新自由主義的な考え方が政治・政策面で浸透し，個人がなるたけ自立して暮らすことを原則とし，公的支援においても支援要件が厳格化された．これは，国民は政府サービスの顧客とみなし個人主義的な行動を前提とする新公共管理（NPM）とも親和性が高い．市場における個々の消費者は市場でのサービス選択につき合理的な意思決定をすることになっているからである．よって自由な交換関係が成立する市場原理を政府に適用し，疑似市場を人工的に作り国民はサービスの消費者，政府は購入者，民間または政府は供給者とみなす．わが国では，個人責任（personal responsibility）でなく自己責任（self-responsibility）が使用されるのは，多くの先行研究にあるように2004年のイラク人質事件を契機とする．これはイラク過激派による拘束された3名の日本人救出を巡る対応にさいし，当該人質となった若者（ジャーナリスト，NPO職員，ボランティア）に救出費用を含め「自らが責任を負うべき」という論調が政府や社会にみられたことである．政府が「避難勧告」指示を出していたのに危険地域に入ったことと国際的な人道支援活動のどちらを重視するかの問題でもあるが，人質になった者（国民）の生命を守る政府の機能よりも当該若者の行動への非難に関心が向かった．この政治家および一般社会の人質への評価は，かつての日本赤軍による大使館襲撃（1975年）やハイジャック（1977年）による人質殺害警告に対して「超法規的措置」[7]として獄中メンバーを釈放した当時の論調とかなり違っている．この変化は，2004年の首相が小泉純

一郎で新自由主義的路線(「官から民へ」,「国から地方へ」の構造改革)を推進していたことも影響していると思われる.

ただし,自己責任は責任の構成要素(誰が,誰に,何に,いかに)を想定すれば理解できるように,自己の中で閉じた世界になり,他者に正統性も説明もしないものである.しかし,自己責任論では自己責任に完結せず,個人に社会規範に従うべきという圧力に変化してしまう.従わないと,非難,懲罰を受けるという意味で,個人が,社会に,行為結果に対し,社会規範に準拠する,という形態になる.自分で自分を褒めることは,自己の判断と規準でなすことであったが,自己責任論はその責任の判断と規準が社会で決められているという構造で異なる.つまり,制度論でいう強制的,模倣的,規範的な同型性(DiMaggio and Powel, 1983)が果たすべき規準として作用する.このことは文化人類学者の中根(1967)が日本社会において「社会の人々がそう考えている」という「社会的強制」があると指摘したことに関連させると,社会規範が強制された状態が「自己責任」の本質となる.また,この強制規範が非難の規準となり,規範が順守されない行為に対しては自己の個人的行為につき社会から非難・批判を受け,嫌がらせなどの法的でない社会的な懲罰が課されることになる.瀧川(2005:73)は,イラク人質事件の自己責任論が① 自己責務,② 自己負担,③ 自己原因,の三つが混在して議論されているとしている.われわれの行為結果の定式化 $y = f(x, e)$ に従えば,人質になった状態が結果 y であり,行為 x の実施のさいに外部要因 e を含めて十分な検討を行なわなかった責任が①,その結果 y を引き受ける責任が②,結果 y の原因が自己の行為 x にあった責任が③ということになる.しかし,いずれもこの場合の責任は自己に対するものというよりも社会(世間)に対するものである.

これら三つの要件がそろえば非難されるべきかは,個人の自由がどこまで保障されるか,また,社会的にどこまで許容されるかにかかってくると思われる.いずれにせよ,ここでの自己責任論は責任の非難・懲罰性の側面に焦点をあてたものである.

自己責任論の特徴は吉崎(2014)や朝倉(2021:172)の要約に従って整理すると以下のようになる.

---

[7] (前頁)当時の福田赳夫首相は「一人の生命は地球より重い」と述べた.

① 「社会的責任」と「個人的責任」を意図的に混同したうえで「社会的責任」を否定・相対化している
② 「社会的」な問題をすべて個人で解決すべき問題に置き換える
③ 個人の抱える困難はすべて当該の個人の能力の問題とする
④ 一切の困難を個人の能力に還元することによって当該個人に自責の念が起こる
⑤ 世間的常識としての自立，自助を前提としているようにみせかける
⑥ 自立した人間ならば「自分の決定したことから生じる結果は自ら引き受けるという世間的な「自己決定 = 自己責任」観を前提としている
⑦ 「自己責任」論は社会に個人の孤立化と社会的分断をもたらす

以上の要約は理念的な自己責任論であり，実際の社会の規範はこの特徴と同じでないし，政府関与や公的支援も社会的責任や権利保障の観点から実施されている．サッチャー・レーガンの新自由主義が支配的になったときでも弱者への社会保障はされていて，すべての問題が個人で解決すべきとされていたものでない．それでも自己責任論はモンク(2017：30)が福祉国家の変化で指摘するように，他人を助ける義務としての責任から自分のことは自分で処理する責任，つまり，「義務としての責任」から「アカウンタビリティとしての責任」[8]への転換からくるものである．個人が他者への関与から個人が課せられた責任を履行するという意味では社会が相互扶助でなく，すべてが個人的なアカウンタビリティの網で構成されるという見方である．そこでは，責任の肯定的な意義が否定されることをモンクは問題視する．

4.6 結果に関する責任のとらえ方の違い

本章では責任の三つの種類，アカウンタビリティ，レスポンシビリティおよび自己責任について論じてきた．第二部で扱う個別事例の分析にも適用する概念であるため，三つの異同点につきまとめておくことにする(表 4-1)．
　第一に，責任を負う主体(who)は，アカウンタビリティもレスポンシビリティ

---

[8] 他人への利他的な責任から自分たちのために結果を達成する責任への転換である．

表4-1 責任概念の比較表

項　目	アカウンタビリティ	レスポンシビリティ*	自己責任
責任主体(who)	個人・集団	個人・集団	個　人
誰への責任(to whom)	他　者	他　者	自己・社会
責任対象(for what)	行為・結果	行為・結果	行為・結果
責任手続・方法(how)	客観的基準の達成	主観的基準の達成	社会規範の遵守
過去志向 vs 未来志向 (historical or future oriented)	過去志向 ＋ 未来志向	過去志向 ＋ 未来志向	過去志向
自律 vs 自立(autonomy or independence)	自　律	自　律	自　立
有限的責任 vs 無限的責任(limited or unlimited)	有限的責任	有限的責任	有限的責任
契約的責任 vs 応答的責任(contractual or responsive)	契約的責任	応答的責任	応答的責任

*國部の responsibility(無限責任)とは異なる(図4-2参照).

も企業等の組織単位および個人が該当する．会社や政府が組織として責任を果たすことは組織の永続性を考慮すれば個人の責任よりも時間的に長い結果や将来にわたり履行できる点で重要である．もちろん個人が売買契約などで契約責任を負ったり，組織内で雇用契約あるいは契約とはいわなくても仕事の一環として上司と部下または部局間で業務につき期日や仕様を定めて執行する場合には契約的責任を負うことになる．他方，自己責任では，まさに個人が責任主体となる．ただし，自己責任論では法的責任がない場合でも親などの保護者や家族まで責任が問われることがある．

第二に，誰に(whom)責任を負うかに関しては契約の相手先などが該当する．法人または個人があり得るが，これは責任を評価する主体でもあるから現に存在するものである必要がある．しばしば将来世代への責任とか未来への責任という表現が使用される．しかし，まだ生まれていない人間は現時点では評価主体にならないし，懲罰を課すことも称賛もできないし，また，責任に関する報告を受け取ることもできない．その意味でアカウンタビリティおよびレスポンシビリティの相手は現にいる他者である．一方，自己責任は形式的には自己たる当該個人に対する責任である．ただし，個人は日々の決定および結果につねに責任をもって

行動しているから，生活を営む空間である社会に対して責任を負っていることになる．

第三に，何に対して(for what)責任を負っているかについては，結果に関する統制可能性の程度は別にして三つの概念とも行為および結果に関してである．結果について範囲がどこまで及ぶかについては，アカウンタビリティとレスポンシビリティに関しては統制可能性が高いか低いかという違いはあるものの主体と範囲の拡大がされている．どれだけの量のモノがサービスを提供したかにとどまらず質や効果に関して責任を求め，責任の行為のまとまりについてもプロジェクト単位からプログラムさらにはポリシーの単位まで広がりをみせている．もっとも自己責任では個人の行為による責任は，活動および影響が及ぶ範囲には限界があるため，プロジェクト単位にとどまるのが基本[9]になる．

第四に，いかに責任を果たすか(how)に関してである．統制可能性が高いアカウンタビリティでは客観的な尺度により行為結果を測定し，規範である定量的な目標に対する達成状況により責任の評価が行われる．レスポンシビリティは統制可能性が低いため規範となる目標の設定に主観的要素が入り込むものの，責任の評価は可能である．法的責任でなく政治的責任とか道徳的責任といわれるのは統制可能性が低く因果性が十分とはいえないことによる．そして，自己責任は自己の内面ではすでに責任を果たしているのであるが，自己責任論から社会に対して責任を果たすことが求められることになる．そこでの参照される規準は社会的に強制される規範であり，その遵守が責任を果たすことと同義になる．

第五に，責任は過去志向・回顧的か未来志向的かに関してである．自己責任は明らかに起こった(良くない)事態にかかる責任を追及する場合であり，過去の行為結果について回顧的に責任の評価がなされる．他方，アカウンタビリティもレスポンシビリティも責任の評価結果が準拠性の範囲内であればフィードバック的な制御となり，過去志向に若干の将来志向(修正)にとどまる．しかし，実績が基準値を下回るときは責任の評価は非難から懲罰が課されることになる．このため，責任主体は次期の非難を回避しようと原因の究明をはかることになり，改善策を講じて行動を変える未来志向になると考えられる．

---

[9] アフガニスタンにおける医療，灌漑，農業支援活動を長く従事して凶弾に倒れたペシャワール会現地代表中村哲医師は65万人の生命を救ったとされるが「一隅を照らす」を活動の原理としていたという．

第六に，自律か自立かである．責任主体は自由意志をもった主体的な存在とされる．自己決定できる主体が自律しているとみなされ，アカウンタビリティおよびレスポンシビリティにおいて責任主体が行為 x を自らの意思で決定して，その結果 y につき正当性を説明することになる．他方，自己責任(とくに自己責任論としての)においては，x の決定にさいし社会的強制の圧力を受け，社会規範に沿う行動をすることが要請されている．その意味で自由意志に基づく自己決定とはいかない場合もある．現在では自己決定の要素も含めるように改訂されているが，文部科学省(2007)の答申では「自立への意欲」を「青少年が社会から期待されている役割を果たすために必要とされる意欲」とされていたように，社会的に自立的な行動を期待していた．

第七に，有限的責任か無限的責任かである．アカウンタビリティもレスポンシビリティも責任の評価結果が評価規準に従ってなされるから，概念定義から有限的責任である．國部の responsibility の定義にあるような無限的責任は評価規準の外側に位置する(図4-2参照)．また，自己責任の範囲も社会的規範に従って結果が評価されるだけであり，有限的責任である．

最後の契約的責任か応答的責任かに関しては，アカウンタビリティは統制可能性も高いことから契約的責任に基づき客観的な評価が可能である．これに対しレスポンシビリティについては統制可能性が低いことから，結果と評価規準との対応関係に十分な信頼性が保証されない．また，社会的責任や新しい公的責任の概念は，最適な主体が責任を担うという考え方であり，主体が複数になったり分担責任になることから応答的責任とみなせる．また，自己責任は社会への規範圧力への遵守という応答であると解される．遵守しない場合には法的責任は発生しないものの社会的な制裁を受ける可能性があるものであるため，契約的責任ではない．

第5章

「説明責任」とアカウンタビリティ

5.1 「説明責任」の濫用と無責任体制への危惧

　責任のうちアカウンタビリティとレスポンシビリティの区分について検討し，その有限責任としての同質性と契約的責任か応答的責任かの異質性に触れた．前著(山本，2013)でわが国での「説明責任」とアカウンタビリティの本質的な違いについて詳しく説明したが，いまだに「説明責任」＝「説明する責任」＝アカウンタビリティ＝accountabilityとする多くの人の理解を修正するに至っていない．重複を避けるためポイントのみ記すと，アカウンタビリティは行為の主体(責任を負う者)が委託者でもある評価者(責任を問う者)に対して行為の正当性を(報告書)で説明する責任であり，委託者が説明を正当と認めない場合には受託者は懲罰を受けることもあり得るとされる．したがって，たんに説明することでもないし，受委託の前提になっている条件，つまり達成すべき目標や委託に伴う経費・報酬の支給などが事前に確定している必要がある．すなわち，契約的な概念であり，不祥事などの発生を受けて事後的に責任の究明や調査およびお詫びをすることではない．

　しかしながら，説明責任は説明する責任とされ，いつの時点で，何について，が曖昧なまま，説明する能力とか民法上の説明義務とか，もとのaccountabilityとはまったく違う意味で使用されている．これは，マスコミを含めた言論界や研究者および政治・経済の実務者間でも誤用の意識なく使用していることが影響している．そのことをインターネットのニュース欄で確認しよう．筆者は紙媒体愛好派であるが，わが国では新聞の購読者は一世帯当たり0.5を切るようになった状況[1]であり，ネットの社会での浸透度と影響力を無視できないからである．

　たとえば朝日新聞デジタルの最近の記事(2024年5月18日アクセス)で「説明

責任」を扱っているのは以下の 3 点(いずれも筆者による抜粋と下線は追加)である．

裏金関与 29 人の政倫審出席議決　全会一致　(5/18)
(https://www.asahi.com/articles/DA3S15936665.html)
　立憲民主党の吉川沙織野党筆頭幹事は「刑事的に不起訴とされたことや自民党内の処分と，政治的・道義的責任は別．国会で説明責任を果たす必要がある」と訴えた．

宗教は救いになる？　それとも坊主丸もうけ？　僧侶が語るその必要性 (5/15)
(https://www.asahi.com/articles/ASS5F4HPMS5FPLZB00XM.html)
　宗教法人も収支や事業計画，事業報告などを公開するのが当然です．ただ，情報公開で信教の自由が侵害されてはいけません．一件一件のお布施の額を示せ，名前を出せ，というのはおかしい．……もちろん信教の自由が憲法で保障されているからといって，何をしてもいいわけではない．……非課税の恩恵を受ける宗教法人は，宗教法人法に基づき，法令順守や透明性の確保，説明責任を果たす社会的責任があります．

兵庫県知事ら批判した元県幹部処分　知事，県議指摘に第三者調査を検討 (5/14)
(https://www.asahi.com/articles/ASS5G312QS5GPIHB01HM.html)
　記者会見で知事は「外部の方が入って調査をしてもらうことも一つの必要な説明責任の果たし方と思う」と述べ，第三者機関設置について「熟慮，検討していく」とした．

また，朝日新聞と論調が異なる場合もある産経新聞のデジタルニュース(2024 年 5 月 18 日アクセス)では下記のように扱っている(筆者による抜粋と下線は筆者追加)．

1　(前頁)日本新聞協会「新聞の発行部数と世帯数の推移」(2023 年 10 月時点)

「紅麹」問題で傷ついたブランド　小林製薬の新戦略「ヘルスケアで成長路線」があだに　(5/10)
(https://www.sankei.com/article/20240510-YDZOTEGJJFPN7J2B4JEAC-43NGY/)

　企業が製品を供給する以上，安全な製品をつくる「製造物責任」と安全性について消費者への「説明責任」がある．小林製薬はこの2つの責任を十分果たしているようにはみえない．

　裏金や幹部処分の問題における「説明責任」は，不適切あるいは不適正な事案が生じた場合，当事者はその内容につき説明する責任があるとする使用例である．「誰が」はそれぞれ関係議員と県知事，「誰に」は議会を通じて国民と県民，「何に」は当該案件，「いかに」は政治倫理審査会での説明あるいは第三者調査委員会の調査に基づく説明となる．しかし，これらは事案が発生した後での責任の履行であり，不適正・不適切な事案が顕在化しない限り説明責任の発動はされない．この点で，臨時的あるいは突発的な説明責任のシステムが事後的に稼働したものといえる．

　一方，宗教および健康食品の件での「説明責任」は，法的責任と区分した概念として説明責任を使用している．宗教法人の責務として宗教法人法の法令順守と区分して社会的責任に含まれるものとして説明責任を述べている，つまり，法令に基づかない責任であるが社会的存在として果たすべき責任という意味合いである．また，機能性表示食品である「紅麹」に関しては，商品としての健康被害があった場合の民法上の損害賠償責任を伴う製造物責任と区分して商品についての説明責任を位置づけており，やはり法的責任や義務と区分されている．

　このように，説明責任の時期が不祥事などの特定事象が起こったとき，あるいは法的責任とは区分された道徳的責任といった意味合いでわが国では使用されていることがわかる．ここでは accountability がシステムとして報告体系を構成し，正当性の説明をする根拠には法令の遵守[2]や内部規定への準拠性といった法的責任が当然含まれることが無視されている．また，正当性を検証するには第三者による報告の信頼性チェックが手続きとして必要であり，会計と監査もかかるシス

---

[2] これには企業，政府，非営利組織とも会社法や会計法等の法律以外に財務報告基準や会計基準を含む．

テムとしての機能から要請されるものである．アカウンタビリティ＝accountability は，社会的責任だけでなく法的責任を含む受託者の行為結果の正当性を説明するものが包含される．それがアカウンタビリティ概念の拡大になる．

　アカウンタビリティと説明責任を区分して，前者を会計的責任に限定し，後者は広い責任を意味するものとみる見方が一部にある．しかし，Herbert(1972)は財務的アカウンタビリティから管理的アカウンタビリティへ，そしてプログラムアカウンタビリティに進展しているとし，Stewart(1984)は法的，過程的，業績，プログラムおよび政策のアカウンタビリティに拡大してきたとしている．したがって，カタカナから日本語の移行で意味を変えるのは問題といえる．

5.2　日本における「説明責任」

　しかしながら，わが国でのアカウンタビリティから説明責任への変更は，会計的な世界から社会的政治的な世界に領域を拡大すると同時に責任を問う意味合いを薄めることになった．説明の正当性が受け入れられないときのハードな懲罰可能性から説明のみを行う責任へのソフト化である．アカウンタビリティ自体は戦後まもない頃から一部で利用されていたし，会計学では基盤となる概念用語でもあった．それが一気に時の言葉になったのは，ウォルフレン(1994)が『人間を幸福にしない日本というシステム』の中でアカウンタビリティのないことが日本の特性としたことの影響が大きい．そこではアカウンタビリティは「自分の判断や行動を社会に対して説明する義務」（p.81，下線は筆者追加）とされ，組織に対して説明する義務のレスポンシビリティと対比された．これは，ウォルフレン流の定義であり，すでにわれわれが検討してきたような哲学を含めた責任の概念区分とは違うことに注意しなければならない．責任はアカウンタビリティであれレスポンシビリティであれ，特定の者のみに対するものでないからである．彼は，日本の官僚機構が社会に責任を負わないことを問題にしたかったため，「誰に対する」（to whom）もので両者を区分したものと解せる．

　1990年代の官僚の不祥事（旧厚生省の薬害エイズ事件など）と中央省庁改革の流れの中で，「アカウンタビリティ」は「説明責任（アカウンタビリティ）」に変換され一気にパワーワードとなっていった．この変換には二つの背景をみることができる．一つは外来語の法令用語化である．わが国での外来語を法令用語にす

る場合には原文をカタカナ表記にするもの，日本語を当てるもの，新たに訳語を産み出すものに区分されるが，外来語の表記をカタカナのまま使用するのは日常生活で標準的なものになっていることが必要なようである．ほとんどの用語は和訳されるか日本語による説明におきなおされており，コンピュータ，プログラム，ソフトウェア，コンテンツなどの情報関係は例外的とされる(参議院法制局，2020)．したがって，「説明責任(アカウンタビリティ)」はアカウンタビリティの意味で使用したいがそのままでは社会的に十分浸透したとはいえず「説明する責任」は長いので省略形を使用して括弧で原義を付したものと解せる．この省略形は先に述べた「自己責任」にも登場するが，マスコミなどが報道で長い表現を簡潔な言葉で表現するため臨時的に用語が形成されることもある．当時の小池百合子環境大臣(現東京都知事)が 2004 年のイラク人質事件で被害者に対し「自分自身の責任」と述べたのを「自己責任」と報道した新聞があり，一気に自己責任の用語が広まったとされるのと同様な事態が先行して起こっていたと考えることができる．

もっとも，この省略形は表現が簡単ではあるものの，もう一つの背景に「説明責任」として日本語で使用したい意向と原語のカタカナ表記の「アカウンタビリティ」の意味を保持したい意向の双方の主張を織り込んだものがあると解せるのである．それは，中央省庁改革の基本方針を受けて政策評価のあり方を検討していた総務庁の委員会における最終報告(平成 12 年)と「行政機関が行う政策の評価に関する法律」(政策評価法)(平成 13 年法律第 86 号)の説明責任の違いにみられる．最終報告では前出 Stewart らの学術的な見解を踏まえ「説明責任(アカウンタビリティ)の徹底」において次のように述べている．

> 法令や手続を遵守しているかという手続的な側面についての説明責任に加え，一定の資源の中で効果的・効率的に成果をあげているかという結果についての説明責任を果たすことも重要

つまり，法的アカウンタビリティ，過程アカウンタビリティに加え結果のアカウンタビリティを求めている．これはアカウンタビリティの理解としては基本に忠実である．半面，中央省庁改革における NPM 的な成果志向のアカウンタビリティからすると，従前のインプットやプロセスの規制を緩和してアウトプットの

成果につき統制するという観点からの見直しには至っていないともいえる．他方，政策評価法第1条では「政府の有するその諸活動について国民に説明する責務が全うされる」ことを法の目的としている．この条項そのものは「行政機関の保有する情報の公開に関する法律」（情報公開法）（平成11年法律第42号）の第一条「政府の有するその諸活動について国民に説明する責務」をそのままもってきたものである．ここでは，アカウンタビリティの用語も懲罰可能性も消えている．所管の総務省の政策評価基礎資料集において「説明責任(accountability: アカウンタビリティ)」の定義は「説明責任とは行政機関がその諸活動を国民に対して説明する責任をいう」とされ，説明責任＝アカウンタビリティ＝accountability が「説明する責任」になっている．諸活動の何につき(for what)国民に説明するのかは明記せず，懲罰可能性にも触れていない．この動きはその後の「公文書等の管理に関する法律」（公文書管理法）（平成21年法律第66号）にも引き継がれ，第1条に「……<u>国及び独立行政法人等</u>の有するその諸活動を<u>現在及び将来の</u>国民に説明する責務が全うされるようにする」とされている（下線は筆者追加）．下線部が修正箇所で「誰が」(who)が「政府」から「国及び独立行政法人」へ「誰に」(to whom)が国民から「現在及び将来の国民」へ変わっている．将来の国民は（現在の）国などに継続した行為主体として責任を追及できても懲罰を課せるかの疑問も懲罰可能性を概念定義からなくすことで消し去っている．なお，「説明する責任」から「説明責任」の移行は，2000年前後とみられる．これは前記ウォルフレンの著におけるアカウンタビリティの訳が1994年の「説明する責任」から2000年の新訳時（文庫本化）に「説明責任」になっていることや角松(2012)による朝日新聞での「説明責任」の用語使用件数が2000年前後から増加し，しだいに安定しているという推移分析からも裏付けられる．

「説明責任(アカウンタビリティ)」から「説明責任」への移行の間に「説明する責任」が介在しているものの，原語を括弧から外す用語化はコミュニケーション論や政策科学が説くように「戦略的曖昧性」(Eisenberg, 1984; 2006)によって多義的な概念についてあえて絞らないで同じ方向に向かうことを可能にした．誰が，何に対し，いつ，どのように説明し，いかなる場合に懲罰や称賛の可能性があるかを曖昧にすることで，誰もが使用できる便利な用語になった．いまや「説明責任」を果たしていないという追及にも「説明責任」を果たしていくという弁明にも対応できる用語である．

要約すると，わが国での「説明責任」は，① アングロサクソン諸国において存在したaccountabilityの輸入→② カタカナとしての直訳「アカウンタビリティ」→③ 日本的解釈としての「説明する責任」→④ 省略した日本語としての「説明責任」という変化を経て確立したものといえる．②から③への変化には情報公開法などの法律制定と政策評価制度の導入が大きく推進要因となった．

5.3 「アカウンタビリティ」の本来の意味は？

「説明責任」の普及の要因　なぜアカウンタビリティがコンピュータやプログラムのように法文に反映されずに「説明する責務」という表現に落ち着き，社会的に「説明責任」として使用されるようになったのか．

第一の理由としては，アカウンタビリティが法的責任を超える発展的かつ拡大的な概念であり，法律的に定義しがたいことがあげられる．私法や公法において不法行為責任あるいは政府の責任を明確に定めており，それを超える責任を法的に求めることは法の妥当性を否定することになり矛盾するからである．そのため，法的責任とは別の概念とするか，損害賠償責任などとは別の責任概念を法律に新たに設けることになる．任意の基準を遵守したり準拠することも準拠性のアカウンタビリティとみなすことが可能である．しかし，任意や自発的な基準が規範的な価値や効用をもつには有用性が求められ，まさに準拠しない場合に比しての質的な差別化ないし効果の実証が伴う必要性がある．企業における品質基準や製造管理基準ならば，品質が向上したり環境負荷が低減するなどの実質的な利点が証明されねばならないが，それが不可能な場合に他者（消費者や市民など）に責任を果たすことは容易でないだろう．企業の社会的責任（CSR；Corporate Social Responsibility）はまさに自主的な取組みとしての社会貢献活動であり，企業活動の正当性を説明するものでない．わが国のような大陸法の体系では，新規に別の責任概念を法案化し組み入れることで，準拠性アカウンタビリティに含める方策は，有力なアプローチである．たとえば，財務的なアカウンタビリティは財務報告基準や会計基準に準拠して財務報告や会計処理がなされる責任であり，法的なアカウンタビリティでない．

しかしながら，わが国では企業の財務諸表は会社法施行規則に従い作成され，

国の特別会計や独立行政法人等の財務書類もそれぞれ「特別会計に関する法律」（平成19年法律第23号）および「独立行政法人通則法」（平成11年法律第103号）に基づき作成されることが規定[3]されている．このため，財務的アカウンタビリティは法的アカウンタビリティの財務報告への適用と解釈できるのである．具体的に説明すると，会社の計算書類（財務諸表）は会社法施行規則第116条により会社計算規則の定めるところによると規定されたのを受け，会社計算規則（平成18年法務省令第13号）の第3条に従う．会社計算規則第3条で「この省令の用語の解釈及び規定の適用に関しては，一般に公正妥当と認められる企業会計の基準その他の企業会計の慣行をしん酌しなければならない」として，「企業会計の慣行」を法的に位置づけている．GAAP（Generally Accepted Accounting Principles）と呼称される会計基準は社会的に認められた慣行であり，強制適用を旨とする法律とは親和性がないものが組み込まれている．同様に，特別会計に関する法律第19条において「所管大臣は，毎会計年度，その管理する特別会計について，資産及び負債の状況その他の決算に関する財務情報を開示するための書類を企業会計の慣行を参考として作成し，財務大臣に送付しなければならない」とし，独立行政法人通則法第37条で「独立行政法人の会計は，主務省令で定めるところにより，原則として企業会計原則によるものとする」と規定している．このように本来は自主的な行為や慣行が法的義務にされるということで，アカウンタビリティと法的な説明責任の分離と一体化が生じている．

　第二の理由としては，懲罰可能性を伴う概念と区分したい意志があったと考えられる．受託者の行為結果に関する説明に正当性がないと委託者が判断した場合には，その行為は私法・公法を含め法令違反になる可能性が高いため，特段の付加的な懲罰性は不要とみなしたと思われる．民法上の不法行為責任や損害賠償責任あるいは国家（地方）公務員法による懲戒処分や予算執行職員等の責任に関する法律による損害弁償等が規定されており，正当性が低いときは懲罰がなされる制度が整備されているからである．もっとも，法令違反となる程度の行為は明らかに問題があるものであり，前出の「非難」の区分に位置づけられるものについて責任の判断がなされるにとどまる．アカウンタビリティを含めた責任における「称賛」や標準状態にあることの判断には上記法令の責任概念は適用できない限

---

[3] 民間非営利部門の「学校法人会計基準」も「社会福祉法人会計基準」もそれぞれ文部科学省および厚生労働省の省令として規定されている．

界がある．責任を問うあるいは負うことは悪い行為結果への対応という意識があるように思われる．アカウンタビリティを積極的に果たすことで個人や組織の行為の適正性を対外的に証明し，法令等を遵守していないときには告発する「罪の文化」と「恥の文化」（Benedict, 1946）の差かもしれない．違法な行為は日本社会では恥であり，それを社会に公開すること[4]はなるべく避けたいという想いが法規範への準拠を上回ったときに組織内で不正隠ぺいが起る．

　第三の理由として，責任要素の客観化への抵抗感がある．一つは伝統的なアカウンタビリティの原語のアカウントは会計あるいは数えるという意味である．したがって，アカウンタビリティとは数えることで説明する（できる）ことを指す．業務の定量的な測定によるアカウンタビリティとしての責任論は企業経営でもテイラー主義（科学的管理法）への抵抗や批判もあり，定量化されない定性的な要因を含めて業務の結果や成果を総合的に評価するアプローチが採用されやすい．専門的な観点からは，定量化は専門職の自律性を低下させ，数えることができない専門家としての判断要素を除外するとして責任が十分全うできないと説く[5]．このため，アカウンタビリティ的な責任観，定量指標による成果管理に批判的になる．

　こうした三つの理由があいまってアカウンタビリティの意味合いの重要な部分を抜き去った概念として「説明責任」になった．このため説明責任は法的責任と区分され，基準と方法につき曖昧なまま使用されることとなり，重大な事件や不正のさいでも説明する責任として，説明すれば責任を果たしたことになるという誤解を生みだしている．とくに先の政治資金収支報告書の記載漏れについては，一部の議員が法律違反で起訴されたのに対し，多くの議員は不起訴で説明責任を果たすことが要請されるにとどまっている．エネルギー関連会社で従業員にセクハラを起こした社長が責任をとって辞任したのと対比しても，政治における説明責任の概念が揺らいでいる．説明責任を法的責任と切り離す定義はアカウンタビリティからの退却であるが，多くの国民もその責任回避性に気付いていると思われる．責任の構成要素（誰が，誰に，何を，いかに）がアカウンタビリティと異な

---

[4] わが国でも内部通報制度が整備されているものの通報者が不利益を受けるという問題が発生している．

[5] 典型的な例は大学などの研究評価である．ノーベル化学賞受賞者の野依良治氏は論文数や被引用数などの数値指標による研究者の評価は有害とする（日本経済新聞，2024年5月21日）．

り，説明責任では社会に説明する意味合い以上のものがないし，責任を問う側と応える側に共通の(合意した)基準や規準が定まっていないためコミュニケーションが成立しないことになる．

実際，第一の責任の主体になる「誰が」があいまいになっている例がわが国では少なくない．下記の元木昌彦氏の記事(2024年5月18日アクセス)はこの主体の問題を指摘している(筆者による抜粋)．

大阪万博の中止はもう無理なのか…3187億円の税金を使って「カジノ建設の露払い」をするという無責任の体系　PRESIDENT Online 2024/05/18 9：00
(https://president.jp/articles/-/81780?page=3)
　何かモヤモヤしているのは，いったい誰が万博運営全体の責任者なのか，顔がみえないからなのではないか

ここでの議論は，木製の木のリング(仮設構造物)の設置を実質的に決めた誰かがいるはずである．形式的には公益社団法人2025年日本国際博覧会協会が運営責任者であることに異論はない．元木氏の問題提起は重要なデザインやコンセプトの決定をしているのは誰で，経費増大や完成工期に責任をとるべきでないかというものである．裏で決めている人が表に出てこないことへの不満であるが，デザインにつき具体的な説明をできる人は協会の職員ではないのはそのとおりだろうから，デザイン責任者と協会の双方が共同会見をする必要がある．組織と責任者の関係について，わが国ではあいまいにする傾向にある．企業の場合では，近年社長などの代表者を記して報告書を出す場合が増えてきたが，誰による文書かは不明で会社名によるものも多い．ダイハツの認証検査不正事件でも組織体制の見直しは会社名で宛先はないが，所管の国土交通大臣への報告では社長名となっている．

同様に，役所関係では省庁の長(大臣)が決裁したことになっているが，文書自体には大臣名も責任部門長の名前もサインもないことが多い．説明責任の観点から実施される政策評価の基本計画や実施計画および評価書は各省庁の長が作成することになっているものの公表される文書には大臣名も署名も見当たらない．例外的といえるのは国の主計簿の締切にさいし財務省の主計局長と会計検査院の第一局長が署名・捺印する光景(NHKニュースで放映されることが通常)であろう．

これは，予算決算及び会計令第139条の規定により「財務大臣は，会計検査院の長の指定する検査官その他の職員の立会いの上，毎年7月31日において，前年度の歳入歳出の主計簿を締め切らなければならない」を受けている．主計局長および第一局長はそれぞれ財務大臣および検査官の代理人としての行為である．

「誰に」関して正当性を説明するかという点においては，企業の場合にステークホルダーにアカウンタビリティを負うとみると，ステークホルダーの特定化が必要になる．広く人権や環境に関する活動の正当性を説明するという観点からは外国の事業所や委託先の労働環境や環境負荷についてもアカウンタビリティを負うことになり説明する責任としての説明責任との境界が問題になる．

| 責任を巡る法的義務と自発的対応

アカウンタブルな相手が特定化されても，何に関してかの決定は範囲の拡大と統制可能性のバランスからもっとも困難なものである．法的に要求される事項が拡大していることおよび独自に企業等で自発的に対外的に目標設定している場合への対応である．環境保護とともに広く社会全体の包摂性や公正性を確保する観点から法定義務や法定公表事項は公的機関を含め拡大している．具体例をあげると，「障害者の雇用の促進に関する法律」（昭和35年法律第123号）において事業者は労働者の一定割合（民間企業では2024年度から2.5％）の障害者雇用が義務付けられており，達成度に応じた誘因制度も設けられている．100人超の企業で未達成の場合には納付金を徴収し，逆に達成企業には調整金を支給することになっている．これは，先のアカウンタビリティの定義（図1-2参照）における「非難」の場合の懲罰と「称賛」の場合の報奨（厳密にいえば標準の準拠の場合を含む）に対応する．また，「女性の職業生活における活躍の推進に関する法律」（平成27年法律第64号）に基づき2022年度から常時雇用労働者が301人以上の一般事業主に男女間賃金格差の公表を義務付けている．さらに，「地球温暖化対策の推進に関する法律」（平成10年法律第117号）に基づき2006年から特定排出者には温室効果ガス排出量の算定・報告および公表が義務付けられ，温室効果ガス削減計画書および実績報告書が自治体単位および特定排出者において作成されるようになっている．これらは従前企業がCSRとしてあるいは自主的に企業経営の一環として公表していたものであるが，法定化で少なくとも情報の作成・報告には法的責任を負うことになった．

こうした法的責任は公権力の行使により事業主体に法的義務を課すものであ

り，場合によっては懲罰(過料)を伴うことも可能である．もちろん，義務を課す法律の制定には議会の審議・可決が必要であり民主的統制がなされ，その妥当性・合理性などが検討されることになる．したがって，ここでアカウンタビリティの定義における統制可能性が高いという要件は，政府が事業主体に当該義務行為の履行を求めることで満たされることになる．換言すればフッドによる政策用具のNATO[6](Hood, 1976)のうち，A(権力)とN(情報)の組合せによるアカウンタビリティが上から課されたと解釈できる．

また，法定義務がなくても独自に目標を設定して達成度を投資家や社会に対して示すことも増えている．気候変動関係の財務開示(Task Force on Climate-related Financial Disclosure: TCFD)や人事面での多様性・給与水準等に関する目標や実績開示も積極的にする企業等も少なくない．参照する目標がないときには自己が設定したものに対する達成度となるが，自己決定するというのは統制可能という意味であるからアカウンタビリティの枠に含まれることになる．そして正当性の説明の方法に関しては，測定基準がすでに存在する場合，基準への準拠性によってなされるが，測定基準がない場合，基準の開発が必要になる．アカウンタビリティのような客観的な説明が求められる責任では，概念の定義にとどまらず，どのようにその概念を認識し測定するかが重要になり，その操作性によって初めて責任の検証が可能になる．アカウンタビリティが財務的アカウンタビリティから発展していったのは，概念的な進展・拡大の必要性もあったが，信頼ある測定システムとして簿記・会計制度が確立していたことによる．

なお，公的組織については民間企業とは異なり，全体業績にかかる利益相当の尺度が存在しないため，業務の効率性や有効性などの成果にかかる目標を定め実績についても報告する管理的およびプログラム的なアカウンタビリティがNPM的な業績管理・業績測定の適用によって促進されてきた．わが国での政策評価における実績評価や自治体の行政評価は，業績を定量的な指標で目標と実績を対して管理する業績測定システムである．ただし，業績測定自体はロジックモデル[7]

---

[6] nodality(情報)，authority(権力)，treasury(財務)，organization(組織)の頭文字をとったもの．この政策用具の4分類は利用する資源のタイプに着目したもので，企業にない公権力の要素を取り入れた包括的概念で有用である．第9章の新型コロナウィルス感染症で具体的として説明される．

[7] ロジックモデルとは資源の投入による活動から成果であるアウトカムにどのような経路を経て達成されるかを因果関係的に示したものである．

の推奨により活動によるアウトプット以外にアウトカムにまで及んでいるため，行政などの公的主体では統制可能でないアウトカムまで対象としている．たとえば，保育費の無償化は保護者の経済的負担軽減が直接的な効果になるが少子化対策の一環としてなされてることから，子どもを産み育てる環境改善を通じた出生数の増加というアウトカムを目指していると想定される．しかし，出生数は経済的負担以外に結婚願望や子育てや子どもをもつ暮らしへの意識が影響するし，これらは行政関与により十分統制可能とはいえない．アカウンタビリティの概念を超えているものの説明する範囲が政策の目的にかかるアウトカムに及ぶことから説明責任に含まれるのは当然という論理になっている．

アカウンタビリティと説明責任の関係（まとめ）

ここまで検討してきたアカウンタビリティと説明責任の概念を整理し，まとめてみよう．図4-2で整理したようにアカウンタビリティとレスポンシビリティの違いは，行為主体側の統制可能性の高低によって区分される．両者とも責任の評価は受けるものの賞罰への連動はアカウンタビリティの場合に限定される．統制可能性が低いものに懲罰や報奨を関連させては行為主体が管理できない外部要因にも責任を負うことになり逆効果になるからである．

他方，説明責任は説明する責任であるため，統制可能性の程度にかかわらず本来は行為結果につき説明をする責務であるとされる．国の政策評価とか自治体の行政評価あるいは独立行政法人等の組織評価は毎年度，業績につき説明責任の観点から報告する制度が確立している．つまり情報開示や情報公開が説明責任の大きな要素となっている．前述した情報公開法の条項はそのことを物語っているし，財務報告・統合報告は説明責任の充実という認識で使用されている．ただし，わが国では責任が求められる局面が限定され，基本的に不祥事など社会的に好ましくない不正な事態が発見・判明したときに不正自体に関与した組織または責任者が事態を説明し再発防止策を検討することになる．

また，アカウンタビリティは行為結果に関してあらかじめ決められた基準に従い実績を目標等と対比して正当な責任を果たしたか否かが評価される．しかし，説明責任は事前の意思決定や計画策定につき疑念や不透明な内容があったときに計画策定や意思決定の主体が関係者にその妥当性を説明し納得を得る意味合いでも使用される．この場合，定まった手法による事前評価制度が活用されることもあるが，多くはその場限りのアドホックな方法と論理で説明がなされる．

新制度の導入にさいし責任者の政府・自治体や企業から国民や消費者・従業員に必要性や有効性などを説明する責務で使用される．とくに負担増になったり利害が対立する場合には，合理性と納得性と同時に手続きの慎重性が求められる．

原子力発電所関係をはじめとする「迷惑施設」の設置に典型的に現れ，環境アセスメントや地質調査は説明責任の一環としてなされることが多い．

一方，説明責任を含めアカウンタビリティもレスポンシビリティも，ある結果が発生する確率が予測可能なことを前提にしていることに留意なければならない．予測不能な事態への事前および事後に行政も企業，家庭も対応する必要があり，事前および事後に主体が応答する責任が responsibility である．この範囲や内容は応答し知識や経験を増すとともにリスクや予測可能な領域への移行になる部分を増やす半面，科学技術の進展によりますます予測不能な領域を増加させるという無限性を併せ持つ．

したがって，アカウンタビリティはレスポンシビリティのうち統制可能性が高い部分集合であり，賞罰との連動性を有するものである一方，説明責任とは同じではなく重なる部分があるということになる(図5-1)．説明責任の対象自体は行為主体で統制が不十分なアウトカムやインパクトまで及ぶこともあるからである．他方，説明責任における人事の多様性や温室効果ガス排出削減で直接産出部分などは統制可能でアカウンタビリティの概念に含まれる．

このようにアカウンタビリティは有限かつ契約的責任であるため，統制の及ばない部分には責任を問われないし，応答する義務はない．わが国での説明責任では責任の範囲が不明確であるため，法律の議論になると法的責任はないという論理が出てきたり，逆に本来は統制可能でない部分についても道義的・倫理的な責

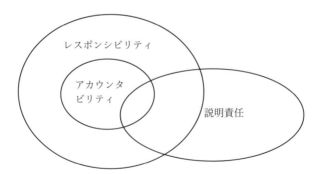

図5-1　アカウンタビリティ，レスポンスビリティと説明責任

務を負うことから説明責任に含められることもある．これは情報開示と説明責任および法的責任の用語の区分が不完全なことに起因する．もっとも，情報作成および開示（報告）を法律的に義務化すれば法的責任となるから財務的・法的アカウンタビリティに含まれることになる．アカウンタビリティおよび説明責任はより拡充された概念への移行（環境や人材開発など）と同時に準拠性や法的責任への回帰が同時進行している．信頼できる測定技術の開発と基準の標準化の双方が求められている．

　最後にアカウンタビリティまたは説明責任の拡大をすることは重要であるが，応える側と問う側で応答関係が成り立つには相互のコミュニケーションが十分にされる必要がある．行為結果に関する情報が的確に伝わり理解されないと誤った評価になるほか，理解されても一部の問う側の評価になれば偏った判断になって責任は効果的に果たされないことになる．証拠に基づく意思決定や説明が近年強調されるが，正確な情報をわかりやすく伝えることは容易でない．

　多くの国民や消費者はマスコミ，SNS[8]を通じて情報を入手しているため情報を提供する責任を負う側が基準に従った作成・報告をするとともに，翻訳・圧縮を行う中間介在者の機能が重要になる．投資家であれば企業の発する情報を真剣に理解しようとしたり，理解のための努力やコストをいとわないが，一般消費者や国民にとって企業の財務や政府の施策（財務や業績）を理解するのは容易でない[9]．したがって責任を負う者および問う者との仲介・翻訳を中立的に行う機能が重要になる．法定情報の監視や監査を行うのは情報の信頼性を保証する意義はあるものの，情報の効果的な利用を促すものではない．企業ではアナリストや投資顧問業などが職業として行っているが中立性を確保するのは難しいし，政府では議会が本来審議を通じて行政をチェックする役割があるものの有権者・納税者の関心は自己の利害に影響する特定事項に集中しがちである．とくにSNSによる情報については規制が十分行き届かないこともあり，情報の受け手側のリテラ

---

[8] とくに若い世代は新聞やテレビから情報を得るのが少数派とされる．ただし，調査方法に問題があり，総務省の令和5年情報通信白書によると20代における「いち早く世の中のできごとや動きを知る」にはインターネットが77.9％，テレビ20.3％となっているが，「世の中のできごとについて信頼できる情報を得る」にはインターネット44.2％，テレビ43.8％とほぼ同じで，ほかの年代ではテレビがインターネットを上回っている．

[9] たとえば自治体の財政報告・財務報告につき正しく理解している市民は少なく，また，図表や説明追加による理解増進の効果もほとんど認められないことが実験的調査で確認されている．詳細は山本（2022）参照．

シーを高める必要がある．消費者教育や金融教育あるいは主権者教育[10]を学校教育および生涯教育を通じて実施することが責任のコミュニケーションに不可欠である．こうした情報のチェックや信頼性確保[11]でNPO，NGOの果たす役割が期待される．

---

[10] 選挙や投票以外に社会の仕組みや政治参加などについて学習することが期待される．
[11] 選挙における候補者の公約などを巡る誤った情報の拡散で投票行動に大きな影響を与えることも問題になっている．

第　二　部

　第一部では，責任の定義と構成要素，機能と効果，また，責任のタイプとして「アカウンタビリティ」と「レスポンシビリティ」および「説明責任」，さらには有限的責任と無限的責任について概念を整理した．第二部では，かかる概念的整理を踏まえ，具体的に最近の重要な責任を巡る問題を取り上げ，どこが論点なのか，何を改善すればよいかについて検討することにする．第6章では，政治における政治資金収支報告の裏金問題と行政における証拠に基づく政策決定の責任を扱う．第7章では，わが国の競争力の源泉であった自動車メーカーにおける認証試験等にかかる不正責任と企業の責任報告の拡大にかかる問題と対応について述べる．そして第8章では，自己責任論と個人責任の関係を子育てとケアを事例に検討する．第9章では，専門家の責任について新型コロナウィルスによるパンデミックを例に考える．最後に第10章において，気候変動とというそれぞれ中・長期で重大な問題を責任の観点から検討し，なすべき対策について述べる．

第6章

政治と行政分野の責任

6.1 政治資金規正法違反と責任

　政治活動には，選挙活動のほか，街頭などでの演説・集会や選挙民からの訴え・相談への対応や政策提言等がある．その活動はテレビや新聞などの既存媒体を通じた報道以外に直接インターネットやSNSを通じて伝わり，対話・交流がはかられる．本来は選挙民・支持者のボランタリー的な活動であったが，選挙広報などには多額の資金を要することになり，資金という経済的資源が政治活動において成否を決めるまでになっている．米国の大統領選挙はその代表である．わが国では選挙制度改正で衆議院に小選挙区比例代表並立制が導入されても日常の政治活動に多くの資源を必要とする．そのため，カネをどう集めるか，透明化するかが問われ，政党助成法の制定や政治資金の使途の透明化をはかるため政治資金規正法の改正がされた．しかしながら，依然として政治におけるカネの不正経理や違法な処理は継続し，政治不信の大きな原因となっている．主権者教育にかかわらず投票率が低いのは政治への期待感のなさを反映している．こうした状況下では，政策論争も重要であるが，その前提となる政治活動の透明性向上と政治家の負っている責任は何かの整理が不可欠である．負うべき責任が不明確・不透明であれば，期待もできず検証もできないからである．そこで本節では政治資金規正法の報告に関する問題を扱う．

| 政治資金収支報告とアカウンタビリティ | 自民党の複数の派閥（政策集団）における政治資金パーティ収入の一部が派閥の政治資金収支報告書に記載されず，派閥所属議員に割り当てた金額以上の収入（売上）があった議員の政治団体に還付していた額も記載漏れ（「裏金」）になっていたことが2023年末に明らかになった．これは企業等での簿外取引に相

当するもので政治資金規正法における虚偽報告にあたる不正になる．裏金処理の額が大きかった議員のうち池田佳隆衆議院議員は虚偽記載で逮捕されたほか，大野泰正参議院議員は在宅起訴され，その後離党した．また，谷川弥一衆議院議員（上記の3名はいずれも清和政策研究会所属）は略式起訴され辞職した．さらに有力な派閥であった志帥会の長であった二階俊博（元自民党幹事長）衆議院議員（当時）は政治的責任をとり，次の衆議院議員選挙には立候補しないことになった．ただ，起訴の有無にかかわらず問題であるのは，多くの派閥および議員が二つのレベル（派閥および自己の関係団体）の政治団体で政治資金規正法に違反していたことから，政治家の責任が問われ政治不信を招いていることである．とくに「裏金」が何に使用されたかが不明なため，政治活動には秘書の人件費など多額の経費がかかるというあいまいな説明では多くの国民は納得できないだろう．

政治資金規正法は，リクルート事件などに代表される企業からの不正献金等を繰り返さないため議員立法で制度改正がなされてきた．今回の直接の不正は派閥の不正経理にとどまらず，「裏金」の記載漏れが派閥から議員側にも及んだ．これは，政治資金規正法の「国会議員関係政治団体」における政治資金収支報告書に影響する．正確に述べれば，関係政治団体とは，① 国会議員候補者（現職を含む）が代表者である政治団体，② 寄付金控除の適用を受ける政治団体のうち，特定の国会議員候補者（現職を含む）を推薦し，または支持することを目的とする政治団体（後援会など），および③ 政党の支部で国会議員の選挙区区域として設ける者のうち国会議員候補者（現職を含む）が代表者であるもの，が該当する．今回の記載漏れでも直接の対象になったのは議員が代表あるいは後援会などの政治団体にかかる政治資金収支報告であったが，その収入には自民党本部から国会議員の選挙区の政党支部に交付された資金の寄付が含まれている．

ここでポイントになるのは，政党本部からの資金の原資には政党交付金（公表されている最新の2022年では総額315億円）が含まれており，自民党には，そのうち約160億円が交付され，彼らの収入の約2/3に及ぶことである（なお日本共産党は党の方針から政党交付金を受領していない）．そして，自民党本部の2022年支出約250億円のうち支部交付金[1]は91億円に達している．議員の研究会や後援会等の収入には，所属する派閥からの寄付や議員個人の政治資金パーティ収

---

[1] 支部交付金には政党交付金が充当されていないという議論がされることがあるが，政党交付金ゆえに党のほかの活動経費が賄えているのである．

入とともに支部からの寄付収入があるのである．政党交付金は 1994 年の「政党助成法」（平成 6 年法律第 5 号）に基づき国民一人あたり年間 250 円を負担するものであり，国の予算から支出される．民主的な政治活動の自由は保障される必要があり，使途制限はないものの，原資が税などであることから，国民の信頼にもとることのないように，適切に使用しなければならない（政党助成法第 4 条第 2 項）．つまり，市場での自由な交換取引を行う企業等が負う株主等への説明責任と次元が異なり，国会議員（関係政治団体）は，活動にかかる政治資金が税金を原資とする部分があることおよび税額控除の特別措置を受けることから，国民へのパブリック・アカウンタビリティを負っている（図 6-1）．株主等の投資家は投資先の企業の業績や株価が良くないときには売却しほかの投資先に替えることが可能であるが，国民は簡単にほかの国に転出・移住することはできない．このため，パブリック・アカウンタビリティは財務報告の法規準拠性以外に効率性・有効性を高める責任を含むこととなる．

　したがって，政治資金収支報告書への派閥からの還付金（「裏金」）はたんなる記載漏れという形式的な問題でなく，その不適正事態の説明をする責務という意味での説明責任を果たせば済むものではない．公費あるいは税制で一部が支えられ

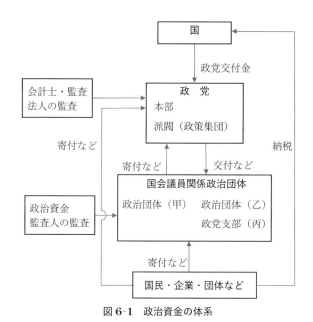

図 6-1　政治資金の体系

ている政治活動を規定する法令の遵守は民主主義の基本であるパブリック・アカウンタビリティの基盤である．適正な記帳・報告は当然のことで，国会議員は政治団体の代表者として支出の正当性を説明する責任がある．このため，関係政治団体は政治活動の透明性を確保するため1件1万円を超える支出（人件費を除く）につき報告書に記載するとともに，領収書等の写しをあわせて提出することになっている．不正や不祥事に伴う社会的責任や道義的責任とは区分されるべきものである．同時に収入面では寄附については年間5万円超のものにつき氏名，住所，職業が明記され，政治資金パーティの対価収入が20万超の氏名，住所，職業が記載されることになっていた．

2024年の政治資金規正法の改正（施行は2027年から）により，会計責任者だけでなく国会議員についても公民権停止がされる「連座制」が導入され，また，政治資金パーティ対価収入も寄附金と同額の5万円超で氏名などが公表されるようになり，政党から交付される「政策活動費」にかかる領収書の10年後の公開，第三者の監視機関の設置等がなされることになった．

確かに今回の改正で規定された派閥への外部監査義務付けは，政党助成金の使途への公認会計士または監査法人の監査および国会議員関係政治団体の政治資金収支報告書への登録政治資金監査人（公認会計士，弁護士，税理士）による監査から漏れていた項目であり，改善になる．しかし，現行制度には，政治活動の透明化および公金へのアカウンタビリティをはかる観点から，以下の3項目の改革が必要であると考える．

政治資金報告制度の改革

第一は，国会議員（候補者）の政治活動の全体を開示・報告する仕組みの開発である．現行の政治資金規正法では国会議員関係政治団体には総務大臣届出分と都道府県選挙管理委員会届出分があり，国会議員で両方の届出がある政治団体と片方だけの政治団体を擁するものがある．有力議員でも都道府県選挙管理委員会届出だけのものも存在し，国民の側からみえにくい構造になっている．実際，総務省の調査によると2022年末の現職国会議員（定数713名）の関係政治団体のうち総務大臣届出は551団体に対し，都道府県選挙管理委員会届出は1454団体になっていて，議員一人あたり2団体を超えている．したがって，複数団体の会計を連結した報告書を別途作成するよう義務付けすべきである．会計ソフトも進化しているので作業負担も増えずに処理することは可能である．

第二は，報告書の作成目的を政治家・会計責任者に理解してもらう必要性である．企業を含め報告の最終責任者はトップであり，財務報告と併せた活動報告を統合報告として作成公表すべきである．政治活動の透明性や説明責任の観点のみならず民主政治の健全な発展のためには有権者への情報開示を通じて政治への関心をもってもらうことが有用である．総務省では「収支報告の手引き」で政治資金収支報告の記載の適正化をはかっているものの，事務所費の支出内訳の科目で義務付けられている政治資金の監査料を記載していないものも少なくない．総務大臣届出の関連政治団体（現職および候補者含む）の714団体が2022年に提出した定期報告書を分析したところ，2022年当選で監査が未実施と推定される団体を除いても190団体で監査料が未記載となっている．また，税理士や弁護士も登録政治資金監査人になれることから，監査料でなく顧問料，税理士報酬あるいは会計事務手数料として記載しているのもある．制度の趣旨および活動と費目の理解が欠けていることが如実に示されている．

　第三は，監査制度の見直しである．現行の政党助成法および政治資金規正法では支出に関して監査を実施するにとどまっていた．このため，収入面からのチェックは義務付けられておらず，政治パーティ収入等につき「中抜き」などへのけん制効果も働きにくかった．その点で，今回の改正で収入についても監査対象となるのは前進である．しかし，現行の政治資金規正法では団体の顧問や指導あるいは団体への寄付者であっても登録監査人になることが望ましくはないとされつつも禁止されていない．外形的チェックで支出の妥当性を確認するものでないとしても，監査の基本である独立性を保持することが国民の政治への信頼を取り戻し，健全な民主主義の資することになることを制度の設計者，運用者および利用者は再認識すべきである．

政治資金を巡る責任　以上のようなさらなる制度改正の必要性は，政治家（国会議員）の負う責任の特性から提示した枠組みによって次のように説明できる．まず，政治資金規正法にかかる「裏金」問題は，形式的には政治資金収支報告書という財務報告を対象とする．そのため，政治家および会計責任者による財務報告作成が政治資金規正法に沿ってなされているかおよび報告という行為に関する責任が需要となる．この場合，政治資金規正法において直接的に責任（アカウンタビリティ）を負う（who）のは会計責任者であり，政治家本人は会計処理などに関与した場合に責任（レスポンシビリティ）を問

われることがあるにとどまる.

そして，責任を負う相手(to whom)は，政治家本人および会計責任者とも有権者および社会になる．形式的には会計責任者が国会議員関係政治団体では資金収支報告書を総務大臣(政治活動が1都道府県内に限定されるときは所在都道府県選挙管理委員会)に提出することになっており，総務大臣を通じて国民に責任を負うことになる．健全な民主政治を支えるのは政治家(候補)とそれを選出する国民および政策の影響を受ける社会(企業を含む)であるからである．その意味では，一般国民に報告の内容が理解可能でわかりやすく，かつ意味あるものでなければならない．しかし，選出される側の政治家が政治資金に関する法令を定める構造になっているから，政治家に不利になる可能性ある規定を盛り込むのは容易でない．法律を制定するのは国民から選ばれた政治家の職務であり権限である．それゆえ他国で設置[2]されているような独立した第三者機関の必要性が理解できる.

本件の場合，何に責任(for what)を負うかは明らかに政治資金収支報告書の真実性に関してである．ここで「真実性」とは正確性ではなく，絶対的な真実性を指すものでない．財務報告の基礎にある会計学上の概念であり，一般に公正妥当と認められた基準に従って作成され報告されているときの相対的真実性である．会計上の利益は絶対的に決定されるわけでなく，選択可能な会計処理が複数あるならば，いずれの会計処理を採用しても基準に従って算定されたものであれば真実なものとみなされる．企業会計原則[3]の一般原則にある「企業会計は，企業の財政状態及び経営成績に関して真実な報告を提供するものでなければならない」は相対的真実性を示すものとされている．したがって，政治資金収支報告書に含められる会計責任者の宣誓書にある「この報告書は，政治資金規正法に従って作成したものであって真実に相違ありません」という意味も相対的真実性を述べたものである.

しかしながら，会計責任者の宣誓書があっても「自己証明は証明にあらず」であり，収支報告書の真実性を確保する，つまり責任を担保するため(how)前述のように政治資金規正法では外部監査が報告書に求められている．もっとも，この

---

[2] 英国では選挙委員会，ドイツでは連邦議会事務局が政治資金の監査を行っている．また，米国では独立した連邦選挙委員会が設置され，調査権限がある.

[3] 1949年に大蔵省(当時)企業会計審議会により公布された会計基準.

監査は総務省の解説[4]にあるように，財務情報の信頼性を保証する通常の監査証明業務とは異なり，外形的・定型的な確認である．つまり，「国会議員関係政治団体の収支報告書や会計帳簿等の適正性・適法性について，意見表明を求めるものではない」(政治資金監査マニュアル p.2).

　もちろん，政治資金収支報告書に不記載または虚偽記載があったときは政治資金規正法違反として5年以下の禁錮または100万円以下の罰金が課せられることになっているから，法的責任である．この一連の報告書作成および監査報告は国会議員(候補者)の会計責任者が中心に担うにしても団体の代表者において統制可能な行為であり，報告が政治資金規正法に遵守するよう監督することが求められる．したがって，責任区分(表4-1参照)からするとアカウンタビリティに区分され，そのうちで法令準拠性に従う法的責任と位置付けることができる．なお，この場合，政治資金収支報告書はあくまでも年間の政治活動の財源と支出を示すことから，報告の真実性でもって政治活動の行為・結果が評価されることはない．あくまでも真実性に反する報告時に懲罰を受けるにすぎない．ただし，政治家が代表者として会計責任者と「共謀」していなくても，政治的責任や道義的責任(レスポンシビリティ)を負うことは避けられない．

　上記の責任は会計責任者が単独あるいは慣行として虚偽記載報告をした場合，会計責任者はアカウンタビリティを負う．また，政治家の統制可能性が低いと判断される場合，政治家の責任はレスポンシビリティに区分される可能性がある．しかし，政治家に責任がないと社会的に判断される確率は低いであろう．不透明な報告や虚偽記載があれば政治家は選挙を通じて有権者から厳しい評価を受け，落選したり大幅に得票数を減らす可能性があり，これが責任(レスポンシビリティ)の結果となる．政治団体は税制上の特別措置(寄付金控除など)を受けているほか，共産党を除く政党は政党助成金の交付金を受けて活動しており，政治家はアカウンタブルでなくても結果に責任を負うことが求められる．

地方議会の責任

国政の議院内閣制と異なる二元代表制の自治体における政治家の責任に関しては，近年自治体で基本条例を定めて市民を含めた包括的な責任体系を構築するのがブームになっていた．現在ではこの動きは落ち着きをみせているが，北海道栗山町で2006年に全

---

[4] 正式には総務省におかれる政治資金適正化委員会．

国初の議会基本条例が定められたことは，議会活動自体の責任を扱ったものとして今日でも価値あるものである．そこでは，議会が住民（町民）の代表機関たる地位から住民主権を明示し，第2条第1項で「公正性，透明性，信頼性を重んじた町民に開かれた議会及び町民参加を不断に推進する議会を目指して活動する」としている．そして「議会は，議会の活動に関する情報公開を徹底するとともに，町民に対する説明責任を十分に果たさなければならない」（第4条第1項）としている．また，町長に対して以下の政策等の決定過程を説明するように努めるよう求めるとともに，執行後の政策評価に資する審議に努める（第6条第2項）としている．

（1） 政策等の発生源
（2） 検討した他の政策案等の内容
（3） 他の自治体の類似する政策との比較検討
（4） 総合計画における根拠又は位置づけ
（5） 関係ある法令及び条例等
（6） 政策等の実施にかかる財源措置
（7） 将来にわたる政策等のコスト計算

ここで責任の枠組みで説明すると，議会が責任主体（who）として，町民（to whom）に対して，決定過程を説明し政策評価の審議をすること（for what）を責務とし，町長への説明要求と情報公開（how）を通じて責任を果たすという構造になっている．もちろん，この条例は努力義務的なものであるから，実際の議会の関与，町民の参加・関心や町長等との協働・理解が必要である．したがって，責任概念の区分としては，議会が自ら行える議会審議内容の情報公開は別にしてどれだけ町長等の執行機関に決定過程の情報と説明をしてもらえるかの実効性にかかっている．議会の責任は十分な実効性が確保できればアカウンタビリティ，不十分な場合には道義的なレスポンシビリティになる[5]．栗山町では2013年には自治基本条例を設定し，議会以外の町長や町民に権利（子どもの権利を含む）や責務

---

[5] 2008年から政策評価が実施され，外部評価委員会も設置され，かつ住民への出前説明会もなされていることから，町側で評価は実施されているとみられる．ただし，予算や財源措置などの情報は個別事業の評価シートにない．

に関しても規定され，町は前記の政策形成過程にかかる情報を提供する旨が記載されており，住民主権が徹底されている．

6.2　証拠に基づく政策決定（EBPM）の推進と責任

EBPM 導入とその背景　わが国において初めて公式に EBPM が提唱されたのは，2017 年における統計改革推進会議である．統計改革の一環で統計データを政策や行政へ活用をはかるべく，英米等で先行して実施されていたデータに基づき政策の有効性を確認して意思決定する「証拠に基づく政策立案」(evidence based policy-making; EBPM)の考え方の導入である．政府の骨太方針 2017 にも盛り込まれ，EBPM 推進委員会も設置され担当大臣も任命され，新しい行政改革の象徴的な用語かつ用具になった．従来型の政策決定が「エピソード」であったとして，今後は「エビデンス」に基づくように改革されるというキャッチコピーが使用された．意思決定の科学化は誰もが反対できない概念で，医学の分野では「証拠に基づく医療」(evidence based medicine; EBM)として一早く取り組まれてきた．政策や経営の実務でも科学的根拠に基づいた処方箋の開発と適用が重要とされている．EBM はある治療方法が有効か否かにつき実験集団を当該治療なし集団（統制群）と治療あり集団（処置群）にランダムに振り分け，一定の期間経過後の状態を観察して二群間に統計的に有意な差があるかを検証し，効果が確認されたものを臨床医療に採用する仕組みである．ランダム化比較試験(randomized controlled trial; RCT)といわれる方法は治療の科学的なメカニズムが十分解明されていなくても有効性が証明できるため臨床目的には大変有用であり，最近ではアスピリンの癌予防効果が試験により示唆されている．

もっとも，かかる処方や政策の有効性検証は従来から政策分析や政策評価の分野で古くから実施されてきたことであり，道路などの交通インフラの投資効果や有効性の事前・事後評価にも利用されてきたので決して新規な考え方ではない．たとえば，バイパス道路の整備は，整備した場合と整備をしないままの場合での交通量や速度あるいは混雑度などを推計して，その差(with and without comparison)でもって効果（便益）を測定し整備費用と比較して費用対便益を算定する．便益／費用が 1 以上であれば，整備したほうが社会全体で便益は費用を上回るこ

とを指す．ここでの差は処置群と統制群の差に相当するものであるが，実験でなくモデル推計[6]で求められるのが違う点である．

　政策決定において政策が目的達成に効果的かつ効率的なことは，「地方自治法」(昭和22年法律第67号)第2条第14項で「最少の経費で最大の効果をあげるようにしなければならない」とあるように当然である．ただし，実際は効果があることの事前の分析や評価による確認は困難である．このため，EBPM以前のキャッチコピーであったNPMでは，政策効果を把握するレベルをアウトカム(成果)でなくアウトプット(結果)にして実施主体にとって統制可能な範囲に限定したのである(2.3参照)．そのことで結果のアカウンタビリティを徹底し，裁量性を付与することで効率性とサービスの質の改善をはかれると想定した．成果やアウトカムについては実施を担う管理者でなく政策決定の任にある大臣などが責任を負うことで政策決定と執行の分離を行うこととし，まさにNPMはこの執行のmanagementにかかる原理であった．それゆえ，NPMの先進国のニュージーランドでは少なくとも経済政策を除き政策レベルの分析と評価は高度なものとはいえない状況であった(Boston et al., 1996)．EBPMで先行した英米は，政策分析においてPPBS(planning programming and budgeting system)[7]の前からOR(operations research)[8]や政策科学の伝統があり，経済学のみならず行動科学や経営科学からの学際的なアプローチで政策問題を扱っていた．その意味では1980年代以降のNPMは政策分野へ経営学や会計学の流れが押し寄せてきたと解することができる．

　一方，日本では経済学の影響が経済政策の一部に限定され，かつ，経営学・会計学の影響も限定的で，橋本政権の行政改革以降のNPM興隆期でも法律職の人材が継続して多くの政策決定を担っていた．人事院の人事制度の改革の検討もなされているものの，研究職を除き専門家の活用は医系技官や土木系技官などに限定され政策決定全般に関与する機会は少ないのが実態である．しかも，採用時には専門知識があっても行政職として働くなかで専門性はしだいに低下していくことが多く，医師や技師としての専門能力向上や博士号取得の機会が豊富とはいえ

---

[6] 交通工学のモデルがある．
[7] ロバート・マクナマラ長官が1961年の国防予算に導入したのが最初とされ，費用便益(効果)分析に基づく科学的な予算編成手法である．
[8] 軍事作戦の成果をあげるための科学的技法を研究することから始まった．

6.2 証拠に基づく政策決定（EBPM）の推進と責任

ない．経済の専門家としてのエコノミストについては，経済職の採用区分はあるものの経済企画庁が省庁改革で廃止され内閣府に移管されたこともあり，官庁エコノミストとしての活躍の場が限定されている．このため，高度な経済分析は附属の研究所の調査研究か委託研究に依存している場合が多くなっている．わが国でモデルとしてしばしば参照される英国の公務員制度では，職務の専門性に応じた職群を構成し，そのなかでの昇進をはかることとなっていて，たとえばエコノミストは経済専門職として最上位の職位に就くことが普通である．この制度がわが国で一部適用されているのは，中央省庁では医療系技官と土木系技官の2職種[9]で，それぞれ医務技監および技監が次官級の最高職位として設置されているが，主席エコノミストとか主席分析官あるいは主席心理士とかのポストはない．

こうした人事配置の実情から NPM で経営学や会計学の専門家の需要が高まった時期があったものの，かかる人材の採用や NPM の本格的な適用に必要な知識の習得を長期海外研修等でするまで至ることは少なかった．政策評価ではプログラム評価はあまり実施されず従来の費用便益計算に基づく公共事業評価と業績測定が中心である．また組織管理では独立行政法人の創設・運営で公務員の定員削減がはかられたものの制度変更が繰り返され，市場原理の活用も一部の市場化テスト（官民の競争入札で決定する方式）導入になってしまった．内閣人事局の創設により政治家の影響力が高まったものの行政実務における従来の伝統的な管理の考え方，つまり投入と手続き管理を継続したままでの成果測定という NPM の一部理念は継続された．結果として，伝統的な行政管理に NPM さらには「新しい公共」や「新しい資本主義」の概念（ネットワーク的な管理）が追加され層状の複雑な行政経営（Goldfinch and Yamamoto, 2019）となり，肝心の NPM による効率化も不十分なまま財政健全化の実現も経済成長も低迷することになった．

この意味で，確かに効果が客観的に事前に確認された政策を立案し執行するならば，NPM による改善のサイクルを回すよりも少子化対策やイノベーションに有効と期待される．EBPM が一気に切り札として出現したのは，キングドンのいう問題（厄介な問題），政策（EBPM），政治（統計改革と行政改革の同時実施および新しい理念の提唱）の三つの流れが合流（Kingdon, 1984）した時期でもあった．しかしながら，EBPM の本格実施をしようとするならば，RCT や差の差分析に

---

[9] 旧科学技術庁の技官人事の延長で文科省における技官（建築を除く）は比較的事務官と同等の人事管理がなされており，2省に準じるといえる．

代表されるように統計や計量経済学の知識と能力が不可欠である．EBPM は統計関係者から公的統計の削減を含めた統計改革の一環との見合いで統計データの活用の観点も含めて提唱されてきた．これは，EBPM は経済学や統計学との親和性が高いことを示す．実際，EBPM 推進委員会に専門家として参加した 4 名のうち 3 名は経済学者であり，残り 1 名も医学・公衆衛生関係の統計に詳しい医学者であった．

　このことは当然のごとく，NPM 下においても伝統的な行政管理の基盤を保持し，業績測定と従来から制度化されていた費用便益分析を政策評価の枠組みに組み込むことで対処してきた行政システムにとって異分子の侵入とみなされる．政策評価の導入審議には経済学者も関与していたが多くは行政学者であった[10]ため，因果関係や効果の検証を行う評価がルーチン的な業績測定を中心にするものにしだいに修正されていった（山谷，2006）．EBPM は NPM と異なり経営でなく政策決定の原理であり，その根幹が統計解析や実験であることから行政管理の伝統的論理と思考に大きなギャップを生じると想定された．案の定，EBPM も NPM の導入・適用と同様に原則として業績測定の微調整という制度に帰着している．これは，EBPM につき責任をどう考えるかに関しても影響を受けることになる．

EBPM の展開

そこで，EBPM に関する責任を論じる前にその展開の過程を追っておこう．EBPM 推進委員会の第 1 回会合の「EBPM の推進体制」にあるように，「EBPM 三本の矢の取組」の担当組織として内閣官房行政改革推進本部事務局，総務省行政評価局，内閣府経済社会システム担当があげられている．それぞれ，行政事業レビュー，ロジックモデルの試作，RCT などの分析手法の研究を行うとされている．ここで，行政事業レビューとは業績測定とほぼ同じで事業単位で目標と実績を業績指標等で対比して評価するものである．また，ロジックモデルとは資源の投入から最終成果までどのような経路で実現するかの論理を図などで示したものである．統計データを活用した RCT などの本格的な手法は教育分野等で試行され，実証系の経済学者も研究者も委託研究等を通じて参加した．

　したがって，わが国の EBPM では統計改革とセットで経済学者が構想したよ

---

[10] 総務庁行政監察局（当時）「政策評価の手法等に関する研究会」で制度設計がなされたが，構成員は行政学 3 名，経済学 2 名，経営コンサルタント 1 名，監査法人の公認会計士 1 名の計 7 名であった．座長は行政学者の村松岐夫氏．

うなエピソードからエビデンスへの政策決定の変革の思想は内閣府の担当としてみられるものの，主体は既往の行政改革や政策評価の改訂を目指すものであったといえる．本来，EBPM では業績測定のデータに公的統計等の客観的なエビデンスを使用したり，政策の効果や見直しをロジックモデルで行おうとする．これは，NPM が業績測定を通じて統制可能なアウトプットとサービスの質に焦点をおくことで結果のアカウンタビリティを追求したことを想起させる．NPM 発祥国ではアウトプットとアウトカムを区分し，アウトカムを NPM の対象から除き，大臣などの政治家がアウトカムのアカウンタビリティを負うとみなすことで論理的整合性を維持しようした．しかしながら，わが国では成果志向からアウトカムを含めて効率性と説明責任を向上させようとする過程で NPM の守備範囲にした．そこで使用されたのがロジックモデルであり，政策目標や最終成果として指標を設定し達成度を把握したり見直しをすることを政策評価や行政評価の目的とした．もちろん，最終成果やアウトカムには外部環境(要因)が影響する旨を補足はしていたが，PDCA のサイクルをまわすことでアウトカム目標に近づけると仮定されて継続してきた．わが国では NPM の成果志向はアウトカムに焦点をおくと理解され，業績測定のシステムが万能的な役割を果たすと期待された．

　この路線は EBPM の浸透期ともいえる 5 年後の 2022 年に公表された内閣官房行政改革推進本部『EBPM ガイドブック』に明瞭に反映されている．EBPM は「立案―実行―評価―改善の政策サイクルを回して行う」(p.44) ものとされる．ここに定義された EBPM は RCT などのように客観的に効果を測定して政策決定や修正を行う経済学的な志向に立脚するものとしていない．ロジックモデルによりリソース，活動，アウトプット，アウトカムおよびインパクトの因果的関係を示し，政策効果(インパクト，アウトカム)をあげることを追求するとする．そして，アウトプットは「行政側でコントロール可能」であるのに対し，アウトカムは「行政側でコントロール不可」(p.44) とする．しかし，政策はアウトカムやインパクトの実現を目指し立案され実施されるものであり，行政でコントロール不可だとすれば，意図した成果をあげるか否か統制できない政策を立案することになる．需要側の受益者側に働きかけるのがアウトカムであれば，どのように働きかけるか，そのメカニズムはどうかにつき検討することが必要であり，行政は責任を果たすことができないであろう．ロジックモデルの例示にある放課後学習支援プログラムでアウトカムの「学力の向上」および「生活習慣の改善」が「行政

側でコントロール不可」ならばプログラムの任務放棄ではないか．むしろ，アウトプット段階のプログラム参加者の行動や意識に着目し学力の向上などにつながっているかを確認する作業が必要で，そのことは行政でコントコール可能でかつ不可欠なことではないかの疑念がでてくる．

さらに注目すべきことはエピソードに関する評価の転換である．前記ガイドブックでは「<u>エピソードは実話であるため，代表性のあるエピソードであれば，定量的なエビデンスに比べ，受け手の共感を得やすいなどの強みがあり，定性的なエビデンスになります</u>」(p.27：下線は筆者追加)と述べている．これは第 1 回の EBPM 推進委員会(2017 年 8 月 1 日)で導入にさいして大きな役割を果たした三輪芳明内閣府大臣補佐官(大阪学院大学教授・東京大学名誉教授)の次の発言[11]と正反対となっている．

> EBPM の PM，つまり policy making を確かな証拠に基づかず政策を決めてしまうという<u>エピソードベース</u>ではなく，政策の立案の前提となる事実認識をきちんと行い，立案された政策とその効果を結びつけるロジックを踏まえ，その前提となる<u>エビデンスをチェック</u>することで，合理的な政策立案に替えていこうということである(下線は筆者追加)

三輪氏の発言はエビデンスを RCT などの統計手法で効果を確認することに限定せず政策と効果を結ぶロジックと証拠があればよいというものであり，ロジックモデルと業績測定を組み合わせた路線を否定するものではない．しかし，エピソードという用語はエビデンスと対照的なものとして使用されており，ガイドブックの論調とは異なることは明白である．ガイドブックでは「代表的なエピソードであれば定性的なエビデンス」になるとしているが，エビデンスの階層[12]でもっとも低いレベルでも専門家の見解・意見である．エピソードはストーリー(物語)にすぎず，根拠は低く，また，専門家の見解は異なるのが通例である．物語に代表性があるということは多くの人がその話を信じているということにな

---

[11] 委員会での大臣補佐官としての発言である．出典は議事概要 https://warp.ndl.go.jp/info:ndl-jp/pid/11987457/www.kantei.go.jp/jp/singi/it2/eb 参照．

[12] 階層をいくつにするかについても議論があるものの，もっとも高い信頼性があるのは RCT のメタ解析であり，もっとも低い信頼性の根拠は定量データなしの専門家の意見である．

り，そうならば定量的なデータでチェックできるはずである．チェックできないが信じている・検証しないというのは「都市伝説」のような現象であり，それを根拠に政策を立案することは EBPM の本来の趣旨とは異なる．

　EBPM の推進はこのガイドブックに現れているように経済分析や統計分析から NPM の業績測定に回帰し，ロジックモデルとデータを補強した修正版業績測定による事業レビューが支配的なものになった．そこでは政策立案時に効果が証拠により立証されるというより効果が期待される仮定のフローを提示することにおきなおされている．仮定された論理に基づく政策立案(Hypothesized based policy making; HBPM)である．このことを経済産業省のグリーンイノベーション基金事業についてみてみよう(図 6-2)．この事業は基金を造成してグリーンイノベーションを促進するため企業等に最長 10 年間の資金援助を国立研究開発法人新エネルギー・産業技術総合開発機構(NEDO)を通じて実施するものである．2050 年までに温室効果ガス排出を実質ゼロにするとともに経済効果の実現を目的にしている．

　基金造成による予算獲得から事業の採択や取組みまでは直接コントロール可能と整理され，その後の目的にかかるアウトカムおよびインパクトは事業実施側の

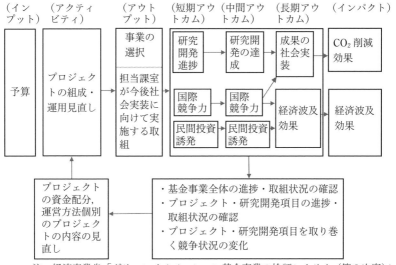

注：経済産業省「グリーンイノベーション基金事業の検証シナリオ（第 2 次案）」（2023 年 8 月）をもとに筆者作成

図 6-2　グリーンイノベーション基金事業のロジックモデル

活動および成果と区分されている．そのロジックモデルはインプットからアウトプット，アウトカムおよびインパクトと直線的に進行するものであり，インパクトやアウトカムからアウトプットやアクティビティを探求し決定するものでない．したがって，事業の進捗状況を確認し，必要ならば修正するフィードバックを含む業務管理的なものとなっている．この事業は試行的にされたものでなく，企業等からの事業申請を審査することで効果を期待する．実際に効果があったかを検証して立案するというよりも，どういうプロセスで効果が実現するかを可視化し，実施後の検証を的確に行うことで目的の達成を目指すもの[13]である．もっとも，研究開発は成功するとは限らないことから，効果も期待値で算定して投資効率を推計できるようにしている．

具体的な検証シナリオ(第二次案)によると，想定プロジェクト効果はCO_2削減効果と経済波及効果から構成され，いずれもプロジェクトの成功率に普及確率を乗じた期待値を推計値とする．研究開発が成功しても実際の社会に普及しなければ経済普及効果は発生しないからである．このモデルは外部環境の要因が明示的でないにせよ，確率計算による期待値処理により間接的に考慮されている．この点で，ロジックモデルで統制可能でないとして外的要因が考慮されない欠点をある程度解決している．ただし，政策の効果は政策があった場合とない場合との差であるから，確かな証拠に基づく政策立案という見地からのEBPMとしては不十分ということになる．期待値ベースで投資(費用)を上回る利得があるならば，政府の関与がない場合でもCO_2削減や経済効果の目的は達成できるのではないかということになり，事業リスクを政府が負担・軽減するだけでよくなるからである．実際，NEDO所管の経済産業省の経済産業研究所(RIETI)のEBPMセンター(2023)はこの第二次案に対し「方向性は妥当なものである」としつつ「この事業がなかった場合との比較を考えるべきではないか」というアドバイスをしている．

要約すると2017年からのEBPMはNPM的な業績測定を維持しつつロジックモデルの作成を通じて，事後評価および中間評価以外に事前評価において効果発現の想定シナリオを示して政策立案を改善しようとするものといえる．肯定的に評価するならば，NPMの改良版であり，高い信頼性ある証拠を得ることの難し

---

[13] アジャイル型EBPMと呼称している．

さを踏まえた現実的アプローチと判断できる．米英を含め EBPM を導入している国でも RTC 等の高い信頼性にある証拠による政策立案は少なく，多くは最下層あるいは 2 番目に低い信頼性のある証拠であるからである(土屋，2019)．他方，否定的に評価するならば，エピソードからエビデンスへという意向とは逆に従来の業績測定を中心とした評価体系が継続することになり，合理的な意思決定への改革は今回もとん挫したといえる．その背景は制度の設計や運営側において経済系・統計系の論理を主張する力が弱く，法律的なキャッチコピーを維持したまま中身を変えない論理が勝ったことで説明できる．政治自体が合理的な EBPM の論理を実際そのまま受け入れると政治的介入を困難にするため，実際に適用時の技術的課題もあり一時的な動きになってしまう傾向がある．

6.3 責任の枠組みによるまとめ

EBPM 推進を責任の枠組みで整理すると，まず，行為主体(who)を国や自治体の行政とするか，他の主体との協働体とするかがポイントなる．現代では多くの政策で効果は行政主体の行為のみで実現することは少なく，政策の対象者(target population)が政策によりどのように反応し行動するかがきわめて重要になっている．気候変動での環境保護行動(温室効果ガスの排出を削減する行動を選好する)や少子化での出産の選択などは公権力の行使対象になじまず，個々の家庭や個人の意思決定と行動に依存する．したがって，グリーンイノベーション基金事業の例のように政府を責任主体にする場合には，統制(コントロール)可能性の範囲が狭くなり，政府のアカウンタビリティとしての責任は事業採択のアウトプットまでとなる．ロジックモデルの図 6-2 でもアウトカムの主体は政府から事業者である企業等に替わっている．しかし，協働やネットワーク化された者が責任主体になれば統制可能性の範囲が広がる．たとえば，研究開発で政府と企業で役割が分担されていれば政府は研究開発の現場に介入することはないものの，協働事業ならば相互交流や対話を通じてアウトプット以外にアウトカムに責任範囲を広げることが可能になる．少なくとも先の事例では政府も研究開発の進捗に直接関与可能になる．ただし，統制可能性の範囲が拡大することと程度が高いこととは別であり，統制可能性の程度が低くなりアカウンタビリティとしての責任からレスポンシビリティの責任になる可能性もある．

次に誰に対する(to whom)責任かは，国のEBPMでは各大臣・省庁の議会を通じた主権者の国民への責任になる．ただし，この場合でも事業者(企業，企業連合，研究開発機関など)は補助金の交付を受けるため，補助事業者としてNEDOおよび経済産業大臣に第一次的な責任を負うことになる．

何に対する(for what)責任かは，EBPMでは「証拠」の提示・証明を行うことにある．問題はどの程度の信頼性ある証拠を集め示すことができるかである．エピソードでも代表性があればよいとしても，どうやって代表性を証明するのか，ロジックモデルは行為主体をどうみるかかである．つまり，問題の構造における政府の関与をどう位置づけるかによって証拠は変ってくるため，まず提示されたロジックが妥当かを検証し，その後証拠としての適切さを判断しないとEBPMの責任は明確化されない．

どのように(how)EBPMの責任を果たすかは，実務的にはEBPMガイドブックや指針・手引き類に従ってロジックモデルを作成し，可能な限り確実な証拠を得ることで満たされることになる．しかし，繰り返し述べてきたように，このEBPM路線は信頼性の低い証拠による政策立案を改善するというより継続するだけであり，ロジックモデルは効果への期待フローであって効果測定モデルでない限界がある．理論的に政策の効果はあくまでも政策を実施した場合としない場合の差であるから，信頼度の程度は別にして測定のアプローチはロジックモデルでなく実施した場合の予測(期待)としない(現状)との差を主観的であっても把握するものでなければならない．

したがって，もしEBPMを導入時の信頼性の高い証拠に基づき政策立案するという意味で定義し，その推進に関する責任を政府に求めるとすると，現状は実施可能性と能力の観点から政府のEBPM推進に関する統制可能性は低いと判断される．責任の区分からするとアカウンタビリティの概念には適合せず，レスポンシビリティまたは説明する責務の段階になる．他方，信頼性は低くともロジックモデルに従い効果が生じると推察される証拠を提示するという現状の定義に従うと，統制可能性はアウトプットまでであり，アウトプットに関するアカウンタビリティを果たす手段として機能することになる．ただし，政策の効果はアウトカムないしインパクトに求めるのが筋であるから，効果の統制可能性からはレスポンシビリティの責任に帰着する．このように現状ではいずれの見解をとってもEBPM推進に関して政府はレスポンシビリティとしての責任を果たすにすぎず，

推進主体としての役割は残念ながら大きくないといえる．

かかる事態から脱却するのは，政治・行政および国民の各層で政策の科学化の限界，民主制のあり方の合意および効果の特定化の困難性を相互に理解する努力を続けていくことが肝要である．行政管理の近代化・科学化には業績測定に限定してもニューヨーク市の改革[14]に始まる100年あまりの歴史があるが，米国連邦政府および各国でのPPBSやNPMあるいは近年のポストNPM，EBPMなど種々の改革が実施されてきた．いずれも基本は問題の認識，計画から実施および評価に至る政策過程の科学化を民主政治でいかに進めていくかにあり，その中では政策構造の分析と効果の検証は政治・行政・国民の利害や関心が複雑にからむ局面である．科学的な手法だけで民主的な合意を得ること，政治行動の歪みを補正することは難しく，また，効果は対象側の国民の意識行動に相当程度規定されることを踏まえねばならない．過大な期待を避け，新しい試行と実験および過去の経験の蓄積に基づき改革を進めていくことが重要である．もちろん，新しいキャッチコピーで同じ目的の改革を継続・再試行することをただ揶揄するのでなく，長い人類の歴史の中での学習として位置づける確実な歩みを進めていくことこそがわれわれの責任と考える．

---

[14] ニューヨーク市の行政運営は業績測定や業績評価および予算編成において現代的な制度の基盤となったとされる(Schick, 1966)．

第7章

企業の責任

7.1 企業の不正と責任

　市場経済では企業（供給者）は自由な交換取引を通じて財・サービスを顧客（消費者）に提供し，利益を獲得する．ただし，供給者と消費者の間には製品・サービス特性などの情報の非対称性（供給者のほうが消費者より情報が豊富）などから各種規制を受けることがある．食品や車両などの安全性は生命に影響することから，かかる財・サービスを供給する企業は社会的規制の対象になる．

　近年，企業の不正で大きく関心を引くのは，短期的な観点からは安全・健康に影響するものであり，とくに国際的競争力があるとされる自動車メーカーでの認証試験を巡る事件である．また，中長期的には気候変動にかかる持続可能性につき企業がどのように責任を果たしていくかが注目される．そこで，本章では自動車メーカーの不正と企業の持続可能性報告に関する責任を検討する．

7.2 企業不正の理論

　具体的な事例に入る前に企業を含め組織や個人が不正を行う場合，どのような条件なり要件が必要かの議論を整理しよう．不正の説明理論としては，不正のトライアングル（三角形）理論と不正の常態化理論の二つが代表的なものである．トライアングル理論はCressey（1953），Albrecht（1991）らにより提唱されたもので，不正は認知された機会，認知された動機および合理化の三つの条件がそろった場合に起こるとする．これは，実証的な研究に基づくものであるが，犯罪捜査，監査や内部統制などでも広く応用されている考え方である．認知された機会とは，不正ができる環境や時期を知っていることであり，認知された動機とは，不正に

より得られる利益が大きいことや不正をせざるを得ない圧力があると認識していることである．また，合理化とは，不正をすることを正当とすること，つまり，仕方がないことと認識することである．いずれも個人に焦点を当てた不正の理論である．

一方，常態化理論とは Ashforth and Anand(2003：3)らにより提唱されているもので，組織において不正が継続し常態化するのを説明する理論である．制度化，社会化および合理化の三つの条件が成立するとき不正が常態化するとする．ここで制度化とは，組織の構成員により安定的かつ繰り返し不正が継続することであり，社会化とは組織に新規に入った者に対し不正を許容し不正を行うように教育し，新人が受け入れていく過程をさす．また，合理化とは，自らの行為を不正な行為でないと正当化することである．いずれの理論においても共通していることは，不正は不正を行う者にとって一定の正当化の理由付けがなされていることである．

近年の企業による不正事件の頻発から組織論や経営学の研究者による実証研究も増えており，中原(2024)は自動車の燃費不正事件を扱い「正しさ」の追求，つまり業務の合理化によって不正が生じていることを明らかにしている．また，会澤(2023)はわが国の不正(日野自動車のエンジン不正を含む)事件を不正の常態化理論の見地から実証し，不正の正当化が制度化と社会化とともに起こっていることを示している．ただし，どのような対策が必要かについて，中原は正しさの相対性から多様な人材を提唱する．一方，会澤は公式規則と組織慣習の二重性で慣習の優先適用とそうした状態への罰則のない状態を理由にあげているがとくに処方箋を提示していない．そして，両者とも経営層や従業員あるいは組織の不正という非難をされるべき事態に対する責任の役割については，ほとんど言及がない．したがって，事態の深刻度と最新の事例という観点から本章ではダイハツ工業の認証試験不正を取り上げて，その原因と対策について責任の観点から検討する．

7.3 不正の原因と対策―ダイハツ工業の例

事態の概要　　ダイハツ工業の不正は2023年4月28日の事態の公表により明らかになった．「道路運送車両法」

(昭和26年法律第185号)によると自動車メーカー等が生産または販売を行う場合には，あらかじめ国土交通大臣に申請または届出を行い，保安基準への適合性等について審査を受けることになっており，これを型式認証制度と呼んでいる．上記事案は認証申請における側面衝突試験において不正(違反)行為があったことが確認され，国土交通大臣への報告と同時に公表されたものである．これは，内部通報によるとされているが，実際は内部者による通報でダイハツ工業が対応しなかったため，外部の機関に通報してダイハツ工業本体に報告されて明らかになったとされている．

　上記の認証制度は自動車の安全性を確保するため国際的に適用されているものであり，自動車メーカーと審査機関の双方が安全性と効率性を確保する社会規制といえる．ダイハツ工業における自動車の開発・認証プロセスは図7-1に示すようになっており，新型車の企画と図面作成に始まり，開発にかかる確認試作段階を経て，認証試作の段階になる．認証申請試験はこの認証試作の最終局面であり，その試験結果の審査を経て認可され，量産段階に入る．開発期間とは企画からこの量産開始までの期間を指し，近年では1-2年とされる(北川，2020)．

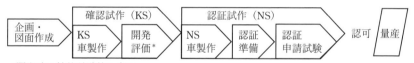

*開発時の性能試験等を含む．
注：第三者調査報告書p.24をもとに筆者作成

図7-1　ダイハツでの開発・認証プロセス

　この不正事案判明後の経緯は以下のとおりである．
　2023年5月15日に弁護士2名，専門家1名からなる第三者委員会が社内に設置され，同年12月20日に第三者委員会による調査報告書が提出された．2024年1月16日には国土交通大臣から「自動車の型式指定申請に係る違反の是正命令」がダイハツ工業に対し出され，講ずるべき措置として次の3点が示された．

① 会社全体の業務運営体制の再構築
② 車両開発全体の業務管理手法の改善
③ 不正行為を起こし得ない法規・認証関連業務の実施体制の構築

118　第 7 章　企業の責任

　そして，2024 年 1 月 26 日には国土交通省より型式指定の取消の行政処分がなされ，これを受けダイハツ工業は同年 2 月 9 日には国土交通省へ再発防止についての報告書を提出した．また，同年 4 月 8 日にはダイハツ工業再生に向けた体制の見直しとして，海外事業においては親会社のトヨタ自動車が開発から認証までの責任をもち，ダイハツ工業はその委託を受け，実際の開発を担う委託形態に変更することが公表された．

　具体的に不正がどのような体制のもとで実施されたのかおよび不正事案の概要につき第三者委員会の報告を要約する形式で以下記載する．

｜不正時の社内の体制　ダイハツ工業における開発と認証のプロセスは図 7-1 で示したとおりであるが，不正の責任分析においては各段階でどの組織が関与したかを明らかにしておかねばならない．第三者報告書およびダイハツ工業の企業情報によると，自動車の開発は 6 段階，認証は 5 段階から構成されている．まず，開発は(1) 開発指示，(2) デザイン，(3) 設計，(4) 性能開発，(5) 生産調達，(6) 確認試作車による車両評価からなる．(1)は，くるま開発本部製品企画部および新興国小型車カンパニー本部 ECC 製品企画部が担当する．(2)はデザイン部（本部の記載がない組織はすべてくるま開発本部に属する），(3)は車両開発部，ソフトウェア開発部およびパワートレーン開発部，(4)は車両性能開発部，(5)は生産調達本部で，(6)は車両性能開発部が担うことになっていた（図 7-2）．次に，認証プロセスは(1) 認証計画書の発行，(2) 部品装置の認証申請，(3) 法規適合性の確認および認証資料の作成，(4) 当

```
コーポレート統括本部          ・技術戦略部
くるま開発本部 ─────┐    ・技術管理部　法規認証室等
生産調達本部          │    ・くらしとクルマの研究部
営業 CS 本部 ── 品質保証部等  ・製品企画部　燃費企画室等
新興国小型車カンパニー本部    ・車両開発部
                              ・車両性能開発部　安全性能開発室
                                              動力制御開発室等
                              ・デザイン部
                              ・パワートレーン開発部　エンジン駆動設計室など
                              ・ソフトウェア開発部
                              ・QCT（Quality Control Center）
                              ・開発基盤開拓部
```

注：第三者報告書 p.22 をもとに筆者作成

図 7-2　ダイハツの組織図（組織改正前）

局への認証申請および(5) 認証試験から構成される．担当する組織は(1)は法規認証室，(2)は各装置の試験担当，(3)は法規認証室，製品企画部，各設計部署，車両性能開発部が社内規定に基づき初号車を確認して認証試作車が完成し，法規認証室が作成することとなっている．したがって，(4)は法規認証室，(5)は車両性能開発部が担当となる．このほか，監査として，くるま開発本部のQCTによる開発プロセス監査，品質保証部の監査および監査部による内部監査が実施される体制となっていた．

しかしながら，ダイハツ工業はコスト低減による競争力の向上をはかっていたため，デザインや燃費に力点がおかれ検査や監査部門の人員削減が進められていた．第三者報告書によると，認証事務にあたる法規認証室は2009年の人員を100％とした場合，2015年には43％，2022年でも71％となっている．また，安全性能担当部署の人員は2010年を100％とした場合，2019年に27％，2022年に33％と約1/3に縮小されている．

不正事案の概要

第一次公表および第二次公表はいずれもダイハツ工業のほうで内部通報に関連して確認された事案であったが，第三者委員会では内部通報の内容から認証試験にかかる類似案件の存在が推察されることからダイハツ工業の協力を得て調査範囲を拡大して実施した．その結果25項目につき174件の不正事案が特定化されたとしている．

項　目	件　数
側面衝突試験	7
ポール側面衝突試験(電柱等に横から衝突した際の安全性試験)	6
＊オフセット前面衝突試験(障壁に運転者側一部を衝突させる)	6
フルラップ前面衝突試験(正面衝突)	6
フルラップ前面衝突時の燃料漏れ試験	3
＊歩行者頭部・脚部保護試験	38
＊後面衝突試験	12
HR衝撃試験(衝突した際にHR(ヘッドレスト)が衝撃を吸収するか)	2
HR静的試験(HRに徐々に負荷を加えて，たわみや耐久性をチェックする)	1
シート慣性荷重試験(前面衝突・後面衝突したさいにシートにかかる荷重をチェックする)	3
＊積荷移動防止試験	9
HFインパクト試験(衝突したさい，運転手がハンドルに頭部をぶつけたと想定し，どのくらいの衝撃がくるか)	1
とびら開放防止試	1

座席ベルト試験	1
ヒップポイント試験(衝突した際,着座位置が想定の範囲内に収まるか)	12
車外騒音試験	2
近接排気騒音試験	1
制動装置試験	13
ヘッドランプレベリング試験(荷物を積んだことで重心がずれても正しい角度にヘッドライトが照射されているか)	33
デフロスタによるデミスト試験(フロントガラスの結露を除去する装置の性能を確認する)	3
デフロスタによるデフロスト試験(所定の時間で霜又は氷をどれくらいの割合で除去出来るか)	4
速度計試験	2
インストルメントパネルの衝撃吸収試験(乗員が衝突した際に頭部にかかる影響を調査)	1
排出ガス・燃費試験	5
原動機車載出力認証試験	3
計	174

注：＊はその後トヨタ自動車でも確認された不正事項．括弧内は専門的用語につき第三者報告書などの解説を参考にして筆者の責任で要約したもの．

　また，不正の内容で区分すると第三者委員会の調査では，不正加工・調整類型が28件，虚偽記載類型が143件，そして元データ不正操作が3件，計174件となっている．

不正の原因

　原因の分析は責任との関係が生じるため，事案の内容把握は第三者報告書によりながらも分析方法やアプローチについては独自に行うこととする．問題の解決や対策は同じ内容の問題であっても，問題のとらえ方(フレーミング[1])や把握するアプローチによって違ったものになり得るからである．たとえば，少子化という事実は同じ(2023年のわが国の合計特殊出生率が1.20と最低)であっても，それを経済的，家族社会的，文化的，心理的，哲学的など，どの観点からみるかで構造も対策も変わってくる．経済的には出産や子育てにかかる経費が高いため結婚や2人目の子どもをもつことができなくなっていると考える．他方，家族社会的には家庭内での子育てを含む家事分担が進んでおらず職場の長時間勤務や育休制度の運用の改善が進んでいないため，女性が仕事をしながら子育てをすることが困難な状況が継続

---

[1] フレーミングとは問題のとらえ方(枠組み)であり，どの枠組みを使用するかで問題の解決も異なることになる．詳細はSchön and Rein(1994)参照．

しているとみる．文化的には経済的に豊かになると出生率は減少するのは各国共通で個人の生活を重視するようになり，結婚や出産は個人の選択の問題とされるとみる．また，心理的には出産や子育てを幸福や喜びというよりも懲罰的なもの(少なくともリスク)[2] と若い世代が考えるため，こうした苦痛から逃れる選択をすると考える．さらに哲学的には反出生主義[3] の考え方があり，生まれてくること自体が苦しみを経験する(出生して死に至る)だけなので生まれてこない意思決定こそが幸せになるのではないかと考える．これらのうちどの考え方あるいは組み合わせを選択するかで，問題の解決策も違ったものになる．たとえば，経済的な枠組みならば教育費の無償化を実施すれば少子化が改善することになるが，教育無償化の先進国の北欧などで近年出生率が再度低下している[4] のを必ずしも説明できないという厄介な問題である．

以上の枠組み・アプローチの特性を踏まえ，第三者委員会の調査アプローチをみてみると，日本弁護士連合会(2010)の「企業等不祥事における第三者委員会ガイドライン」に準拠していることが確認された．具体的には以下七つの方法を採用している．

1. ダイハツ工業から入手した関係資料の精査
2. ダイハツ工業の役職員その他の関係者に対するヒアリング
3. デジタル・フォレンジック調査[5]
4. アンケート調査
5. ホットライン開設・運営
6. 認証申請書類に関連する不整合の確認
7. 現地の視察

このうち7の現地視察は上記ガイドラインの標準的なアプローチに含まれていないが，外部監査などでは実査等として実施されている．3のデジタル・フォレンジック調査については，近年のデジタル化の進展により意思決定過程を確認す

---

[2] 永瀬(2023)参照．
[3] 生殖を非倫理的にする見解である．日本語の文献として森岡(2020)参照．
[4] スウェーデンの出生率は2010年には2.0近くに上昇したがその後低下傾向にあり2023年には1.45となっている．
[5] デジタルデバイスに記録された情報の回収と解析調査などを行うこと．

表 7-1　アンケート調査の結果(原因)：第三者委員会報告書 p.101

番号	項目	選択割合(%)
1	開発スケジュールが過度にタイトになる傾向	79.9
2	公表された発売時期や開発日程遵守(延期不可)のプレッシャー	69.6
3	人員不足	57.4
4	社風・組織風土	48.0
5	個人のコンプライアンス意識	35.3
6	過去からの踏襲・慣例化	28.2
7	過剰の利益優先主義(コスト削減)	25.4
8	認証車(確認試作車含む)の不足	23.1
9	認証車の再製作による負荷回避	21.6
10	人事制度(評価・昇進制度を含む)	17.2
11	内部監査等のモニタリング体制	14.2
12	安全性の軽視	10.3
13	設備・機器の不足，老朽化	7.4
14	分からない	6.8
15	その他	3.3

　るためにメールなどの内容を調査分析する必要性と実行可能性が増加していることを踏まえたものであり，監査などでも実用化されている．また，4のアンケート調査はくるま開発本部の従業員3667人のうち3613人から回答を得ており，想定される15項目から複数選択可能としている．5のホットラインは従業員からの匿名の情報を得るためのものであり，情報提供者の保護に配慮している．

　アンケート調査項目はヒアリングなどを通じて選定されたものであるが，特定化された15項目から選択回答(複数可)されるため，何らかの仮説なり理論が必要である．本件の場合には，表7-1に示すとおりであり，これら以外の原因がある可能性は否定できないものの「分からない」および「その他」が10％未満であり，おおむね要因は網羅されていると考えられる．また，回答率が100％に近く回答者に偏りはないとみられる．半分以上の者が原因としたのは，タイトなスケジュール(79.9％)，プレッシャー(69.6％)および人員不足(57.4％)であり，いずれもコスト低減と短期開発からくるものである．短期開発で全体の開発期間に余裕がないなか，期限を遵守しようとすると，開発の最後の工程の認証にしわ寄せがくることになる．しかしながら，前述のように性能試験部門は大幅に人員削減をしているため，認証申請の試験を省略したり適正な方法で実施せずに短時間で済ます方法を選択することになると第三者委員会は判断している．

上記3項目は従業員が不正をせざるを得ない状況に追い込まれるという不正のトライアングル理論が説くところの「動機」に含められる．残りの項目についても検討すると，4, 11, 12 の項目は「機会」，5, 6, 13 の項目は「合理化」，7-10 の 4 項目は「動機」に分類可能である．これら項目は「想定」されたものであるが，すべてトライアングル理論に基づくものとなる．これは，第三者委員会の 2 名の弁護士のうち 1 名が公認不正検査士に登録していることが影響しているとみられる．公認不正検査士に関しては協会および資格試験会社が不正のトライアングル理論の解説をしており，基礎文献に含まれているからヒアリングやアンケート調査設計時の基盤になっていると考えられる．

この推察は，第三者委員会の「直接的な原因及びその背景」として 1. 極度のプレッシャー，2. 現場任せで管理職が関与しない態勢，3. ブラックボックス化した職場環境（チェック体制の不備等），4. 法規の不十分な理解および 5. 現場担当者のコンプライアンス意識の希薄化，認証試験の軽視をあげていることからくる．なぜならば，1 と 2 はトライアングル理論の「動機」，3 は「機会」，4 と 5 は「合理化」に対応するものとなっているからである．そして，最終的には個人レベルの不正事案が多数発生した真因として組織レベルに帰着させるべく，経営と開発部門の組織風土に最終的な原因を求めている．

しかしながら，責任の観点からは組織との関連性を問う常態化理論のほうが枠組みとしては優れていると判断する．そのことをわれわれが第一部で展開してきた成果と行為および環境の規定モデルで示すことにする．成果 y は行為 x と外部要因 e の関数 f によって決定され，x によって規定される程度が高いほど統制可能性が高まることになる．本件のような認証不正事案では y は会社としての不正・違法行為をしたということであり，x は認証試験の行為を e は試験部門を取り巻く環境である．もっとも，今回の 174 件の不正事案も日々の毎回の試験でなされていたわけではなく，一定の条件（時間的なプレッシャー）下で繰り返しなされていたといえる．このため，定式化で時間軸 t の要素を追加する必要がある．制度化，社会化および合理化からなる常態化理論と規定モデル y の関係は，$y_t = f(x_t, e_t)$ のように整理できる．繰り返し不正事案が発生して制度化されるということは規定モデルが時間 t にかかわらず成立することを意味する．また，新規構成員も不正を許容するようになる社会化では，認証試験の現場スタッフの行為の影響がほかの要素（管理職の関与など，e）より低くなる．さらに，不正の合

理化は成果 y に関する認識をどこにおくか，会社の方針である短期開発の実現か，それとも国の保安基準(y^*)への準拠なのかである．合理化は会社方針(組織慣習)を優先したものを成果とみなす場合に成立し，逆に成果が国の保安基準(公式規則)に適合することならば不正の合理化は成立しない．先の定式化によれば，規律が作用する場合，現場部門(試験)および管理部門ともいかなる状況(e_i)でも成果 y_t につき $y_t > y^*$(国の保安基準)を満たすよう行動 x_t する組織文化が成立する．他方，規律が作用しない場合には，ある状況下 e_i で性能にかかる y_i に関する国の保安基準(y^*)の遵守($y_i > y^*$)より試験行為(x_i)にかかる内部の開発期間目標(T^*)を優先させる不正な規準が使用されるようになる．会社内部で行為次元の尺度を採用し規準を開発期間 $T(x_i) < T^*$ へと転置する正当化である．合理化の判断の基準が f(公式規則)から T(組織慣習)に変更されている．つまり，短期開発のプレッシャーが不正の制度化，会社の人事制度や現場任せの態勢が不正の社会化，そして性能試験の効率化・短時間終了が不正の合理化をもたらす．

　逆にいえば，認証試験の不正が起こらないようにするには，不正の制度化，社会化および合理化を抑止すればよいことになる．具体的には，制度化の阻止には不正な試験作業の継続を繰り返さないように作業の集中化を減らすなど時間軸で作業負荷の平準化なりピーク負荷を下げることが考えられる．また，不正の社会化を避けるには，試験作業の現場と管理職の関係において現場の自主性と管理職の責任ある関与を高め，不正が習慣化したベテラン作業員の関与を減らす工夫が有効と思われる．換言すれば，関与する人間軸からの変更(多様化)である．管理職は現場に任せきりになり外的な関与 e も低いため，試験部門の内部不正による認証処理となっているからである．この場合には現場部門の統制可能性が低くなり，責任は管理職との分担度が高まる．通常の現場に裁量性を与え，成果管理に徹するという方式とは逆の方式である．成果管理が時間内の効率的な試験完了というものでは，管理職も現場の試験スタッフも不正な試験を選択することが合理的になるからである．したがって，適正な合理化に修正することが必要になる．認証試験部門の管理職の業績目標は迅速かつ効率的(低コスト)での試験実施である限り，現場への任せきりで不正処理についても関知せずの姿勢が継続する．これをなくすには，認証部門への統制・監督を全社的な法令順守に即して行い，速度と効率性のみを評価基準とする体制を直すこと，本来の品質保証や内部統制の機能を発揮できるように，くるま開発本部内および同本部へチェック体制を確

立することが必要である．目的軸のバランスある転換である．

対　策　第三者委員会は，原因の主たる原因を経営と組織風土に求めているが，これは不祥事のある組織に共通してみられる一般的な要素であり，再発防止策としてはより具体的な内容が求められる．第三者委員会は再発防止策として以下の9項目を提示している．

1. 経営幹部から従業員に対する反省と出直しの決意の表明
2. 硬直的な「短期開発」の開発・認証プロセスの見直し
3. 開発・認証プロセスに対する実効性のある牽制
4. コンプライアンス及び自動車安全法規に関する教育研修の強化
5. 職場のコミュニケーション促進と人材開発の強化
6. 内部通報制度の信頼性を向上させるための取組み
7. 経営幹部のリスク感度を高めるために取組み
8. 改善への本気度を示す経営幹部のメッセージの継続的な発信
9. 本件問題の再発防止策を立案・監視する特別な機関の設置

いずれも認証試験の不正防止策としておおむね妥当なものであるが，ダイハツ工業の短期開発・効率化を通じた低価格で質の良い小型車というコンセプトを維持しつつ認証基準の遵守とどのように両立するかが経営陣に問われている．国土交通大臣からの是正命令に対する報告では，法規認証室や安全性能開発室等の認証試験・申請部門の従業員を大幅に増員したとしているが，それは逆に他部門の要員を減らしたことになり会社全体の内部統制や収益力を低下させないかという疑問も生じる．経営陣の投資家・ユーザー・社会に対する合理的な説明が求められる．実は不正の再発防止は，法令遵守などの責任を果たす方策と表裏の関係にあるから，責任の観点からは組織として責任を肯定的に履行する方策を探ることと同じである．

7.4　認証試験にかかる責任の構成要素

そこで，責任の構成要素の枠組みからダイハツ工業の開発・認証を検討してみよう．まず，責任主体(who)は対外的にはダイハツ工業である．ただし，ダイハ

ツ工業内部では責任と目標に関して垂直的アカウンタビリティ関係が成立している．開発・認証試験部門は開発プロセスの最終工程を担い，型式認証の申請試験を行って法規認証室が書類を作成し，経営陣（くるま開発本部長および社長）の決裁を経て国土交通大臣に認証申請を行うことになっている．このさい，設定された開発期間のうち残された期間が開発・認証試験に充当できる時間であり，配置された人員でこの制限時間内で試験を完了する責務を負う．そのさい，基準に従った試験を行うことは道路運送車両法で義務付けられており，会社の規定にも記載されている．次に責任を負う対象(to whom)は直接的には国土交通大臣になるが，性能安全にかかる型式試験でもあるから自動車のユーザー，株主・投資家，部品メーカー等のサプライチェーンも対象である．また，国土交通大臣は内閣の一員であり，国会を通じ国民にアカウンタビリティを負う．そして，責任の内容(for what)はダイハツ工業として国土交通大臣告示に従った試験を行うことに加え，内部で各部門は会社全体の目標（期間とコストおよび販売）を満たすことである．

つまり，会社本体および各部門は複数のプリンシパルに対し複数の対立する目標につき責任を果たすことが求められる．ただし，試験の現場担当者にとっては直接の上司である管理職に対して責任を果たすことが優先されがちになる．したがって，組織の負う法令遵守は経営幹部の責任とみなし，期間遵守に責任範囲を限定する可能性がある．法令準拠性を含めた全体の目標体系が組織各階層で共有されていないと上司と部下の垂直的な責任が完璧に満たされても，組織の責任が全うされないことに留意しなければならない．最後のいかに(how)責任を果たすかに関しては，ダイハツ工業本体について適用される道路運送車両法による懲罰による法令遵守の作用が期待されていた．

実際，認証試験の現場では上司たる管理職に対する責任としては，期限内試験完了が責任評価の準拠性を満たす限界となっていた．期限を超過することは許容されず非難され，何らかの懲罰（具体的な報酬減額とかでなく叱責的な対応）を受けることになる．ただし，ダイハツ工業本体としては内部基準を満たしてもステークホルダーへの責任（アカウンタビリティ）を果たすことにならず，本件の認証試験に関しては国土交通大臣への法令遵守がアカウンタビリティの基本になる．今回のように遵守しないことが明らかになった場合には非難され，型式認証が取り消される処分（懲罰）を受ける．責任の評価の効果としては，アカウンタビ

リティの見地から懲罰か称賛かあるいは中立か以外に，認証制度に関する対話がある．今回の認証試験に関する不正は多くの自動車メーカーで確認されたものであり，日本自動車工業会のような業界団体と国土交通省と制度のあり方や見直しをすべき点があるか否かを協議する機会としてよい．国際基準や欧州基準などとの整合性やメーカーの内部規定と国土交通省の保安基準との関係などがある．

ただし，認証試験の不正事案について国の基準より厳しい基準で試験をしたから実質的に問題はないという意見が一部にあるが，今回の事案には認証試験でなく前段階の開発評価の試験結果で国の基準を上回った数値であるにすぎないものが含まれている．ダイハツ工業の不正事案の公表後1年後の2024年6月3日に親会社のトヨタ自動車でも6事案の不正な認証試験[6]が実施されていたことが明らかになったが，6事案のうち5事案は開発試験データの認証試験への適用である．開発・認証過程の管理として問題がないか(開発と認証の過程を分けているのは性能の確保や型式認証の制度として意味があるならば，開発段階のデータを認証段階に代替的に使用するのは問題がないのか)，認証制度として問題点なのかの議論の検討素材にしていくことが型式指定や認証制度の見直しに不可欠である．さらに，責任の評価によりかえって本来の責任を低下させる逆機能を生じていないかの検討も必要である．前述したように内部規範の優先は法令遵守のアカウンタビリティを低下・軽視させる可能性があるし，逆に法令遵守は効率性向上の過剰な制約や開発期間の短縮化に過度の制限になる可能性もある．

7.5 持続可能性に対する責任

| 持続可能性報告

企業活動は国内経済のみならず国際経済および国内外の社会に大きな影響を与えている．地球温暖化による気候変動が大きな国際社会問題になっているが，二酸化炭素などの温室効果ガス(GHG)の排出量削減には，排出の多くを占める企業・産業部門の努力が必要である．このため，各国は排出削減への規制や技術開発等を進めており，同時に企業のほうでも自発的に気候変動対策とその状況の情報開示をしている．気候関連財務情報開示タスクフォース(TCFD)や自然関連財務情報開示タスク

---

[6] その後2024年7月31日には，さらに8事案，7車種にかかる不正が調査で明らかになった．

フォース(TNFD)による提言が出され，それに基づく開示をする企業も増加している．これは，理念的には企業の社会的責任(CSR)からの開示とする側面を有するが，同時に企業の持続可能性を確保し，企業活動を通じて経済的成果と社会的成果を創造するという価値創造経営を基盤にしている．その意味で企業のステークホルダーとの対話を通じた経営戦略の一環と位置付けることもできる．企業の持続可能性は最終的には市場経済における競争力によって決定されるから，投資家や消費者等のステークホルダーに選ばれるように経営し情報発信をすることになる．ただし，情報利用には比較可能性と信頼性が必要なため，開示基準と情報の保証が制度的に整備されねばならない．

一方で政府の側も気候変動や自然資本および人的資本に関する持続可能性が政策課題として認識され，EU等にならい開示の充実措置がとられている．最近ではジェンダー公平の観点から男女別賃金差や管理職の性別比率などを法律で義務付けすることがなされるようになった．具体的には「企業内容等の開示に関する内閣府令等の一部を改正する内閣府令」(2023年1月31日)により有価証券報告書等において「サステナビリティに関する考え方及び取組」や「従業員の状況」の記載が2023年3月期決算企業から適用されている．

男女の賃金差などは法定事項であるが気候変動などの温室効果ガス排出量などの算定方法および開示の基準はまだ確定していない[7]．このため，わが国の企業は前述のTCFD等に準拠して自主的な算定と開示を行っている．GHGの排出については，測定対象の主体をどのように定義するか，どこまでを範囲に含めるか(つまり財務報告と同じように測定主体として連結する範囲)によって大きく変動する．そして，算定範囲は主体の排出への関係において直接排出(Scope1)か，製造等の主体の活動に伴う電力使用などのエネルギー起源間接排出(Scope2)か，あるいは主体の活動の上流(製品・サービスの利用など)および下流(原料などの製造など)で生まれる間接排出(Scope3)かに区分される．持続可能性は地球環境への関心が高まるとともに公的基金(年金など)の投資運用先の選択に重要な情報になっており，日本企業でも有力会社では情報開示に努めている．KPMG(2024)の調査によると，2023年9月時点で日経平均構成銘柄の225社のうちGHG排出量につきScope 1, 2について記載しているのは統合報告書で82%，サステナビ

---

[7] 国内でもサステナビリティ基準委員会(SSBJ)がISSB(国際サステナビリティ基準審議会)にならいサステナビリティ基準を検討している．

表 7-2　GHG 測定範囲が財務諸表の連結範囲と一致している割合(%)：日経 225 社

項　目	統合報告書	有価証券報告書	サステイナビリティ報告書
Scope 1	29 %(65 社)	3 %(7 社)	33 %(75 社)
Scope 2	28 %(64 社)	3 %(7 社)	33 %(75 社)
Scope 3	16 %(36 社)	1 %(2 社)	22 %(50 社)

注：KPMG「日本の企業報告に関する調査 2023」をもとに筆者作成

リティ報告書で 91 %，有価証券報告書で 24 % となっている．また，Scope3 については，統合報告書 54 %，サステナビリティ報告書 84 % および有価証券報告書 11 % となっている．国内規制で基準が未定の状態で過半数の有力企業が気候変動に関する情報開示(TCFD 準拠が多い)をしているのは，ステークホルダー対策であろう．ここで，有価証券報告書での記載が少ないのは，同報告書は決算報告から 3 か月以内に提出することが求められており，おおむね 6 か月後に発行される統合報告書やサステナビリティ報告書に比較して期間が短いことが影響していると考えられる．

　GHG 排出の管理可能性や統制可能性の観点からは，報告主体(企業グループとしての)は財務諸表の連結範囲と一致することが望ましい．排出量につき範囲を連結対象より狭くすると，実際は親会社で統制可能な企業が排出量の算定から漏れてしまい実際より少ない数値になる可能性があるからである．しかしながら，前記調査によると日経平均 225 社のうち一致しているのは，Scope1,2,3 に関しサステナビリティ報告書でそれぞれ，29 %，28 %，16 %，統合報告書で，33 %，33 %，22 %，また，有価証券報告書では 3 %，3 %，1 % と 1/3 以下となっている(表 7-2)．この点からは，情報開示，とくに非財務の環境情報と財務情報の統合に課題があるといえる．

　GHG 排出のうち最大のものは CO_2 排出であり，温暖化・気候変動への社会的責任の観点からは自社での直接・間接排出のみならず自社の上流および下流で排出される量を削減することが必要である．たとえば，わが国最大の自動車メーカーであるトヨタ自動車の Sustainability Data Book(2024 年 1 月更新)によれば，2022 年度の Scope1 の排出量は 237 t，Scope2 は 287 t で自社活動の直接・間接排出は計 524 t に対し，Scope3 は 57,049 t と約 100 倍に上っている．このうち上流部の購入した製品・サービスは 11,049 t，下流部の販売した製品の使用は 43,945 t が主要なものである．ユーザーの自動車運転時間が増えるほど排出量は

増加するから，排出量削減には燃費改善とGHGを排出しない車両の開発が必須といえる．短期的にはGHGの排出量削減は達成できるであろうが2050年に排出実質ゼロのカーボン・ニュートラル(CN)になるかは技術革新と利用者の選好しだいであろう．投資家情報としてサステナビリティ報告をみれば，ガソリン車に代わる自動車の開発と財務戦略がどのように結びついているかをいかに説得的に説明しているかが重要になる．

7.6 責任の枠組みからの考察

　持続可能性(サステナビリティ)報告における行為主体は，報告主体である企業または企業グループになる．本章で扱った自動車メーカーでいえば，本体以外に連結子会社を含むエンティティが責任主体(who)となる．たとえば，認証試験不正があったダイハツ工業はトヨタ自動車の子会社になったので，トヨタ自動車の連結対象になる．サステナビリティ報告の相手(to whom)は，持続可能性の責任を負っている対象になる．ただし，これはCSR報告の一つとみるか，ステークホルダー理論に基づく経営者の責務(情報開示)とみるか，あるいは投資家の意思決定に有用になっているサステナブル情報を提供するかで変わってくる．

　CSRの見地では報告先は社会であり，企業あるいは企業グループの製品またはサービスの利用者や投資家に限定されず，一般の市民や政府あるいは国際機関なども含まれる．他方，ステークホルダーの見地からは，投資家や利用者，従業員，地域住民，サプライヤー，政府等が対象になる．さらに，財務データが企業価値を必ずしも反映しなくなりサステナブル情報の投資家ニーズに応えるという観点からは，投資家への情報開示責任が中心になる．誰に対する開示かは，次の何に関するという情報ニーズにも直接関係する論点である．サステナビリティを支えるものをどこに求めるかで理論的には開示モデルも変わってくる．多くのステークホルダーなのか，資金を拠出する投資家なのか，ガバナンスなのかにより，加賀谷(2023)は三つに区分し，それぞれのモデルをEUのCSRD(サステナビリティ報告指令)，ISSBおよび英・日のアプローチとしている．ただし，各基準団体・機関とも国際的収斂に向けた動きがあり，形式面での統一化が進みつつある．

　次に何に関して(for what)報告する責任があるかである．サステナビリティに

おいてわが国で法定化されているのは，人的資本にかかる性別の賃金差や管理職の比率などである．この報告責任は測定基準が明確化されており，かつ，報告主体で管理可能なためアカウンタビリティとしての責任になる．GHG 排出量に関しては範囲につき三つの概念(scope 1,2,3)が存在し，排出量の統制可能性の程度からすると scope 1 がもっとも高く，scope 2 も自己の活動に伴う間接排出であるため相当程度，統制可能といえる．他方，scope 3 については調達先あるいは販売先における排出であるため報告主体では統制可能とはいえない．報告主体の価値創造過程のアクターではあるが，ほかの報告主体へ製品などの供給をしたり，ほかから製品を購入することもあるからである．完全に報告主体の価値創造に組み込まれ，ほかとの価値創造過程との重複がまったくないときには統制可能とみなされる．こうした状態ではアカウンタビリティ関係になり得る．もっとも，この場合でも削減目標を達成しないからといって懲罰を課すのは困難であろう．とくに下流側に削減努力を促すことは可能であっても，削減しないからと販売をしないことは不当な取引になる．残りの状態では報告主体の統制可能性が高いとはいえず，レスポンシビリティ関係とみなせる．Scope3 では共通の気候変動の問題に対処するため GHG の削減と経営の持続可能性を両立できるよう関係者間での共同的取組みが必要である．

いかに(how)報告責任を負うかについては，報告書の作成にさいし GHG 排出の算定基準あるいは準拠する方式[8]があればそれに従うことになる．また，情報の信頼性を保証するため第三者による保証がされることが重要になる．投資家等による意思決定は，いまや財務情報だけでなく非財務の気候変動等にかかる情報に基づきなされるからである．

| サステナビリティの開示責任と開示効果

企業の気候変動，自然資本および人的資本などのサステナビリティに関する情報を体系的に報告することは，ステークホルダーへの責任を果たすのみならず意思決定にも有用である．責任の評価においては実績が目標や規範と比較してサステナビリティへの行為(進捗度)が判断されるから，経営陣の業績評価に利用することができる．また，サステナビリティ志向が高い投資家は，開示情報をみて投資先の選定や投資額の増減を決定するであろうし，政府・規制当局は

---

[8] 報告基準自体が誰に対する開示を目的にしているかで規定される側面があることに留意しなければならない．

法的規制や経済的措置により企業のサステナブル行動にどのような影響を与えているかを検証すると期待される．ただし，以上の効果は開示情報が意思決定に利用されること，意思決定に従って意図した行動が選択されることが実現した場合に生じるものである．

そのためにはサステナビリティの時間軸と開示・測定の時間軸が一致していることおよび市場原理が機能すること(サステナビリティが企業価値に内部化されること)が前提になる．同時に，実証研究によるサステナビリティ情報の有用性や費用対効果の検証が報告基準の整備とあいまって進められねばならない．

しかしながら2050年のGHG排出実質ゼロの目標達成への取組みや途中経過が順調か否かをサステナビリティ報告で十分な信頼度で測定し開示するのは容易でない．サステナビリティの実質的な責任を果たすには，削減へのロードマップの推論(仮定)とデータの信頼性と妥当性を吟味する作業が不可欠であろう．それには現在予定されているの保証業務で十分か，踏み込んだ分析が別途求められるかの検討が望まれる．

第8章

個人の責任：少子化にかかる結婚・出産・子育て

8.1 少子化をどうとらえるか？

「異次元の少子化対策」という用語が使用されているようにわが国では少子化が「問題」とされ，政府・産業界・地域あげての取組みが進められている．2023年の出生数は727千人であり，50年前の1973年の2092千人の約1/3に減少している．また，0から14歳の年少人口も1417万人(2023年)となり子どもの数はこの50年の間で半数程度となっている．この直接的な要因は婚姻数の減少と合計特殊出生率(一人の女性が生涯に産む子どもの数，以下「出生率」という)の低下にあり，とくに婚姻数の減少によるところが大きい．ピークに近かった1973年の婚姻数は107万組であったが2023年には47万組と半分以下であり，出生率も2.14から1.20と低下し最低を更新している．人口維持に必要な出生率2.07(人口置換水準)を大きく下回る水準である．

こうしたことから各界あげて結婚と出産そして子育て対策が実施されている．子ども家庭庁も設置され，保育の無償化(3-5歳児と低所得世帯の0-2歳児)，待機児童対策，児童手当の増額，低所得層への大学授業料無償化のほか，育児休業制度，短時間労働制度などの雇用対策，さらには自治体によっては結婚紹介サービスなども実施されている．内閣府の相川哲也ら(2022)による既往研究のレビューでは，これらの政策の出生率向上への効果は確認されているものの，これら政策を実施していったん回復した北欧やフランスでも近年出生率が再度低下していると報告されている．したがって，希望出生率[1]1.80を実現するのは容易でない．何よりも，婚外子や同棲婚・事実婚によるカップルによる出産が例外的な

---

[1] 若い世代の結婚，妊娠，出産，子育ての希望がかなうときに想定される出生率をいう．

わが国で出生数を回復するには，まず婚姻数を増やすことが必要である．婚姻関係にある女性の完結出生児数(結婚持続期間15年から19年の夫婦の平均出生児数)は，1977年の2.19に対して低下傾向にあるものの2021年でも1.90(2021年の出生動向調査)であるから婚姻率を高めることが出生数の回復にきわめて有効である．そして，出産や子育ての負担や障害を取り除き子育てが人生で豊かな経験となることを認識してもらうことが出生数の増加に結び付くであろう．この点で，婚姻(非婚)の決定要因になっている経済力や雇用形態を改善する若年層への賃上げや育児休業制度の充実などの最近の政策は方向的には正しい．また，希望する子どもの数の規定要因としてあがる教育費負担を低下させるべく教育の無償化，とくに高等教育の無償化拡充は効果が期待される．しかしながら，わが国で参考とされる北欧や大陸諸国では高等教育の無償化が実施済でそこでも出生率が低下しているという現実は，経済的支援だけでは十分な回復は難しいことを示唆している．

　少子化対策の難しさは，少子化をどうとらえるかにつき対立あるいは異なる考え方があることである．それは，少子化が① メリットとデメリット，② 時間軸，③ ミクロとマクロ，④ 個人の権利と集団の利益，⑤ 価値意識の反映，⑥ 空間軸という側面で違ったインパクトを示すことによる．

　まず，少子化を問題と認識するか否かである．問題とは理想と現実のギャップであるから，人口維持(出生率>2.07)なり希望出生率(＝1.80)が達成される状態が理想とみるならば，現在の人口減少社会で出生率が1.20の状態は「問題」であり，対策が必要となる．少子化対策が議会や選挙の論点になっていることは，多くの人にとっては問題と認識されていることになる．確かに少子化は生産年齢人口の減少と高齢者比率の増加をもたらすから，経済力の衰退と同時に生産年齢人口の負担を高め，地域の活力の低下を招くというデメリットがある．一方で，人口減少は人類の活動量を低下させる方向に作用するから温室効果ガス排出を含め環境負荷を減少させたり，住環境に余裕を与えるというメリットもある．したがって，環境価値を人口維持や経済より優先する立場からは，少子化は「問題」と認識されない．

　次に少子化はまず婚姻や出生数の低下から始まり，0から14歳の年少人口(子どもの数)の減少と高齢者の割合の増加が現れる．しかしながら，人口増減は出生率の変化が即反映されるのでなく，出生率と死亡率の両方の要素で決まってくる．実際，婚姻数や出生数は前述したように半世紀で大きく減少しているもの

の，人口減少は2008年からであり2008年の1億2808万人から2023年の1億2435万人と微減(3%減)である．このため，人口減はまず子どもの数の減少として現れているため，学校教育や幼児関係のサービスの業界には比較的早期に認知されてきた．しかし，地方部では都市部への転出による地方経済・人口の衰退と混在化してしまう．緩やかに進行するため短期間では少子化の認知がしにくい傾向にある反面，中期的に学校統廃合などの事態になって影響を肌に感じることになる．認知ギャップは個人や社会レベルでもあり，政治的関心にも生じ，わが国での少子化対策の遅れ[2]にもなった可能性がある．

　三番目のミクロとマクロは，少子化が起こるレベルである．家庭や地区あるいは事業所の単位では少子化の現象や程度はさまざまであり，出生率が1.20といっても個々の家庭では5-6人の子どもがいる世帯も，単身世帯も夫婦のみの世帯も存在する．ただし，少子化が問題となるのはマクロで出生数減とか人口減になる場合であり，これはミクロの集計としての現象である．個人または個々の家庭・世帯等の行為の結果として結婚や出産があり，マクロの人口動態を引き起こすから，ミクロレベルへの働きかけが政策となる．

　四番目の個人の権利と集団の利益は，少子化でもっとも調整が難しい関係である．国連(UN)/世界保健機関(WHO)がリプロダクティブ・ライツ(reproductive rights; RPR)として定める権利と出生数にかかる政策(出生増を目指す)との関係性である．最近では万人(全世代)に対する「性と生殖にかかる健康と権利」(sexual and reproductive health and rights; SRHR)と概念が拡大されている(UN, 2024)．カップルおよび個人が出産につき強制されず自由に産む・産まないかを決定できる権利である．暴力的あるいは強制的，望まない出産などをなくすと同時に自由に出産の選択をできる権利を認めたものである．したがって，結婚しても子どもをもつことを選択しない，すなわち，出産を希望しないカップルに出産を強制しては人権侵害になる．政府が政策的に実施可能なのは出産を希望するカップルが経済的等の事情で断念することを避ける手段を提供する責任にとどまる．

　五番目の価値意識は，結婚や子どもをもつことの意識の変化である．国立社会保障・人口問題研究所の第16回(2021年)出生動向基本調査(独身者調査)によると，未婚者(18-34歳)で「一生結婚するつもりはない」とする者の比率は，男女

---

[2] 1980年代中ごろから出生率は継続的に低下傾向であったが，政府の文書で初めて「少子化」が使用されたのは1992年の「国民生活白書」(経済企画庁)とされる．

それぞれ 1982 年の 2.3％および 4.1％に対して，2021 年では 17.3％および 14.6％と増加している．また，「子どもはいらない」とする比率も同様に 2.3％および 3.8％が 11.1％および 13.1％と増加しており，婚姻率および出生率の低下と意識レベルの傾向が一致している．経済的要因以外に価値意識が婚姻や出生に影響していることは阿藤（1997，2017）や石川（2007）らにより実証分析がされていて，伝統的価値志向から個人主義的価値志向への転換がわが国でも起こり，出生力の抑制につながっていることを示している．人口学者の金子（2023）は，最新の国連予測では 21 世紀中の世界人口が減少期に入ることを受け，人類の戦略が生物学原理である種の保存本能から離れた適応になり，社会的経済的原理から少産少死戦略を採用するようになっているとする．この説に従うならば，少子化は避けようのない現象で人類の適応戦略を人為的に変更するべく価値意識に踏み込んだ対応をするか，ある程度の人口減少を前提にした戦略を採用することが責任ある対策になる．

　最後の空間軸は，都市部と地方部における少子化の影響の違いである．限界集落や消滅可能性自治体が人口減少で話題になって久しいが，人口増減には自然増減と社会増減があり，地方部の人口減は出生率の低下よりも社会減，つまり転出が転入を上回ることにより生じている．このため，多くの地方部の自治体は移住促進や若者の転出抑制のため，働く場の確保や大学設置・誘致に努めているのである．他方，東京都のように合計特殊出生率は 2023 年に 0.99 と全国最低であるものの若者の転入者増でコロナ禍の一時期を除き人口は増加している．渋谷などの東京中心部にくると外国人観光客も多いが若者も目立ち，年少人口の低下が感じられなくなってしまう．これは若者の東京集中のためである．有配偶者家庭での出生率は低くないというが未婚者が多いため出生率は全体として増えず，全国的には少子化を加速化させていることになる．地方部の少子化は経済活動の低下のみならず地方の伝統維持を困難にし，インフラや農地の保全が財政力の関係で不十分になり都市部を含めた国土全体の脆弱性を高めることになる．空間的な人口移動により少子化の影響が都市と地方で違う点に留意しなければならない．

　以上のような少子化に対する違う見方は，対立する見解というよりも多角的・空間的および時間軸で対応することの必要性を示している．少子化は個人・カップルの結婚，出産，子育てという一連のライフイベントが社会の中で積み重ねられたマクロの結果として出現する．婚外子が少ないわが国では結婚しないと出産

に至ることはほとんどなく[3]，子どもが生まれない限り子育て経験も少ないからである．そこで本章では少子化に関して，結婚，出産および子育ての3点につき時系列的に検討することにする．

8.2　結婚における責任

少子化の原因としては結婚しない非婚化の増加と婚姻カップルの出生数の減少があげられる．いずれも個人またはカップルの自己決定にかかる行為ではあるものの，実際の生涯未婚率(50歳時の未婚率)は2020年で男子28.3％，女子17.8％，2040年推計で男子30.4％，女子22.2％(国立社会保障・人口問題研究所，2024)であり，最初から非婚化を選択している比率(2021年の出生動向調査でそれぞれ17.3％および14.6％)を大きく超過している．また，生殖医療が進歩していても女性の40歳以降の妊娠率は低いため，晩婚化による出産可能時期の制限は完結出生児数の減少をもたらし，婚姻率を高めても出生率は増加しないことになる．結婚はカップルの合意のもとに成立する契約であり，相互のパートナーとしての選好の合致と婚姻の意思決定の2段階を経る．

したがって，未婚状態が結婚の意思はあっても選好の不一致によって生じているならば，その状態は社会的にみてもまた個人にとっても改善する余地がある．また，選好が一致して合意に達しても現実の結婚に至らないのであれば，その障害を除去することは同様に社会的・個人的に価値あることになる．そして，不一致や障害による未婚状態が本人の選択による結果として招いたこととする自己責任論にたつならば，少子化自体は問題にならないことになる．しかしながら，RPRを前提にするならば子どもを産む・産まないことの決定は基本的権利であり，子どもをもちたい，そのために結婚したいという願いは実現するよう保証される必要がある．まず，結婚相手として交際関係になる条件を検討してみよう．

結婚に向けて交際するということは，AさんとBさんがカップルの候補者として恋愛，見合いあるいはマッチングサービスで出会った場合に，A・B双方とも独身生活を継続するよりも夫婦として共同生活をした方が得られる(期待)効用(y)が大きいときである．簡略化[4]したモデルで示すと

---
[3] 欧米の30-60％に比してわが国の婚外子の割合は2020年で2.4％ときわめて低い．

$$y_A = f_A(C_A, M_{AB}, e_1) > f_A(C_A, e_1) \qquad (8\text{-}1a)$$
$$y_B = f_B(C_B, M_{AB}, e_2) > f_B(C_B, e_2) \qquad (8\text{-}1b)$$

ここで，C_A, C_B は A および B の個人消費，M_{AB} は共同消費，f_A, f_B は効用関数，e_1, e_2 は A および B にとってそれぞれの外部要因

共同消費には共同生活に伴う満足感が含まれており，互いの特性に関する適合が高いほど効用も高まると想定される．具体的には出生動向基本調査(独身者調査)における「結婚相手に求める条件」(表8-1)が双方で適合するか容認できるときに交際が成立すると考えられる．とくに女性が男性に求める条件として考慮する割合(「重視」または「考慮」と回答した割合の合計)のうち学歴，職業および経済力の3項目の比率は男性が女性に求める比率を大きく上回る[5]ことから，マッチングの点で学歴が低い，職業が非正規，収入が低い男性層では結婚が困難になっている統計分析の結果と整合的である．

また，独身のメリットしてあげられる個人の自由[6]というのは個人消費が自己

表8-1　結婚相手*に求める条件(単位：%)

項　目	男→女(1992)	男→女(2021)	女→男(1992)	女→男(2021)
学　歴	29.8	27.3	54.6	51.7
職　業	39.4	46.6	78.0	80.7
経済力	26.7	48.2	88.7	91.6
人　柄	94.1	95.0	97.3	98.0
容　姿	79.7	81.2	67.6	81.3
共通の趣味	—	73.2	—	72.2
仕事への理解と協力	—	88.5	—	93.4
家事育児の能力や姿勢	—	91.5	—	96.5

*18〜34歳の未婚者で「いずれ結婚するつもり」と回答した者を対象(2021年の出生動向基本調査)．—は当該年に調査項目がないことを示す．同調査の図表1-2-2から作成した．また，パーセンテージは項目の条件を「重視する」または「考慮する」と回答した割合の合計である．

---

[4] (前頁)予算制約はここでは考慮していない．予算制約で効用を最大化する組み合わせを求めるモデルは合理的にみえるが，組合せが有限で既知の場合は保育所の選択などに限定される．
[5] 家族社会学では女性の上昇志向とされ，女性の高学歴化が未婚率の増加の原因となっているとする見解がある．
[6] 出生動向基本調査(独身者調査)における独身の利点のトップは「行動や生き方が自由」(男70.6 %，女78.7 %)となっていて，二番目は「家族を養う責任がなく，気楽」となっている．

の裁量で決定できることとみなされ，共同消費とは結婚による共同生活に伴う財の消費が出てくることである．もっとも，交際あるいは交際カップルとしての成立は複数存在するし，いったん成立しても将来もっと適合する相手が出現するかもしれないと期待するのがふつうである．最適な組合せか否かはお互いわからないから，前記の条件を満たして交際している期間中に結婚する意思決定をするか，あるいは交際を解消して別の人物を探すかの決断をしなければならない．時間的な制約があるからである．実際，出生動向基本調査(夫婦調査)において「最終的に結婚を決めたときの直接のきっかけ」としてあげられた「年齢的に適当な時期と感じた」は 25 歳以上では 6-7 割と最大であり，交際から結婚の決定に至る要因が時間となっている．

以上の交際から結婚の過程を責任の枠組みに置きなおすと，まず，責任主体(who)は一夫一妻制度を前提にすると当事者の 2 人であり，パートナーとなる者同士の合意により婚姻は成り立つ．この結婚契約は法的なものであり，「夫婦が同等の権利を有することを基本として，相互の協力により維持されなければならない」(憲法第 24 条)ものであって，子どもが生まれた場合には養育の責任を負う．それゆえ，誰に対する責任(to whom)かという点では，パートナー相互に対し協力する責務があり，何に関してか(for what)は，相互に民法第 752 条による同居・協力・扶助義務および民法第 770 条の貞操義務を負っていることになる．そしてこれらの責任は法律および相互の人格の尊重という手続き(how)により遵守・履行される．

夫婦というパートナーの責任をどの程度果たさねばならないかは「理想の夫婦」の民間表彰などがあるものの，明確な下限はない．しかし，法的義務を果たしていない場合には標準以下と評価され懲罰を受ける可能性がある．この場合にはどちらかのパートナーからの離婚請求や慰謝料請求等が含まれる．それぞれの家庭の事情や環境の範囲内で夫婦関係の行為につき協力すれば，結婚による共同生活の統制可能性は十分あると判断されるからである．

したがって，カップルは責任の区分からすると相互に結果に統制可能性があるアカウンタビリティの概念に相当する責務を結婚につき負うことになる．

8.3 出産における責任：自己決定と責任

少子化の最大の要因は結婚するカップルの減少であったが，婚姻関係にあるカップルが希望する子どもの数と予定する子どもの数には依然として差がある．出生動向基本調査では 2021 年で夫婦の平均理想子ども数は 2.25 人に対し，平均予定子ども数は 2.01 人であり，晩婚化の影響か実際に生まれた子どもの数は初婚時の年齢が 35 歳以上では 1 人の割合が最多となっている．未婚化・晩婚化に加え結婚したカップルにおける出産をどうするかが政策的に検討されているが，これは前述の RPR における自己決定権および胎児の権利をどうみるかという問題とも関連する．

RPR は産むか産まないかの決定においてカップルまたは個人，とくに女性側の自己決定が保証されねばならないことである．産まない決定という自由が認められているとすると，出産を選択しないカップルが増加し，ますます出生数が減少するのではないかという意見が生まれ少子化対策と対立することになる．現状では結婚したカップルの実際の理想子ども数は，平均すると 2 人を上回っているから少子化対策と RPR が対立するわけではない．結婚する比率を高めることが出生数の維持・増加という観点からは先決であるからである．ただし，今後，未婚率が増え，かつ，結婚しても子どもを産まない，あるいは 1 人を選択するカップルが増加した場合にどうするかの問題にわれわれは直面することになる．

問題を現在に限定した場合でも，悩ましいのは，出生前診断で染色体異常などのリスクが判明したときの妊娠中絶にどう対応するかである．これは中絶の一形態ではあるが晩婚化や社会的参加機会の関係から高齢出産が増加するとリスクが高まる．RPR に含まれる中絶の権利として自己決定を認めるか，生まれてくるであろうリスクを有する胎児の権利を保護するか，どちらを選択するかの問題が出ている．すでに一部の国では出生前診断の結果に基づく妊娠中絶を合法化しているところもあるが，わが国では医療と法律の間で結論はでていない．社会学や法律学および医学の間で論争がある．議論の本質は人間の倫理と責任をどう位置づけるかにかかっている．

法律的には小島(2014)が指摘するように，妊娠中絶に関して自己決定権があり，産む側と生まれてくるであろう子(胎児)を差別することではないといえよ

う.「正議論(法・正義・人権 = Rights)における「差別」とは,「他者」に対する「取扱い」の問題であり,胎児はここでいう「他者」ではない」という論理である.したがって,出生前診断を「禁止」も「義務化」もできず産む側の決定(最終的に産むか中絶するかの)に委ねるべきとする.ただし,生まれた子に対しては現実に生活できるよう社会全体で負担すべきで自己責任にするべきでないとする(p.189).

他方,倫理学者の江口(2011)は,RPR に中絶の権利が含まれることを認めたうえで,出生前診断による妊娠中絶を選択することを産む側の「自分身体に対する権利」の自己決定だけでは「法的にクリアできても倫理的には不十分」とする.胎児側の権利をどうするかが残されているからである.

こうした双方にかかる権利につき野崎(2012:23)は中絶を「生まれるはずであった生命を生まれなくさせるという意味においては,責任はある.ただし,その責任は個人やカップルだけで背負う必要はまったくない」とし「中絶問題とは社会成員全員の責任の問題である」と結論付ける点では小島と同じになる.

妊娠から出産に至る過程においては婚姻関係にあるカップルだけでなく未婚者,とくに女性の自己決定権と健康をどのように保持するかが社会として対応が求められており,妊娠中絶もその経過の一つではある(塚原,2013).ただし,個人レベルでも集団レベルでも健常児ではない状態で生まれる子どもを社会的にどうみるかは,人権主義,人道主義,功利主義,多様性など立脚する視点で違ったことになる.異常児を認めないことは優性思想になり道徳的に認められないという批判がある一方で,出生前診断への肯定的意見が多いのは功利主義的要素が意思決定に作用している印象を受ける.

結婚の意思決定と同様に出産の決定も,合理的に行っていると仮定[7]すると,出産は出産するときの効用が産まないときの効用を上回るということであり,下記のように定式化できる.

$$y_B = G(x,e|B) - C(x,e|B) > y_{NB} = G(x,e|NB) - C(x,e|NB)$$

(8-2)

---

[7] 予定の子ども数が理想の数に達していない理由として最大の項目が教育費の負担(出生動向基本調査)ということは,子どもの便益と費用の双方を考慮して出産の決定がなされていることを示していると解される.

ここで，y は効用，B は出産(産む)，NB は非出産(産まない)，G はカップルにとっての利得(便益)，C はカップルにとっての費用，x はカップルの努力(行為)，e は外的要因．

したがって，出生前診断の結果(非健常児が生まれる可能性)を得て産むか産まないかを功利主義的に判断するとなると，産む場合の出産後の養育費用を含めた私的コスト C は産まない場合の中絶費用より大きくなり，産まない決定を導くことになる．実際，子どもをもつ理由を出生動向調査では尋ねているが，もっとも多い回答は「生活が楽しく心が豊かになる」の個人主義志向の 80.0 % であって，「将来の社会の支えになるから」という人口的・伝統的なものは 19.2 % にすぎない(表 8-2)．出産の意思決定が個人主義的な効用基準でなされていることを支持している．しかしながら，産む・産まないの自己決定の委任を行うことは一方の選択が他方の選択に比して不利な状態にしない保証をすることを意味する．この場合，効用価値としては妊娠中絶によって産まない決定をしたときと少なくとも同等の効用価値を産む決定をしたときに提供する必要がある．つまり，効用価値としては子どもをもつ価値を重視[8]し産む決定をしたカップルへの社会的補償である．私的負担を社会的補償で低減することが必要で合理的なことになる．この補償がないと，結果的に非健常児を生み育てることは断念され，自己決定は特定方向(健常児優先)に歪むため社会の多様性は失われることになる．

表 8-2 子どもをもつ理由

項　目	比率(%)
結婚して子どもをもつことは自然なことだから	③ 33.8
子どもをもつことで周囲から認められるから	4.5
子どもがいると生活が楽しく心が豊かになるから	① 80.0
子どもは老後の支えになるから	15.5
子どもは将来の社会の支えになるから	19.2
子どもは夫婦関係を安定させるから	16.9
好きな人の子どもをもちたいから	② 40.9
夫や親など周囲が望むから	14.1
その他	6.5

注：2021 年出生動向基本調査の図表 7-3-1 をもとに筆者作成．
　　丸囲みの番号は回答者が多い順位

以上の検討を責任の枠組みで整理すると，第一に責任主体(who)はカップルである夫婦である．しかしながら，親が経済的に不安定や安全性に問題がある環境におかれているときには社会が支援することが必要である．現在の制度でも，妊娠した女性は母子健康手帳が交付され保健所による健康管理がなされて，健康保険の被保険者などには出産育児一時金の支給のほか出産費用の補助も自治体によってはなされている．また，雇用面では出産手当金のほか産休制度が設けられている．誰に対する(to whom)責任かという点では親の生まれてくる子どもに対するものが直接的なものであるが，カップルの場合には母親となるパートナーに対する父親となるパートナーの妊娠中の支援や出産準備への協力も協力義務に含まれる．最大の問題は胎児への責任をどう考えるかである．法的には出生しないと権利能力が認められていないし，妊娠中絶も認められているものの，先の出生前診断による中絶のように親の自己決定権との関係で胎児への責任判断は変わってくる．産むことを決定したならば，胎児に対する責任は少なくとも医学的，倫理的には生じると考えられ，母体および胎児の健康および安全な出産に関して(for what)責任を負う．親の責任履行(how)にさいして，依然として出産には一定のリスク[9]が伴うため，法的義務に加え医学的，保健的な指導や管理がなされることが母子の健康上必要である．その意味で最近の産婦人科医および病院の減少は出産需要対応とはいえアクセスとして問題が生じかねない事態である．

　責任の区分では妊娠期間中においては，妊婦および胎児の健康管理につきパートナーを含め親となるもの双方がアカウンタブルでなければならない．妊娠中の異常時などに迅速に医師に相談など適切な対応をすることは義務であるとともに統制可能なことであるからである．妊娠中絶の意思決定は親となる者の自己決定になるから法律が認める行為に該当することを正当付けることが必要であり，処置をする医師とともにアカウンタビリティを社会に負う．ただし，出生前診断で中絶を選択した者を含め RPR の観点から中絶自体は非難されるべきではない．また，分娩期・出産時には医師や助産師などの医療関係者による介助・措置が必要であり，異常分娩や胎児に医療措置が必要な場合には対応する責任がある．妊娠中にリスクが想定されている場合には対応を含め統制可能であるが，そうでない場合にはレスポンシビリティとしての責任になろう．

---

[8]　(前頁)優性思想からでなく，あくまでも生まれてくる子どもの生活を保障する考え方である．
[9]　2023 年の死産率(1000 人あたり)は 19.3 でうち自然死産率は 9.4 である．

8.4 子育てにおける責任

　出産後の子育て期間は児童の法律的な定義の 18 歳に達するまでで終わらず，高校卒業後，高等教育を経て就職するまで継続することが多数派であり経済的負担が大きい．子育てそのものに人生の楽しみや喜びを感じる人もいるが，子育ての成果は子どもが成長してから生まれるものであり，負担感や支出が先に発生し，成果や果実は後で得られる特性がある．このため，扶養する親としては負担感が先行するきらいがあり，希望する子ども数を断念する方向に作用する．高等教育修了まで教育期間が長くなるほど経費は増加し，経費が私的負担でカバーされるならば経済的要因により出生や子育て・親の就労選択が決定されることになる．とくに，現状では長期の育休取得は母親の女性側に偏っており，男性の育休は最近増加しているものの短期が大半である．このため，女性側が出産後フルタイムで職場復帰する場合には，雇用先の人事管理において子育てへの配慮がないと仕事の内容や昇進に違いが出ることになって，キャリアの機会と希望する子どもをもつことのジレンマに悩むことになる．実際，女性は 25-29 歳で約 6 割がフルタイムで就業しているが，35 歳以降で正規就業率が急激に低下して 3-4 割になっている．このことは，結婚あるいは出産を契機にパートタイムなどの非正規に移行していることを示し，本人のモチベーションや人材活用の点で大きな損失になっている．少子化において子育てと人材開発および経済成長を両立させるには，親に扶養責任があるというだけでは解決しない．このことは，政府の子育て政策でも 10 年以上前から認識していて政府，事業主(産業界)，国民，社会全体が子育てに責任をもつこととされている．

　2012 年の「子ども・子育て支援法」(平成 24 年法律第 65 号)では「一人一人の子どもが健やかに成長することができる社会の実現に寄与する」ため，「父母その他の保護者が子育てについて第一義的責任を有する」ことを前提に国，地方公共団体，事業主および国民がそれぞれ子育て支援に責務を有すると規定している．また，翌年の「子どもの貧困対策の推進に関する法律」(平成 25 年法律第 64 号)では子どもの相対的貧困率がわが国で高いことを踏まえ「子どもの現在及び将来がその生まれ育った環境によって左右されることのないよう，全ての子どもが心身ともに健やかに育成され，及びその教育の機会均等が保証され，子ども

一人一人が夢や希望をもつことができるようにする」とされ，国，地方公共団体および国民の責務を規定している．子ども・子育て支援法が主として就学前の保育・教育を扱っているのに対し，教育の機会均等から義務教育を超えた高等学校・大学等の分野も射程にいれているのが特徴である．さらに，子ども家庭庁の設立にあわせ，2022 年には「こども基本法」（令和 4 年法律第 77 号）が制定され「次代の社会を担う全てのこどもが，生涯にわたる人格形成の基礎を築き，自律した個人として等しく健やかに成長することができ，心身の状況，おかれている環境等にかかわらず，その権利の擁護がはかられ，将来にわたって幸福な生活を送ることができる社会の実現を目指」すとされた．そして，国と地方公共団体の責務，事業主および国民の努力が規定された．

このように法制度としては，子育てを家庭だけでなく，勤め先，地域においても支え，政府も支援する枠組みは整備された．それでも，予定する子どもの数と希望する子どもの数には差があり，その最大の要因は子育てにかかる経費が大きい[10]というものである．したがって，少子化対策の観点からは子育ての効用を高め，負担を減少することになる．

子育てを何人まですることの決定をモデル化すると i 人の子どもを育てる家庭（カップル）の効用を h，負担（費用）を C とすると，純効用 Y は次式で定義される．

$$Y = h(x_i, e) - C(x_i, g_i, s_i) \tag{8-3}$$

ここで，i は子どもの数，x は家庭の子育て活動，e は外的要因，g は政府による子育て支援，s は社会による子育て支援．

子どもをもつことを選択するカップルは $Y>0$ が成立する場合であり，$\Delta Y>0$ つまり $\Delta h_i > \Delta C_i$ が成立するときは i 人まで子どもをもつのが合理的といえる．

ただし，この定式化はカップルとしてのミクロの意思決定と効用に焦点をおいている．マクロの国民経済的に子どもをもつことが価値ある，すなわち，政府や企業を含めた社会の子育て支援のコストを上回るベネフィット（経済成長や地域の活性化など）が生じるならば，いっそうの政府や社会の支援増はカップルの負

---

[10] ただし，このデータは回答者が予定子ども数が希望子ども数を下回った者のみであることに留意すべきである．2021 年調査では全体の 25 ％ であり，多くのカップルは予定数と希望数が一致している（2 人の子どもが多い）．

担を削減し，現状よりも多くの出産と子育てをする決定を導くことになると期待される．

ところで，子育て政策・子ども政策は充実してきているのは事実であるが，家庭内・カップル内での子育て負担・協力や事業所内での男女の処遇については依然として問題が少なくない．表8-3は社会生活基本調査(2021)における6歳未満の子どもをもつ夫婦と子どもからなる世帯について，共働き世帯と専業主婦世帯における夫婦の家事関連時間を比較したものである．男性側(夫)の家事関連時間は共働き世帯も専業主婦世帯もほとんど変わらないのに対し，女性側(妻)の家事関連時間は共働きで6時間33分，うち育児が3時間24分，専業主婦で9時間24分，うち育児4時間56分となっている．共働きの場合には子どもを保育所に通わせているのが通常であり，仕事に従事している時間は平均3-4時間となっているから，妻の実質的な家事労働と仕事・通勤の合計時間は共働き世帯が多い状況である．

それでも自由時間や食事時間などを共働きの妻は短くすることにより，ほぼ同じ睡眠時間が確保されている．要約すれば妻が就業継続をしている共働きといっても平均するとフルタイムの半分程度の労働時間にすることで家事・育児をこなしているといえる．フルタイムで仕事をして労働を通じた目標や自己実現をしようとすると結婚時期を遅らせるか，仕事も家事も育児もこなすスーパー・ウーマン的な生活(家政婦を雇用することもあり得るが)をするか，あるいはいったん仕事を中断するかパートタイムに切り替える，家事労働を分担してくれるパートナーを得る，という選択になる．

表8-3 就学前の子どもをもつ世帯の家事関連時間(週平均の時・分)

		共働き世帯 2006	共働き世帯 2021	専業主婦世帯 2006	専業主婦世帯 2021
夫	家事関連	0・59	1・55	0・59	1・47
	うち家事	0・14	0・34	0・07	0・20
	うち育児	0・30	1・03	0・34	1・06
妻	家事関連	5・37	6・33	8・40	9・24
	うち家事	2・53	2・37	4・02	3・44
	うち育児	2・08	3・24	3・50	4・56

注：「国民生活基礎調査」時系列統計表 表10をもとに筆者作成

このことは，結婚および出産と仕事のバランスの決定と実施を女性側に迫ることになり，ジェンダー間で能力発揮や機会が公正かという問題になる．男女の平等・公平以外に女性の自己成長・開発・実現と出産・子育てはどのようにして両立する(させる)のかという課題である．出生数の確保や子育てを重視するならば，女性の生き方の制約にならないか，また，男性側や労働，社会の仕組みを変える必要があるのではないかである．

　見方を変えれば，現世代における生活の満足度を高めることと将来にわたる人類という種の生存・成長のどちらを優先するかである．政府の政策は子育て理念としては前者であるが，経済政策や財政の観点からは後者の視点もあり併存している．たとえば，骨太方針 2024 では経済政策として「将来的に人口減少が見込まれる中で長期的に経済成長を遂げるためには，生産性向上，労働参加拡大，出生率の向上を通じて潜在成長率を高め，成長と分配の好循環により持続的に所得が向上する経済を実現する必要がある」(p.2)とし，出生率の向上は経済成長の条件・手段とみられている．他方，少子化対策・子ども対策においては「全てのこども・若者が将来にわたって幸せな状態で生活を送ることができる「こどもまんなか社会」を実現し，その結果として，少子化の流れを変え，社会経済の持続可能性を高めていく」(p.45)とし，ミクロからの子ども・若者の成長を実現することが目標で，人口や経済の持続可能性がついてくるとみている．実際，女性が結婚・出産につき自己決定権を有するようになった今日では，結婚した女性(妻)は子育ての効用と仕事・余暇等の自己実現の効用の双方を高めようとしているから，そこで子どもの数や子育て活動が決定される．仕事に価値を見出す女性は晩婚化になり，子どもの数は一人が合理的な決定になるかもしれない．すると，政府の出生率向上による経済成長と個人の決定にコンフリクトが生まれてくる可能性がある．定式化すれば結婚したパートナー(女性)は効用 Y_2 を最大化する(妊娠可能期の制約を考慮して)子どもの数 i を決定し，子育てと自己の個人的目的のバランスをとると考えられる．なお，ここでは簡略化のため子育ての効用とコストはパートナー間で等分化されると仮定している．

$$\text{Max } Y_2 = [h_1(x_i, e) - C_1(x_i, g_i, s_i)]/2 + [h_2(w_i, e) - C_2(w_i, e)]$$

(8-4)

$$x_i = m_i + f_i$$

ここで h_1 は子育ての効用(便益), h_2 は仕事・余暇などの効用(便益), w_i は妻の仕事・余暇活動(子育て以外)の程度(質・量), C_1 は子育て費用, C_2 は仕事・余暇の活動費用, m_i は夫の育児活動, f_i は妻の育児活動.

結婚した女性で子どもを育てることと仕事の両方を選択することが多い(出生動向基本調査によると子どもはいらないとする女性は 13.1 %)と思われるが, 両方を実現することと時間的な制約から子どもの数は 1 人とする決定が最適になることもある.

以上の考察を踏まえ, 子育てを責任の枠組みで整理してみよう.

まず, 誰が(who)責任をもつかに関しては, 第一義的には子どもの保護者(通常は両親)が子育てに責任をもつが, 子ども・子育て支援法やこども基本法により子育ては社会全体が担うものとされている. 具体的には, 国・地方公共団体の政府, 事業主, 国民がそれぞれ責任主体となっている. 政府は子育て支援政策の立案と計画策定および実施, 事業主は育児休業, 短時間勤務制度, 柔軟な働き方の措置を講じるとともに, 100 人超の従業員のいる場合には一般事業主行動計画を策定し育児休業取得率等の目標や実績を公表する責任がある(育児・介護休業法, 次世代育成支援対策推進法). そして, 国民も子育て支援に協力したり努力する責任が関係法令で定められている. 具体的には児童福祉法第 2 条第 1 項で「全て国民は, 児童が良好な環境において生まれ……心身ともに健やかに育成されるよう努めなければならない」とされ, 子ども・子育て支援法第 5 条では「国民は, 子ども・子育て支援の重要性に対する関心と理解を深めるとともに, 国又は地方公共団体が講じる子ども・子育て支援に協力しなければならない」とある. また, こども基本法第 7 条で「国民は, 基本理念にのっとり, こども施策について関心と理解を深めるとともに, 国又は地方公共団体が実施するこども施策に協力するよう努めるものとする」としている.

したがって, 一般の国民や地域社会は義務的な責務ではないものの地域型保育事業や通学時の見守り活動などは子育て支援の一形態である. ここで忘れてはならないのが保育所などの保育施設管理者の責任である. 保護者が働いている間に施設で保育するサービスは仕事と子育てを両立するうえでなくてはならないものであるが, 残念なことに送迎バス内の園児置き忘れや施設内での虐待などの事故も発生している. 小学校就学後の教育現場でのいじめや給食の事故などと合わ

せ，安全管理の責任を有していることを施設側および監督側双方が理解し対策を講じることが必要である．

次に誰に対する(to whom)責任かは，最終的には子どもになるが，責任主体の応じて直接的な相手は異なってくる．保護者(親)では養育の対象になっている子どもであるが，保育所や認定こども園で行う保育は保護者に対して行う現物給付であり，現金給付である児童手当の支給も養育者に対して行われる．したがって，政府のこども施策への責任の直接の当事者は保護者(養育者)になる．同様に育児休業なども直接的には子どもの保護者である親に対する支援であり，事業主の責任の相手も従業員たる親になる．これは，介護サービスと似た構造であるが，サービスを受ける本人が負担者であり受益者である点が児童の場合と異なる．子どもは行為能力がないとされるのに対し，認知症の高齢者等を除き成人には行為能力が認められている．

また，何に対する(for what)責任かは，子育て内容および子育て支援内容が何かによって規定される．保護者たる親は子どもの養育責任があり，施設型保育サービスを行う保育所などは保育所保育指針に従って運営されることになる．政府(自治体)は児童手当の給付や保育の認定等につき法令に沿った手続きをする責任および保育所の運営管理につき指導監督責任がある．

いかなる手続き方法(how)で責任を確保するかについては，法律などの法令が基本になるが法令準拠すれば子育て(支援)の責任を果たせたとはいえない部分もある．育休制度も男性側も 80 日を上限に取得可能であるが，制度を導入しても実際に取得者がどの程度かで実効性は決まってくる．こうした制約もあり，厚生労働省は事業主側の情報開示[11]を通じて制度の適用を進めようとしている．

したがって，子育ての責任は保護者(親)，政府および事業主に関しては法令や計画に従って統制可能性が十分あるとみなされ，アカウンタビリティに相当する．保護者は扶養義務を負っているし，計画で定めた目標を政府や事業主は達成する責任がある．他方，国民は協力義務にすぎないから明確な目標水準が定まっていないから統制可能性も低くレスポンシビリティとみなせる．

---

[11] 有価証券報告書において男性の育児休業取得率等の開示が大企業(従業員 1000 人以上)で 2023 年度から義務付けされた．ただし，実質的な男性の育児参加を示す平均取得日数を開示している企業は例外的(5 % 未満)である．

8.5 生物的持続可能性と個人の自己実現保障の関係

　結婚，出産，子育ては種の生存・持続可能性を満たす生物的責任に基づく一連の行為であり，本来は人類が自由に統制可能なものではなかった．しかしながら，人間が生殖のコントロール技術を手に入れたことで三つの行為は一体的なものでなく，個別の独立した行為として存在するようになった．結婚するか否か，出産するか否か，何人の子どもをもつか，誰が子育てをするかについて決定の自由度が高まり，RPR なる権利も認められるようになった．女性の自己決定権を前提にすると，女性の人生設計において結婚や出産，子育てと同時に仕事やほかの活動をどの程度するかが大きな決定事項となっている．資源制約や医療技術の未発達から家庭や生産活動において多くの労力を必要とした時代では，多くの子どもを産むことが持続的な生活をするのに必要不可欠であった．しかし，産業が高度化し，所得の向上および医療の進展とともに，少産少子化が経済的にも合理的になったことも影響している．

　わが国では急速に少子化が進行しており人口減少による悪影響が懸念されている．問題は数字的には誰にも理解できる予測なのに，なぜ 40 年余にわたる出生率の長期継続低下に国民も政治家も真剣に向き合わないかである．経済成長の制約になり GDP ベースで経済大国の地位が低下するといっても響かないのは，少子化の影響はまさにじわりじわりで人口減は微小に進み，日々の為替変動のほうが大きいことで感覚と取組みにギャップ（ゆでガエル現象）が生まれている．その意味では社会全体の責任ともいえるが，それは誰も責任をとらない不幸な社会でもある．急激な人口減を避け一定の人口を維持する中で国民の豊かな生活を実現するには，イノベーション創造のほか国民の価値意識を変えることで子育てや仕事を自由に選択できる社会変革が必要である．それには出産・子育て期間の価値を仕事と同等の価値とみなし人事管理や処遇[12] をする制度改革や生産性を高めるための人的投資が重要になる．

　こうした政策につき国民的な合意を得るため，手続き・方法・結果（how）につき政策の討議空間をつくる責任が政府・産業界・労働界にある．出生率低下を問

---

[12] 具体的にいえばこの子育て期間は勤務継続と同等にみなす処遇である．これを子育て政策とみなす．

題と認識するかは観点によって変わるものの，出生率 2.0 を継続的に大きく下回る事態には議論が必要であろう．約 30 年前には人口問題審議会(1997)が「少子化に関する基本的考え方について」の報告書を出しており，「少子化，そして人口減少社会をどう考え，将来のわが国社会はどのようにあるべきと考えるかは……最終的には<u>国民の責任</u>であると同時に<u>国民の選択</u>である」（下線は著者追加）としている．

確かに国民の個人の選択により今日の人口構造や出生状況になっているのは事実であるが，的確な選択決定を可能にする情報が提供され意思決定に反映されているかが問題である．実は意思決定に有用とみられる情報が供給されても，それが現実に利用され，かつ，意思決定を変えたり実施に移されることは少ないのである．われわれは多くの情報と問題に日々直面しているため，このような問題に関心を引き実際に読んで理解し行動に移すにはいくつものハードルがある(山本，2022)．生命や日常の生計に直接影響するものでない場合はとくにそうである．道義的に将来世代に責任を有していることがわかっていても，特段に現役世代の生活に影響がなければ行動を変えることや意識して選択することは難しい．アカウンタビリティは責任を果たす者と相手が同じアリーナで存在しないと機能しがたく政治的に対策の必要性が認識・共有される必要がある．多くの論点の中で少子化が取り上げられるには重要性が高いと人々に認識される時間と工夫を要する．表 8-4 に示すように，政府への国民の要望で少子化はいまだ高齢化対策より低い順位なのである．30 年程度経過して少子化は国民的関心事項になってきたが，一世代を費やした結果，第二次ベビーブームの子どもの出産適齢期（団塊ジュニア世代が 40 歳になる 2015 年頃まで）が過ぎてしまい出生率の回復は一段と困難な状況になっている．

改めて専門家や行政から子育てに関する的確な情報提供と政治・国民へのアピールと説明が国民的議論に重要なことが理解できる．幼児教育の価値や重要性が近年提唱され実証研究も蓄積されているが，わが国に関していえば施設保育の保育時間は 8-11 時間であり，家庭内の保育時間もほかの先進国に比して長いほう[13]である．それだけ幼児・保育・教育に割く時間が長いことが義務教育レベル

---

[13] 妻の育児時間は共働き世帯でも他国に比して平均で 1 時間程度（日あたり）長くなっている．内閣官房こども家庭庁設立準備室(2023)「こども・子育ての現状と若者・子育て当事者の声・意識」p.17 参照．

表 8-4 政策課題としての少子化の認識（単位：%）

年	合計特殊出生率	政府への要望 医療	政府への要望 経済*	政府への要望 高齢者	政府への要望 少子化**
1997	1.39	69.3	44.5	54.1	21.3
2007	1.34	72.4	42.3	55.8	29.8
2017	1.43	65.1	41.9	51.1	35.1
2023	1.20	62.8	66.2	50.8	43.4

*物価または景気で，同時に項目があるときは平均値を採用．
**1997年では「少子化対策」はなく「女性の出産・育児や就業支援」となっている．
政府への要望は「国民生活に関する世論調査」時系列表26においてあげられた項目の割合に基づく．

の学力の高さや出生率の低さ（子どもの数の少なさ）と一人あたりの教育投資の大きさに結び付いているかもしれない．しかし，イノベーションや生産性の伸びは世界的にみて低い．教育時間・内容の改善が幼児教育や初等中等教育で充実している反面，高等教育において劣っているのかもしれない．こうした分野の改革につき的確な分析と評価の責務が学術界と政策立案部門に求められている．そこで次章では，専門家の政策立案や実施における責任について検討する．

第9章

専門家の責任—新型コロナウイルス感染症を例に—

9.1　社会における専門家の役割と責任

専門家の定義と特性　新型コロナウイルス感染症(COVID-19)では専門家(当時，新型コロナウイルス感染症対策分科会会長の尾身茂氏)が内閣総理大臣の会見に同席し，国民に政府の方針を解説したり，質問に応じるという異例の形式を国民は何度も見ることになった．東日本大震災の津波による東京電力福島第一原子力発電所事故も異常な災害であった．しかし，原子力関係の専門家はテレビなどで解説を行うことはあっても政府の事故処理や避難等に専門家として国民へのコミュニケーションに公式の役割を担うことも対策の立案・執行の表舞台に出ることはなかったことと対照的である．これには「前のめり」や専門家支配という批判もあるものの，専門家が政策の意思決定に関与した例としては格好の素材であるため，本章の事例研究の対象にする．そもそも，専門家の助言なり支援を得ることは行政機関の審議会などでつねに実施されており，また，政府内部にも専門部局が配置されている．そうした状況下で，どうしてコロナウイルス対策では外部の専門家が目立った活動・関与をしたのかを考察していく．これは，公衆衛生や医療の分野で感染症学の専門家がわが国で少ないこと，加えて専門家を代表する役割を果たした尾身氏が国際機関(WHO)での感染症対策の行政実務経験者(西太平洋地域事務局長)であったことが大きいとされる．人的資源の制約と人命にかかわる感染症の世界的な流行(パンデミック)という文脈が専門家の影響力を高めたといえるが，社会における専門家とはどのような存在かをまず整理しておこう．

　通常の専門的知識を有する者は専門人材，より高度な場合は高度専門人材と呼称されるが，その分野の高等教育を修了しただけでは専門家とは呼ばれない．科

学技術の発展や複雑な国際情勢あるいは人口問題等は，その内容や構造を的確に理解することが困難になっており，専門家の解説や助言がないと意思決定や執行が行えなくなっている．また，メカニズムや内容がわからなくても使用できる機器やAI(人工知能)技術も登場しているが，中身がブラックボックス化しているものも多く，一部の専門家や先端企業の知識が大きな影響をもつ時代になっている．専門家自身の責任を確保し，その活動をいかに民主的な統制下におくかという知識と民主制の関係を問うことが重要になっている．たとえば，原子力爆弾を開発したロバート・オッペンハイマーは原子力の専門知識を有しているのみならず，高い理論的専門性に裏付けられた開発能力[1]をもち，原爆を開発した．それが広島と長崎への原爆投下されるという，高度な専門家として人類の歴史に悔やまれる汚点を残したのである．

　専門家は古くは医師や弁護士など独占的資格を有し，高度な知識・経験と自律的な職業規範でもって独立性を維持するものであった．しかしながら，社会経済の発展に伴い多様な専門職が求められ，同時にその職群の数や分野も多様になっている．専門職は職域団体を構成し固有の行為規範をもち自律的に意思決定と行動をするものとされるが，その意思決定の独立性や自律性には幅がある．看護師や薬剤師は国家資格の高度専門職ではあるが，医療行為に関しては医師が意思決定するため，セミ・プロフェッショナルとされることもある．逆に，資格は要求されないが自律性が高い専門職として大学教員などの研究者がいる．また，職群でなく機関としての独立性が強調される専門的組織も存在する．金融政策を担う中央銀行とか安全規制を行う規制当局は機能的に専門性を有する機関である．これら機関が政府の意向に従って意思決定したり，影響を受ければ，金融政策が財政政策に従属したり，安全性に問題がある事態が考慮されない危険性がある．これら専門職の自律性，自律的な意思決定を担保するには社会的な信任が不可欠であり，資格は個人レベルでの一つの高度人材の証明書とみなすことができる．社会は複数の制度的論理から成り立っており，専門職も一つの制度的論理と解することもできる(表9-1)．

　もっとも，専門職は自律性があっても社会的存在であることから，単独の制度的論理で完結できない．たとえば，公立学校制度は教育制度の設計と財政措置を

---

[1] もっとも米国の核政策には大きな影響を与えなかったとされる(中沢，1986)．

表 9-1 制度的論理

項 目	市 場	企 業	専門職	国 家	家 族	宗 教
理 論	本人・代理人理論	経営学	新制度論	資源依存説	パワーエリート論	権力(権威)論
アナロジー	交換市場	法 人	関係ネットワーク	再配分メカニズム	企業としての家族	銀行としての寺院
アイデンティティ	匿名性	官僚的役割/生産量	個人名声	社会階級	家族名声	組 合
正当性	株 価	市場的地位	個人の卓越性	民主参加	父子関係/忠誠	神秘性
権 力	株 主	取締役	専門職団体	政 党	家父長制	カリスマ
規 範	自己利益	雇 用	ギルド	市 民	家族成員	信 徒
学 習	競 争	競 争	徒弟制	世 論	保 証	祈 り
統 制	規 制	権 力	同僚評価	法 律	家族規制	タブー
組 織	市 場	部門制	ネットワーク	官僚制	パートナーシップ	宗教会

注：Table A.1 in Thornton et al.(2005：168)をもとに筆者作成

する国家・自治体，教員などの専門職と学校に通う子どもの家族の三つの制度的論理から規定されているとみなせる．ここでは，教員は政府・教育委員会，教員組織(校長や同僚)および保護者に対して責任を負うことになるが，複数の制度論理に従うことからハイブリッドな責任構造になり，異なる制度的論理間の調整[2]が求められる．医師も似た構造にある．公的保険制度のもとでは政府の保険医療制度に従うが，同時に医師会などの規範を遵守することになるし，世界的に企業的な経営(医療成果とコスト管理)が求められることが多くなっている．このため，国家，専門職および企業の制度的論理が組み合わさったものとなっており，責任も専門職としてのものに限定されない．

専門家の責任　専門家の責任は専門職の場合には資格を有し，専門職規範に準拠することである．規範には専門性の維持向上と中立性・独立性の保持がうたわれていることが多い．社会からの信頼や中立性を保持するため，自らの組織が規範を遵守しない専門家を処分する権限を有し，その適正な執行をしなければならない．弁護士は弁護士会の綱紀委員

---
[2] 教員の過重労働が問題になっているが，業務量の増加にはかかる制度論理の調整負担も影響していると考えられる．

会・懲戒委員会で処分され，医師や看護師などの医療専門職は医道審議会で行政処分が課されることになっているのはこの例である．

　ただし，近年専門家の責任として問題になっているのは，独占的な資格でない専門家である研究者・科学者の責任である．これは，国際的には 2009 年のイタリア中部地震において地震学者が誤った地震の発生リスク評価をしたとして 2012 年の 1 審では有罪（その後 2 審および最高裁で無罪が確定）になったことで国際的に科学者の社会的責任・法的責任が議論される契機となった．医師の医療過誤や建築士の設計ミスに伴う賠償責任と同じレベルで研究者も責任を負うか否かということである．わが国でも 2011 年の東日本大震災の原発事故は科学者の責任が十分に果たされていないのではないかという議論を起こした．科学に関する国民の信頼度が東日本大震災後に低下していることを受け，日本学術会議などで議論がされた．

　日本学術会議は 2013 年 1 月に「科学者の行動規範 改訂版」を公表し，政策立案・決定者に対する科学的助言につき次のような規範（政策立案・決定者に対する科学的助言）を定めた．

　　科学者は，政策立案・決定者に対して科学的助言を行う際には，科学的知見が政策形成の過程において十分に尊重されるべきものであるが，政策決定の唯一の判断根拠ではないことを認識する．科学的コミュニティの助言とは異なる政策決定が為された場合，必要に応じて政策立案・決定者に社会への説明を要請する．

　ここでの科学者には自然科学者以外に人文・社会科学者も含まれている．上記の規範には第 6 章で述べた EBPM の証拠と同じく，政策決定は科学的証拠だけでなされるものでない認識が必要という点で政策過程への理解がみられる．同時に科学的知見に基づき助言内容に一致をみてもそれが採用されない場合には，政策決定をした側にその理由を説明する責任を求める．科学者の社会的責任と政府の公的説明責任（正確にはパブリック・アカウンタビリィ）の関係を整理し，両者が連帯して責任を担う場合（科学的助言に基づく政策決定）と別個に責任を担う場合（科学的助言によらない政策決定）を区分している．また，OECD（2015）でもイタリアの地震裁判や日本の東日本大震災に関連して政策決定への科学的助言に関

して国際的に検討した文書を2015年に公表した．そこでは，科学的助言のチェックリストとして下記の3点をあげている．

① 明確な役割とさまざまなアクターの責任と同時に明瞭な権限があること
② 妥当なアクターの関与があること
③ 健全でバイアスがなくかつ正当な助言を産み出すこと

そして③の具体的な内容として，a. 最善の利用可能な証拠に基づくこと，b. 科学的な不確実性につき明示的に評価し伝えること，c. 政治的およびほかの受益者集団の干渉から守られること，d. 透明かつアカウンタブルな方法で生成され使用されること，の4点を示している．a は EBPM の証拠の考え方と同じであり，b は科学的予測や判断には一定の不確実性があることを示しておくことであり，イタリアの地震裁判の影響がみられる．c は政策決定により利害関係者となるものがでてくるため政治的独立性が科学的助言に求められることを述べており，d は科学者の助言がどのような過程で導かれたかを透明かつ事後的に検証可能な形式にしておくことで責任を果たそうとすることである．

科学者の政策形成・決定での関与をどうするかは科学哲学や科学社会論で議論されており，価値自由(価値判断に影響されない)派(Betz, 2013)と反価値自由派(Hicks, 2014)および現実主義者(Gundersen, 2020;2023)に区分される．客観的でバイアスがない科学的助言が可能ならば，それが最善であることは間違いがない．しかしながら，批判派が説くように倫理的および政治的価値に影響されない分析や提言を行うことは，実証研究で否定されていること，助言先の機関が特定の政治的価値を有している[3]ことから政治的価値の影響から免れないこと，帰納的な推論自体に倫理的な観点でリスク[4]があること，の反論を受けている．道徳的・政治的価値から影響を受けない科学的助言の姿勢は重要であるものの実践的でないという反論である．グンダーソンは価値自由派と否定派の理念の対立を克服するべく，政策決定者への専門家の助言に関する戦略的原理として，正確性・アカウンタビリティ・慎重さ・効率性の4点をあげている(Gundersen, 2023)．助言の正確性や効率性は誰に対するものとしても必要であるが，アカウンタビリ

---

[3] たとえば，環境部局の政策助言ならば環境保全という政策目的を有することになる．
[4] 仮説の検定をするさいに価値判断を免れない(Rudner, 1953)．

ティは民主制における政策決定に関与する者の責任として求められるものである．また，慎重さは政策の効果や影響が広く・大きく・長期に及ぶ可能性がある場合の倫理的な責任として要求される．

9.2 新型コロナウイルス感染症における専門家

　新型コロナウイルス感染症は 2019 年後半から中国の武漢で発生した感染症であり，世界中に流行が拡大し 2020 年 3 月 11 日には世界保健機関 WHO によりパンデミック（世界的流行）と認定された．感染率および死亡率とも季節性インフルエンザより高く，発生当時は未知なウイルスであったため人々の不安感を増大させた．過去の事例でも劇症や致死率が高い病気が出現すると，社会における関心がその疾病に集中し，ほかの病気への対策や医療以外の分野での政策が影響を受けることが報告されている．100 年前にスペイン風邪（H1N1 亜型のインフルエンザ）で経験済の事象ではあるものの，隣国での都市封鎖や死亡者の報道がなされる状況下でわが国での国民的関心事になった．このため重要な政治的・行政的な課題になり，感染症という分野の専門家の助言や発言が注目された．これは感染対策には人流を抑制するという大きな社会的インパクトがあることに加え，専門家を代表した尾身（2023：24）が述べているように，専門家自身が行政に先んじ感染対策の方針の見解を示したことが大きい．厚生労働省が感染対策を示す余裕がなかったという事情はあるものの外部専門家が感染対策に直接関与する事態は，政策決定への専門家のかかわりあいに関する事例研究の素材として相応しい．尾身自身，その後「後世の人々に検証してもらうため」（同：50）に提言書を作成した[5] としている．そこで，提言書の内容とそれに至る決定の記録をまとめた手記を参照して検討する．

　新型コロナウイルス感染症はウイルスが変異し，感染状況も変化していくため，速度や方向を含めた動きが不規則な的に矢を射るような対応をすることになる．この特性は，ウイルスが不確実な動きをすること，同時に短期間で急速な感染流行となり多くの重症者や死者を生み得ること，こうしたリスクのため社会経

---

[5] もちろん記述されていない項目もあり得るし，誤った認識もあるかもしれないことに留意して使用する必要がある．ただし，政府が提言で修正を求めた事項（「呼気による感染の可能性」の削除）があったことを述べており専門家としての良心がうかがえる．

済活動の制限が年単位で生じる可能性をもたらす．不確実で生命への重大リスクがあるウイルス特性のため2020年から2-3年間も世界的に大きな影響を与え，わが国では2020年で日々の最大の関心事になった．感染の不確実な事象の分析モデルを新型コロナウイルス感染症に適用すると，リスク，複雑(あいまい)，不確実およびカオスの四つの象限に該当する状況があることがわかる．

図9-1はリーチらの新型インフルエンザによるパンデミックの不確実性(Leach et al., 2010：58)を新型コロナウイルス感染症におきなおしたものである．リスクとして扱えるのは感染の短期的な推移であり，定量的確率モデル(感染症数理モデル)による感染者数のピークから収束までを予測する．もっとも，数理モデルで予測可能なのは現在流行し始めたウイルスの種類に対してであり，こうした感染予測に対して人々がどのように行動するか，あるいは人流抑制にどう反応するかは，予測に比し早く収束する傾向があってもその確率は未知であり不確実な状態になる[6]．また，複雑なのはウイルスの変異によって感染率や死亡率がどうなるかは事後的に確定するものの予測は不可能であり，同じ種類のウイルスでも国などの文脈による差異が生じることである．さらにカオスなのは，どのような新種のウイルスが出現するのか，後遺症はどうかに関して予測も因果関係の解明も現状では不可能なことである．

もちろんパンデミックでは何度も感染流行の波が押し寄せるから，その過程で

成果に関する知識

	既　知	未　知
生起確率に関する知識　既　知	＜リスク＞ リスクの定量的 確率モデル	＜複　雑＞ 「流行」の定義 死亡率 / 感染率
未　知	＜不確実＞ パンデミックか否か 危機の行動変化	＜無知(カオス)＞ ウイルスの新株 予測不能の伝染・結果

注：Fig3.6 in page 58 of Leach et al.（2010）をもとに筆者作成

図 9-1　パンデミックの不確実性の種類

---

[6] 感染拡大の初期(4月15日)に京都大学教授西浦博氏(当時北海道大学教授)が感染対策を何もしないと40万人に死亡の可能性(最悪事態)があるという試算をして，後に実際のこの期間の死者数が少なかったので恐怖をあおったと批判されたが感染症の不確実性を考慮すれば予測モデルや理論自体が間違っていたわけではないと考えられる．

不確実や複雑からリスクに移行することはあり得る．重要なことは感染症のこの不確実性の特性を踏まえた感染対策を実施できるか，専門家として科学的助言が可能かである．客観的かつ科学的な助言が可能な領域はリスクの状態であるが，感染対策はまさにリスクでない状態における対処方策についても専門家として助言することである．

新型コロナウイルス感染症の感染対策として医療以外に社会的な活動制限が必要なことがあることはすでに 2009 年の新型インフルエンザのさいに認識され，「新型インフルエンザ等対策特別措置法」（平成 24 年法律第 31 号）が制定されていた．このため，具体的な感染対策を可能にする法的基盤の整備は比較的迅速になされた．2020 年 1 月には新型コロナウイルスは政令により指定感染症（2 類感染症相当）に定められ，翌月には「感染症の予防及び感染症の患者に対する医療に関する法律」（平成 10 年法律第 114 号）第 6 条第 7 項第 3 号に「新型インフルエンザ等感染症」として指定された．ここで，新型コロナウイルスは「感染症の全国的かつ急速なまん延により国民の生命及び健康に重大な影響を与えるおそれがあると認められるもの」になり，3 月の新型インフルエンザ等対策特別措置法の改正により内閣総理大臣による緊急事態宣言，それに基づく都道府県知事による外出自粛や休業要請ができるようになった．

時期別の対応と対策

新型コロナウイルス感染症も対策は感染症と同じく事前の準備期と初動期，対応期，移行期に分かれて対応がなされる．準備期は立法措置や計画や医療を含めた体制整備をする期間である．次の初動期には四方を海に面したわが国では水際での検疫などを通じた封じ込み，接触者調査やクラスター対策[7]がとられる．そして感染が拡大と収束を繰り返す対応期には人流抑制のほか，治療薬やワクチンの開発・接種，医療体制の整備がなされる．収束への移行期には基本的な感染対策を行うことになる．今回の新型コロナウイルス感染症における感染対策を時系列に整理すると表 9-2 のようになる．

各段階では政府から医療機関，国民，企業を含むアクターに対する政策が発動される．感染対策としては政府による行動変容要請[8]などが求められる．それを

---

[7] 疫学情報の収集，分析を通してクラスター（患者集団）の早期発見と対応を支援するだけでなく，市民に対してはクラスターの発生しやすい場所，環境，行動を避けるよう啓発することで，クラスターの形成を防止すること（IASR, Vol.41, pp.108-110, 2020 年 7 月号）

9.2 新型コロナウイルス感染症における専門家　　*161*

表 9-2　新型コロナウイルス感染症の感染対策の推移（筆者作成）

日　付	できごと
2020 年 1 月 15 日	新型コロナウイルス国内初確認
1 月 28 日	ツアーバス運転手の感染確認
2 月 3 日	クルーズ船ダイヤモンド・プリンセス号の横浜港入港
2 月 7 日	第 1 回アドバイザリーボード（厚生労働省）
2 月 13 日	新型コロナウイルス感染症に関する緊急対応策
2 月 16 日	第 1 回専門家会議
2 月 25 日	新型コロナウイルス感染症対策の基本方針（対策本部決定）
2 月 27 日	小・中・高・特別支援学校の一斉休業の要請
3 月 10 日	新型コロナウイルス感染症に関する緊急対応策—第二弾—
3 月 28 日	新型コロナウイルス感染症対策の基本的対処方針（4 月 7 日改正）
4 月 7 日	緊急事態宣言（東京都など 7 都府県）
	新型コロナウイルス感染症緊急経済対策（4 月 20 日変更）
4 月 16 日	第 1 回緊急事態宣言（全国）
5 月 25 日	同上解除
6 月 19 日	新型コロナウイルス接触確認アプリ（COCOA）リリース
7 月 6 日	第 1 回新型コロナウイルス感染症対策分科会
7 月 22 日	Go To トラベル事業開始
2021 年 1 月 8 日	第 2 回緊急事態宣言（1 都 3 県）
1 月 14 日	第 2 回緊急事態宣言の対象地域拡大
2 月 17 日	ワクチン初回接種開始
3 月 21 日	第 2 回緊急事態宣言解除
4 月 25 日	第 3 回緊急事態宣言（東京都，大阪府，兵庫県，京都府）
5 月 12 日・14 日	第 3 回緊急事態宣言の対象地域拡大
6 月 20 日	同上解除（4 月 25 日，5 月 12・14 日宣言対象地域）
7 月 12 日	第 4 回緊急事態宣言（東京都*）
9 月 30 日	同上解除*
2023 年 5 月 8 日	感染法上の位置づけが 5 類感染症に変更
8 月 4 日	第 124 回アドバイザリーボード（最終回）
9 月 1 日	新型コロナウイルス感染症対策分科会廃止
9 月 4 日	新型インフルエンザ等対策推進会議
2024 年 3 月 31 日	特例的な財政支援終了，通常の医療提供体制に移行

*その後 19 道府県に緊急事態宣言が出されたが，2021 年 5 月 23 日に 2 度目の緊急事態宣言が出され期間が延長された沖縄県を含めすべての都道府県につき同年 9 月末で解除された．

ロックダウン（都市封鎖）などの強制措置が認められていない状況下で実効性あるものにするには経済的補償がセットで実施される必要がある．国民の生命と健康を守ることが感染対策の基本であるため，感染対策の実施に伴う飲食店などの休

---

[8]　（前頁）わが国では外出自粛要請など罰則がなくても浸透し，強制措置を講じた外国に比しても行動抑制の遵守率は高かった（Watanabe and Yabu, 2021）．

時　期	対策内容	対策の政策用具			
		Nodality (情報)	Authority (権力)	Treasury (カネ)	Organization (組織)
初　期	行動制限・ 経済対策	疫学調査	休校・休業要請	休業補償など	検疫・検査
流行拡大期	ワクチン接種・ 医療体制整備	監　視	入院措置	ワクチン費用など	保健医療
収束期	移行	リスク・コミュニ ケーション・広報			

図 9-2　新型コロナウイルス感染症への対応と政策

業・営業時間制限にかかる補償措置たる持続化給付金や従業員への休業支援金等の財政支援が措置されることになる．また，ワクチン接種やコロナの医療体制の確立には情報システム，保健所やコロナ病床対応病院の組織整備が必要である．

　つまり，感染対策は初期の感染者の行動調査や保健所での入院調整や感染者の体調管理，外出制限に向けた情報伝達や広報といった感染対策に直接かかわる部門以外の活動を必要とする．Hood(1976)の政策用具のNATO(Nodality, Authority, Treasury, Organization)の概念を応用すると，各感染段階に応じた政策用具は図9-2のように整理できる．飲食業など営業時間制限を受ける初期や拡大期のワクチン接種には補償的な財政措置(T)や委託や他部署からの応援による人員確保(O)が動員される．初期から収束期にかかるリスク・コミュニケーションなどは情報提供(N)による行動変容を目指したものである．緊急事態宣言等による学校の休校などは，直接的には都道府県知事の要請であるものの公権力(A)を背景にしたものといえる．そして，法律整備はAの行使を可能にする事前準備とみなせる．

9.3　感染症分野の専門家と政府

　わが国での感染初期(2020年1月から6月)の新型コロナウイルス感染症対策専門家会議は，国立感染症研究所長の脇田隆字氏(座長)，尾身茂氏(副座長)のほか10名，計12名から構成[9]されていたが，感染症以外の専門家は弁護士の中山

---

[9] このほか座長が出席を求める関係者として2名が含まれる．その後も多くの専門家が「座長が出席を求める関係者」として会議に出席していたが，大阪大学教授の大竹文雄氏(経済学)が第8回から参加していた以外は全員医学・医療関係者であった．

ひとみ氏と東京大学教授の武藤香織氏（医療社会学・公共政策）の2名にすぎない．したがって，非常事態宣言を含む第1波の感染対策は感染症学者を中心にした専門的な助言が政府の基本的対処方針等諮問委員会[10]になされたことになる．専門家会議の座長は脇田氏であったが，記者会見は副座長であった尾身氏が担当した．また，尾身氏はその後の分科会長にも就任し，厚生労働省のアドバイザリーボードの座長であった脇田氏より年配でWHOにおけるパンデミック対応の経験もあったことから以降主導的な役割を果たした．

尾身氏は政策決定への科学的助言の基本は理解しており，専門家の助言に基づき政府が判断し実行することが政府の責任と述べている（尾身，2023：44）．同時にWHOの西太平洋地域事務局長として各国の厚生大臣らとの折衝や交渉の経験をしており，科学者であると同時に行政的センスも持ち合わせていた．明確なエビデンスがない場合には科学者として提言すべきでないという良心（国際的な標準）に理解を示しつつ専門家としての職責をよく認識していた．「ここは学会ではない．政府に助言するための組織だ．厳密な意味での科学的根拠がなくても，専門家としての判断や意見を言わなければ，専門家としての役割を果たせない」（尾身，2023:33）と考えたことを回顧録に二度[11]も述べている．ここではEBPMのエビデンスの質と意思決定の関係について，意思決定に何らの助言やエビデンスがない状態よりはエビデンスに基づく意思決定のほうが合理的で良い結果をもたらすという現実主義者の視点[12]と専門家の高い職業意識がある．

EBPMにおける証拠の質にはRCT（ランダム化比較試験）のような高い水準のものから言説や専門家としての意見という低い水準のものまであることを踏まえ，もっとも低い水準の専門家の意見でも客観的証拠が入手できない場合には許容されるという判断が働いている．もっとも，科学者としての責任から専門家のたんなる見解でなく客観的なデータ分析に従うことをデータ解説の専門家に求め，最低水準以上の証拠の質を確保しているのは評価に値する．非常事態宣言の解除の基準を感染状況のデータを用いて示すことで政治や行政の恣意的な運用を

---

[10] 2020年3月から2021年3月まで設置され，同年4月から基本的対処方針分科会に移行した．
[11] p.76にも「厳密な意味での科学的根拠がなくても」が「完璧なエビデンスではなくても」とおきなおされた同一の回顧がある．
[12] 現実主義者の視点とは行政の現場で求められる判断である．土砂崩壊が生じて復旧工事を早急に開始したいときに100％完璧な設計や施工方法を見出すのに1か月かけるか，70％の完成度でも早く設計・施工を確定させるかの選択では，後者が望ましいといえる．

回避しようとした．

　感染症の専門家は感染者数と死亡者数を最小化することを感染対策の目標としている．これには適切な感染対策をすれば感染は早期に収束させることが可能であり，対策期間にかかる社会経済活動の制約は不可避であり社会全体か政府が補償すべきという前提がある．いわゆる感染対策第一主義である．ところが，感染の流行が何度も繰り返す長期に及ぶと社会経済活動も長期に止めることは困難になる．財政出動でカバーできない部分もあり，感染対策と社会経済活動の維持とのバランスをどうするかが問われてくる．もちろん感染症の専門家も感染対策は感染の波に応じてハンマーとダンスのように対策を強める時期と弱める時期に応じて措置を講じるとしており，社会経済活動に無関心ではない．しかし，長期化すると感染対策と社会経済活動をどう両立させるかが課題になるし，感染対策による行動制限が社会経済活動に負の影響を与え無視できない状況も呈するようになる．

　ダンスの期間にいかに社会経済活動を動かすか，また，感染対応期において活動休止や抑制への補償でなく通常の社会経済活動をどのように継続させるかの判断が求められる．わが国の新型コロナウイルス感染症への対応で感染者数・死亡者数の抑制は高く評価されるものの，感染対社会経済活動の調和化という公共政策につきものの目的間のトレードオフの解決をどうするかが試されることになった．前者のダンスと経済活動については，Go to トラベルと Go to イーツ事業を巡り感染症の専門家と政府側で対立があった．Go To 施策は新型コロナウイルス感染症の最初の緊急経済対策(2020 年 4 月 7 日)に含まれており 4 月 20 日に閣議決定されたものである．そこでは，「観光・運輸業，飲食業，イベント・エンターテインメント事業を対象に，Go To キャンペーン(仮称)として，新型コロナウイルス感染症の拡大が収束した後の一定期間に限定して，官民一体型の消費喚起キャンペーンを実施する」(p.26，下線は筆者追加)とある．したがって，正確には感染が繰り返す期間のダンスは，収束した後に実施することを想定したものとは違ったが，政権の強い意向(菅官房長官(当時)の肝いり施策といわれていた)もあって観光需要期の 7 月 22 日から Go To トラベル事業は開始された．具体的には 1 泊 2 万円を上限に旅行価格の 1/2 を支援するものであり，国内観光需要の創出効果はあったと評価はできる．

　この Go To トラベル事業については感染症の専門家と政府の対立が目立った．

政府は7月10日に分科会の開催(7月16日)前に開始を決定したため，専門家は追認せざるをえなかったと尾身氏は述べている．ただし，この時期はいまだ感染が継続しており感染の専門家は事業開始が早すぎると判断しており，秋の感染拡大を受けて危機感が高まっていた．11月20日の分科会では感染拡大地域に関してGo Toトラベル事業の対象から除外をするよう検討する提言書を出した．政府の決断が遅れたのは，観光業への配慮もあっただろうがGo Toにより感染が拡大した証拠がないというものであり，最終的に12月14日に決定され同月28日に中断された．もっとも，厚生労働省のアドバイザリーボードで報告されているように国内移動に伴う感染者が圧倒的に若者層(20代から30代)であり，二次感染も若者層が中心であった．ただし，若者の感染が社会全体の感染を拡大させていたため，12月3日に尾身氏ら3名が菅総理に面会して中止を進言している．感染状況の把握とダンスとハンマーの使い分けにつき専門家と政策決定者の齟齬が生じたのである．これは，Go Toトラベル事業の需要創出効果が大きかった[13]ことで経済対策のウェイトが感染対策を上回ったことも影響している．

　感染が長期化し感染者数および死亡者数が増加すると感染を抑制したい感染症の専門家と社会経済活動の継続を望む政府およびコロナによる地域医療の崩壊を心配する自治体や医療界(コロナ対応で医療スタッフ・病床が割かれ地域・救急医療が危機的になる)の三つの対立のなかでどのような解を求めていくかに問題の構造がより複雑化してきた．新型コロナウイルス感染症で亡くなる人は減っても，新型コロナウイルス対応で医療へのアクセスの遅れおよび経済的精神的な事情で失われる命も増加しているという指摘もある．新型コロナ感染症は恐れるべき疾病であることは確かであるが治療薬・ワクチン接種などである程度の統制が可能になれば，リスク施策の一つであり社会経済活動全体を見通した政策を考慮すべきという論理が説得性を増す．

　新型コロナウイルス感染症では感染対策と社会経済活動の関係が議論されているが，この議論には医療の中での生命の扱いと感染対策の重点化をどうするかという側面と生命とほかの価値を含む全体の効用なり価値をどのように総合化するかの側面がある．前者はどの疾病も治療が可能ならば新薬なり効果のある治療法

---

[13] 観光庁のデータによると7月22日から11月15日までのGo Toトラベルの利用実績は5260万人泊で年間需要の約1割に達したという．Go To利用者の実際の感染予防行動がどうであるかなどは山本(2023)参照．

の開発が待たれるが，亡くなる命を可能な限り少なくするのか，救える命をなるたけ多くするのか，あるいはつらい病気を治療するのを優先するのかで医療の基礎研究や開発研究での資源配分は変わってくる．新型コロナウイルス感染症分科会でも感染の重症者数が拡大してコロナ対応病床を確保するようになると，癌などの一般治療にも影響し「コロナ以外の病気の治療をやめろということに直結する」という意見が医療関係者[14]から出ている．死亡率が高い疾病が出現すると当該疾病により死亡する絶対人数は少なくても研究や新薬開発に多くの資源が割かれがちになり，風邪などのありふれた病気の治療には死亡数や重症者数に比例した配分がなされない傾向にあることが公共政策の分野では早くから指摘されていた(山本，2004)[15]．新型コロナウイルス感染症以前にも新型インフルエンザのときにワクチン開発を含む研究や体制の充実が提言されていたのだが，実施に至らず顕在化しない事象に対し事前準備に割く決定が容易でないことを物語っている．どこに対策の重点目的をおくかの明確化である．ただし，今回の新型コロナウイルス感染症では米国などはわが国より死亡率が高く，どこまでの水準にとどめるかは価値観，国民性，医療への信頼にも依存すると考えられる．

後者の生命の価値と全体の価値の問題は，古くから公共事業の評価や政策分析で費用便益分析として議論されてきた．わが国でも道路事業における交通事故減少便益で死亡者事故減少の効果算定で人命の価値を原単位として設定し，時間短縮便益や快適な走行を可能にする走行便益などと合わせた便益と費用を対比している(国土交通省の費用便益マニュアル参照)．したがって，生命の価値を含めて対策の便益を算定することは可能であり，感染症以外の病気，災害や事故対策事業について費用対効果を計算し，比較することができる．それならば，費用便益比がもっとも高い事業から採択し実行していけばよいと思われるかもしれない．しかしながら，地震や洪水被害等の軽減は期待値であり，毎年その効果が出現するものでなく，介護サービスなどのように定常的に便益が得られない．また，事業の継続・存続がほかのサービスの提供の条件になっている場合もあり，費用対便益を度外視した対応となることに留意しなければならない．

---

[14] がん治療を多く扱う病院の感染症の担当部長も同様の発言をしている(2021年9月8日の分科会の議事概要)．

[15] 若干データは古いが日本でも筆者の調査分析では同じような傾向がでている．重篤化し死亡率が高い疾病ではあるが死者数は通常の疾患よりも少ないほうに多くの資源配分をするのを選好する．詳細は山本(2004)参照．

専門家間の対話と調整

感染対策は行動制限などを伴うため社会経済活動にも影響を及ぼす．このため，感染対策を実施するには保健・公衆衛生とも連携し，政治・行政・経済に関する分野との調整が必要になってくる．ただし，感染症に関する専門家の政策決定への助言の範囲をどうするかは政府側が決めるため，どの部門の専門家を集めるか，何を助言したり検討してもらうかは専門家の力が及ばない部分である．実際，新型コロナウイルス感染症が国内で確認された初期（2020年2月）には，新型コロナウイルス感染症に関する緊急対応策や基本方針が設定され，そこに感染対策とあわせて観光業等の中小企業・小規模事業者対策等や雇用対策も含められていた．

しかし，3月末から4月初旬になると感染対策にかかる基本的対処方針と緊急経済対策に分離され，専門家会議は前者を扱う位置づけとされ，財源は後者に記載され実行の裏付けがなされた．たとえば，4月7日決定・20日改正の緊急経済対策は5項目からなるもので，最初にⅠ．感染拡大防止策と医療提供体制の整備及び治療薬の開発（2.5兆円）があり，Ⅱ．雇用の維持と事業の継続（30.8兆円），Ⅲ．次の段階としての官民を挙げた経済活動の回復（3.3兆円），Ⅳ．強靭な経済構造の構築（10.2兆円），Ⅴ．今後の備え（1.5兆円），とされた．括弧内は財政支出額であり，Go To 関係事業はⅢに，国民全員への定額給付金はⅡに含まれている．つまり，経済対策の政策助言は感染症の専門家から切り離され，内閣府の経済財政担当の所掌になった．3月6日に西村康稔経済再生担当大臣が安倍晋三総理大臣から口頭で指示されたことになっている．コロナ対策の担当大臣が厚生労働大臣でなく経済財政担当が併任したのは厚生労働大臣の負担が過重であることもあったかもしれないが，経済政策がコロナ対策で大きな比重を占めたことが大きいと考えられる．ただし，経済財政諮問会議では3月10日の会議で議題にあがったのが最初であり，その後関係者からのヒアリングがなされ，3月末に緊急経済対策を審議しており短期間で政策案を作成したことがうかがわれる．感染症学者が行政に先行して1月から自主的にさまざまな検討をしていたのと比較すると，経済財政のほうは専門家というよりは行政実務者間で動いていたといえる．

経済対策でも感染対策関係の予算は全体の5％程度であり，感染対策の検討にさいし経済が受ける影響について経済の専門家の意見を聴く必要性は感染症の専門家も認識していた．実際，尾身氏の毎週開催されていた私的勉強会にも経済学者の大竹氏は参加を求められていた．他方，経済財政の専門家から感染症の専門

家へのアプローチは感染症，とくに疫学の数理モデルの研究者がきわめて限定されたこともあり，対話や共同研究の時間をとるのが困難でもあり少なかった．欧米では感染直後からマクロ経済学の景気循環理論（Real Business-Cycle; RBC）モデルと疫学の感染流行の SIR(Susceptible, Infected, Recovered)[16] モデルを接合したモデルが開発され，健康と経済のトレードオフを扱う理論および実証研究が数多く出てきた．このため，経済学者は疫学の感染予測の先の感染と経済の対立をいかに調整するかという政策的な観点に力点をおいた．このため，疫学モデル自体の特性に関心をもつことよりも経済学の領域に感染を吸収させるアプローチを採用した．この点は数理モデルの扱いに焦点がおかれ，経済学者の予測精度も高くなかったが，トレードオフの検討に有用という側面が強調されることになった．経済学者の一部に西浦氏の感染症の数理モデルにデータ欠陥を指摘する意見があるが，限られた時間とデータで感染を予測した西浦氏の努力は高く評価されてよい．問題は予測が公表されると行動科学が教えるように人間も行動を変容し，結果として予測が適合しなくなるバイアスが生じることである．これを科学的にどのように扱うかにつき心理学や行動科学を含めた検討が感染症学も経済学もそして実務でも必要だろう．

　感染と経済というトレードオフの関係でなく，感染対策で補完的な関係であったIT分野の専門家とは接触確認アプリ（COCOA）の開発で連携が十分でなかったとされる．陽性者と近接距離（1m以内，15分以上）で接触した可能性があった場合には登録者に連絡がくるシステムは，感染リスクを認識し検査や診療に迅速に向かわせることで感染の拡大を抑止する効果が期待され，世界の多くの国で導入と適用がなされた．接触確認アプリの導入については2020年3月28日の最初の基本的対処方針ですでに記述があり，感染対策として検討がなされていたことが確認できる．しかしながら，ソフトに不具合があったことや位置情報等を取得しない設計仕様のため，保健所の積極的疫学調査の観点からクラスター対策や追跡調査に十分な活用ができず，一定の行動変容を促す効果にとどまったと事後的検証で評価されている．

　新型コロナウイルスの陽性確認者の全数登録が終わったことを受け2022年11月16日にサービス完了したが，ダウンロード件数は41,287,054件，陽性登録件

---

[16] 未感染者(S)，感染者(I)，免疫保持者(R)の順に推移する．

数は 3,694,068 件であった．感染件数に対する COCOA を通じた陽性者は当日までの累計感染者 23,426,796 人に対し 15.7％となる．強制適用でないシステムであるため，この数字をどうみるかで評価は分かれる．ただし，感染拡大抑止のツールとして利用するならば，位置情報の取得と時間を日単位から時間単位にするなどの検討が個人情報に配慮してできた可能性はある．実際，厚生労働省の担当課にはデジタル技術に詳しい人材はなく，デジタル庁も委託しており，感染症の専門家とデジタルの専門家の連携が十分でなかったとしている（接触確認アプリ COCOA の運営に関する連携チーム，2023）．

専門家の「前のめり」と責任

専門家会議が感染対策の提言をし，記者会見を行い，また，基本方針につき内閣総理大臣の記者会見に専門家会議の副座長の尾身氏が同席するという状況は専門家会議が感染対策の政策を決めている印象を与えた．確かに専門家会議および厚生労働省のアドバイザリーボードや尾身氏の私的勉強会のメンバーの多くは感染症の専門家であり，尾身氏らはパンデミックおよび 10 年前の新型インフルエンザ対策の行政経験もあるから，厚生労働省との連携も円滑だったと思われる．尾身氏自身が回顧録で述べているように，専門家と政府の役割を正しく認識はしていた．しかし，専門家が感染予防や拡大防止に資する対策や行動変容に及ぶ提言を行い，かつ，解説する一方で，政府側からの情報提供は限定的であった．このため，専門家が政府に替わって感染対策を決定していると世間が思ったのは自然である．また，感染症や公衆衛生の分野は社会経済活動の制限に及ぶこともあり，保健所や検疫などの保健行政への知識・経験をほかの専門家よりは多く有する傾向がある．ただし，「当初から社会経済への影響を最小限にするという目標を掲げていたが，私たち医療系の専門家は医療逼迫を防止したいので，感染対策と社会経済活動の両立といっても，どうしても感染対策に重心を置く傾向がある」（尾身，2023：89）と率直な意見を述べている．

こうした状況を東京大学教授の牧原出氏（政治学）は「前のめりの『専門家チーム』」と 2020 年 5 月 2 日に朝日新聞社の言論サイト「論座」で述べた．このことに反応して，牧原氏と会って専門家と政権・政府の関係について意見を聴き，専門家助言組織のあり方につき自ら検証し，新型コロナウイルス感染症対策専門家会議構成員一同として「次なる波に備えた専門家助言組織のあり方について」（プレゼン資料スタイル）を 2020 年 6 月 24 日政府に提案した．「専門家助言組織

の役割，政府との関係性を，明確にする必要がある．そのうえで，社会経済活動の維持と感染症防止対策の両立をはかるために，さまざまな領域の知を結集した組織とする必要がある」（p.14）．これは専門家会議の「卒業論文」と尾身氏がいう性格であり，前のめりに見えた専門家会議を率いてきた科学者として健全な対応だったと評価できる．とくに感染症の専門家の提言で「社会経済活動の維持と感染防止対策の両立」と先に社会経済活動が来ているのは注目に値する．7月から専門家会議は廃止され，新型コロナ対策分科会が発足し，経済学者や知事やマスコミ関係者らの委員が加わり基本的対処方針以外の事項の調査・審議を行うことになった．

　感染症の専門家が専門的助言以外に感染対策などの行政の政策の提言をして「前のめり」の印象を与えたことは確かであるが，感染対策で社会経済活動が影響を受けることを認識していなかったわけではない．そのことは最初の基本的対処方針で経済・雇用対策についても措置を講じるとしていることから明らかである．感染対策が社会経済活動に影響を与えており，その制限による悪影響から国民生活を守るための経済財政政策という側面以外に「日本経済を確かな成長軌道へと戻すための思い切った措置を講じていく」という文言が基本的対処方針に盛り込まれていることに注目すべきであろう．新型コロナウイルス感染症を担当する大臣に経済財政担当大臣が指名されたため，感染対策と経済政策が一体化されることが可能になった．

　先述したように4月7日決定・20日改正の緊急経済対策では感染対策よりはるかに大きな金額が経済対策に割かれている．感染対策に伴う社会経済活動の維持にかかる「Ⅱ．雇用の維持と事業の継続」と感染収束後の「Ⅲ．次の段階としての官民を挙げた経済活動の回復」は感染対策からくる経済対策であるが，「Ⅳ．強靭な経済構造の構築」は直接感染対策とは関係のない成長戦略である．2020年3月に急遽策定されたものであり，経済財政諮問会議において十分な時間をかけて審議されたものでない．新型コロナウイルス感染症の緊急経済対策ならばⅠとⅡおよびⅢで必要なものに限定し，Ⅳ以降は別の経済対策と区別すべきものである．しかし，こうした緊急時とか大きな政策変更時には流れに乗ってほかの政策が同じ目的だとして含められ実施されることが少なくない．その点で経済財政政策の観点から緊急経済対策の中身について本当は専門的助言が必要だったと思われる．感染対策は専門家の助言が政策決定に大きく反映したかもしれないが，

その背景にある専門的助言の内容や考え方が整理され記録に残されている．対照的に緊急経済対策は規模および中身につき決定の背景や論理・根拠があいまいであり，政策決定への助言という観点では隠れた問題領域といえる．

専門家の責任を巡る課題

新型コロナウイルス感染症は感染症法の扱いが 2 類相当から季節性インフルエンザと同じ 5 類に移行するまで約 4 年を要した．このため，感染症の専門家と政府の関係，つまり科学的助言と政策決定の区分と分担につき検証するに十分な期間とデータを提供する貴重なものとなった．とくに尾身氏は歴史的検証を想定して科学的助言に基づく提言の記録を残しており，対応を次の 6 パターン[17]に整理している（尾身，2023：290-291）．

A. 専門家の提言に基づく政府が決定し実行した
B. 提言が採用されたが，実行が遅れた
C. 提言の趣旨が理解されなかった
D. 専門家が提案したが，政府が採用しなかった
E. 専門家と協議せず政府が独自に打ち出した
F. 専門家は相談されていないのに相談したと政府が言って進めた

明らかに悪いパターンは F であり，専門家としては A のパターンが望ましい．しかし，現実には B から F のパターンが起こったと尾身氏は整理している．これは日本学術会議の規範にもあるように助言と異なる決定がなされる場合であり，本来は必要により政策決定の側からその理由を説明する責務がある．われわれの行為と結果のモデルに沿って説明すると，専門家の科学的助言 x に対して政府の決定 y がもたらされるが，このさい，助言以外に文脈的要素（時間 t を含む）や環境が決定に作用する．邦人が過激派集団に人質としてとらわれたときにセキュリティの専門家の助言（武力を伴う救出作戦）を政府が採用するかは，専門家で統制不能な政府責任者のリスク（失敗確率が何％以内ならば許容されるか）や人命尊重の意識（地球より重いとか）e に依存する．これを定式化すると

---

[17] ただし，ここでの専門家は尾身氏が関与した専門家グループを指し，ほかの感染症学者らの提言等は含まないことに留意しておく必要がある．

$$y_t = f(x_t, e_t) \tag{9.1}$$

この式に従うと，パターンAは $y_t = x_t$ が成立する場合，パターンBは $y_{t+\alpha} = x_t$（α は実施の遅れた期間）となるとき，また，パターンCは $y_t \neq x_t$ である．他方，パターンDは $y_t = 0$，すなわち専門家の助言の貢献はゼロとみなせる．パターンEは $y_t = z_t$，ここで z_t は政府の独自策であり x_t とは無関係，パターンFは $y_t = f(x_t = 0, \; e_t) = z_t$ と定義できる．

この6パターンすべてにつき，最終的な決定者である政府は政策実施した成果に責任を有するが，政策助言者は結果につき直接的な責任（懲罰的な）を負わない．しかし，助言者の提案が採用されたパターンAについては専門家として結果と予測された成果との違いを生じた理由や背景につき分析したり説明する責任を負うし，パターンCでは政策決定者に理解されるよう努力する責務がある．具体的にいえば，助言どおり政府が決定して実行されたが，想定とは異なり成果が十分でなかったり，逆に悪い結果をもたらした場合である．この場合には助言がどの程度科学的な根拠に基づいたのか，予測精度や確度がどの程度かにも依存する．客観的な質の高い証拠に基づいたとすれば，助言時点では統制可能性は高いと推定されるため，専門家の責任はなぜ予測が当たらなかったのかを説明することになる．もっとも，感染対策および人の行動変容は予測どおりにならず感染流行や予測した感染者数や重症者数にならないこともある（多くは下回る）．緊急地震速報や台風や大雨時の避難情報が空振りになる可能性があっても，最悪の事態を回避するよう指示したり情報を提供するのは行政としての責務である．したがって，リスク・コミュニケーションの改善に努める必要はあるものの，専門家が助言として責任を問われること，つまり専門家のアカウンタビリティは結果そのものでなく，その予測や政策が当初のような成果をあげなかった場合に説明をすることで果たされる．他方，専門家として客観的な証拠はないが意見を述べた程度の助言の場合，そのとおり政府が決定しても結果の統制可能性は低くなる．このときアカウンタビリティは負わないが，専門家として道義的責任であるレスポンシビリティを負うこととなる．

なお今回のパンデミックは危機対応でもあり，2011年の東京電力福島第一原発事故時の対応と比較されることも多い．そこで，最後に両者の比較と専門家の役割・責任につき整理しておこう．確かに新型コロナウイルス感染症も原発事故

も多くの人命をリスクにさらした点で危機であり，ウイルスも放射能も目に見えないものであり，事前準備が不足していたことは共通している．ただし，原発事故の直接的な建屋爆発や炉心融解等の事象は急速に発生し，事故直後の対応が安全の成否を分けるが，いったん重大事故が起こると長期間の事故対策が必要になってくる．このことは原発事故処理水の海洋放出に30年余を要することからも理解できる．ただし，事故による放射能で社会生活が難しい区域を除いて日常生活は可能であり影響する空間は限定的である．他方，新型コロナウイルス感染症では流行する期間は2-4年であり後遺症を含めて影響は短期から中期である．しかしながら，何度も流行は繰り返し世界的な流行になるほか，時間単位でないものの急激な感染拡大を招くため，適時な対策が必要である．

専門家の助言や関与については，専門家の陣容や需要に依存するところが多い．新型コロナウイルス感染症では感染症の研究者・医師が不足しており，行政側で緊急時に的確な分析や判断をすることが能力・人員から困難であった．このため，感染症の専門家集団が科学的助言と政策形成のための提言(処方箋の提案)を担うことになった．他方，原発事故では多数の原子力発電所が運転稼働していて，事故時の対応も法整備を含めなされていた．そのため，専門家の助言組織を新たに設置して臨時的に事故対策を練る必要はなく，各電力会社の原子力の専門家が現場で事故対応をすることになっていた．しかしながら，東京電力側の本社と現場(発電所)のコミュニケーションおよび指揮系統が不適切であり，原子力安全委員長をはじめ原子力行政の専門家が的確な指示もできない状況下で政府の現場への介入もあり，事故対策は混乱をきたした．政府の危機管理・安全管理における専門家の助言は，政策決定する側の専門的意見の尊重と専門家の位置づけ，そして時間と資源の制約下でいかに意思決定に有用な助言をできるかにかかっている．新型コロナでは専門家の意見はおおむね尊重された[18]のに対し，原発事故では政策決定する政治家が介入したことと専門家集団であるはずの原子力安全委員会(当時，現原子力規制委員会)や現場の東京電力側が技術的に的確な助言なり意見を述べず，政府や政権の意向に沿うことを優先したことが違いとなっている．OECDや日本学術会議の専門家・科学者の助言の指針の重要性(科学的証拠

---

[18] 感染対策が成功したか否かの科学的評価は今後なされるであろうが，超過死亡率やGDPへの影響でわが国の対策は国際的に劣ることはない．福島原発事故は既往原子力事故でチェルノブイリと並ぶレベル7(最大)の深刻な事故とされている．

と政治的独立性)を再認識されねばならない.

9.4 責任の枠組みにおける検討

　新型コロナウイルス感染症における専門家の責任を検証する場合に，尾身氏の記録は大変有益である．氏の政府に関与した内閣の新型コロナウイルス感染症分科会(会長)や厚生労働省のアドバイザリーボード(副座長)の専門家会議としての活動は網羅されており，私的勉強会の内容も記録されている．したがって，政府の公式の専門家組織として関与したことの責任を確認するには有益な資料である．

　ただし，注意すべきことは，記録にも記されているとおり，政府(政策決定者)は専門家に助言を求めないこともある．また，専門家の役割や責任は，政府の公式メンバーとなった科学者らに限定されず，専門家には委員等に任命されなかったり，意見を聴取されない研究者らも存在することを忘れてはならない．OECDの科学的助言や日本学術会議の行動規範は，政策決定者に対して科学的助言を行う場合の原則であり，助言が決定に利用されない場合がある特性を示すと同時に政策決定者側に科学的助言に従わなかった場合の説明を求めるものである．したがって，科学的助言を求めなかった場合の対応を述べていない．尾身氏らの今回の政策提言等には政府から諮問や助言依頼がなかったが，専門家としての使命感から完璧な科学的根拠がない場合でも政策提言を行った行為[19]が含まれている．また，感染対策と社会経済活動のバランスにつき政策提言なり意見の発信は，尾身氏らのグループ以外の経済学者らも行っているから，社会に対する科学者の責任として感染症学以外の分野にわたる公正な検証が求められよう．

　こうした限界を踏まえて政府の公式の助言メンバーを構成している専門家集団が新型コロナウイルス感染症対策で果たした責任について最後にまとめてみよう．

　まず，専門家としての責任主体(who)は，公式にはコロナ対策分科会の構成員と厚生労働省のアドバイザリーボード・グループになる．アドバイザリーボードの座長は尾身氏でなく国立感染症研究所長の脇田氏であったが，記者会見等で説

---

[19] 厚生労働省から諮問はないが感染対策を提言するという「ルビコン川を渡りますか」と尋ね，専門家会議のメンバー全員の合意を確認したと述べている(尾身，2023：6).

明の中心を担っていたのは年長の尾身氏であったので二つの政府専門家組織についてリーダーシップを担っていた．特徴的なのはコロナ分科会もアドバイザリーボードも正規構成員以外にとくに座長が指名する者[20]が会議に参加し，同等の発言権が認められていたので尾身氏が専門家の範囲や人選に影響力を行使できる会議の運営形態であった．

　次に誰に対する責任か(to whom)については，公式の専門家グループは内閣（総理大臣）なり厚生労働大臣に責任を有することになる．議院内閣制では内閣は国会を通じて主権者の国民に責任を負っているから，専門家は最終的にその助言内容などに国民に対して責任を負うことになる．もっとも，感染対策は専門家の助言などに基づき政策決定者が決定し，行政が執行するから，専門家の国民への責任は政策決定への的確な情報提供にとどまる．この助言が政策決定に相当程度反映されるときには統制可能性は高いと判断され，アカウンタビリティとしての責任は免れない．しかし，この場合の最終責任は政策決定者にあるから，専門家のみにアカウンタビリティがあるというのは間違いである．

　また，何に対する責任か(for what)に関しては，政府の公式組織の専門家は基本的には政府の求めに応じて科学的助言をするのが責務である．科学者としてはエビデンスに基づき意見を表明することが必要である．政府が感染症の実態や流行予測あるいは対策に関する助言を求めるときには，エビデンスに基づき答えを出すことが要請される．この場合，エビデンスが十分でない場合にどうするかが課題になる．尾身氏は専門家であるから何らかの意見や提言をすべきというスタンスであった．エビデンスの程度を明示して提案等をするのが望ましいが，政策決定の現場でこの信頼度の違いを適正に考慮されるかは証拠に基づく政策決定と同様の問題を抱える．なお，諮問や助言の求めがないが専門家の職責として政策提言や助言をする場合が考えられる．エビデンスが十分な場合には公式の専門家組織としてでなく有志等で意見表明をするのは科学者としての責務であろう．

　課題はどのように(how)にも関連することであるが，専門家としての中立性や科学的客観性をいかに確保して責任を果たすかである．政府の専門家グループが国民生活に重大な影響を与える行動制限や緊急事態宣言の判断に関して詳細な説

---

[20] 人流の8割削減を理論モデルで示した「8割おじさん」こと西浦博氏はこのパターンによる参加者である．また，分科会の前身の会議でも大竹文雄氏らの経済学者が座長指名で参加している．

明や質疑応答をすることは，専門家と政策決定者・執行者が一体化した印象を与えた．内閣府や厚生労働省が専門家を前面にだして行動変容を迫ったという見方もできるが，専門家が行動制限にかかる内容を説明するのは専門家としての助言活動を超えた行政的行為である．専門家による行政の取り込み(capturing)が専門家の危機意識と行政の認容・利用から生じ，感染初期(2020年3-5月)には政策的にも機能した．howの装置として短期間有効に作用したわけである．非常事態宣言による行動制限により約1か月強で第1波は収束した．しかし，行動制限が長期にかつ繰り返すに伴い，専門家の自主的提言の国民・社会への受容性は低下し，しだいに専門家の提言は政策決定に反映されない事態も増加し，専門家の政府による取り込まれ(captured)現象が生じたのが2021年から2023年までの期間であった．

公式組織という権威を有した専門家グループの提言の効果がしだいに減衰したのは，コロナの感染が長期におよびコロナ感染症の情報への関心が低下したこともあるが，公式組織の権力性と専門家の権威性を併せ持った特殊な存在から専門家の権威性のみに純化したためであったと解釈される．責任の区分でいえば，専門家として結果に対する統制可能性が高いアカウンタビリティの領域(特殊状態)から統制可能性が低いレスポンシビリティの領域(標準状態)への移行である．感染対策の結果に対する政治家の最終責任は終始変わっていないが，責任の分担が一時的に専門家に高くなったといえる．専門家の本来の責任は科学的助言であり，政策決定やその執行および結果につき責任を負うものでないという立場への復帰である．ただし，専門家の責任という点で，政府への助言を行う公式組織を構成する専門家が有志なり個人で発する意見・提言と公式組織を構成しない専門家の意見・提言をどう扱うべきかの問題がある．助言を求められなくても提言をすることを尾身氏らは選択したが，科学者の責務として非構成員もエビデンスに基づき公式メンバーらと異なるあるいは同一の提言や意見を述べることにより社会への責務を果たすことになる．その機会を保障することは社会の健全な発展のため重要である．批判を受ける覚悟で専門家としての使命感から政策提言をした尾身らの行動は科学者の行動として間違っていないと思うが，同時に異なる意見も他の専門家から出され，比較検討できるアクセスできる公共空間が望ましい．短期間で終わる政策対応でないだけに多様な意見が反映される責任の基盤整備が今後進むことを期待したい．

第10章

気候変動と国際問題：責任の観点から考える

10.1 気候変動問題の特性

気候変動の問題とは？ 気候変動は climate change の和訳であり，短期的な気候の変化 climate variation に対して中長期的な気候の変化とされる．従前は「地球温暖化(global warming)」といわれていたが，いまや「地球沸騰化(global boiling)」とグテーレス国連事務総長が 2023 年末に表現したように気温上昇が急激になっている．この温度上昇がわれわれの社会経済生活にさまざまな影響を及ぼすと同時に，このまま気温上昇が続くとティッピング・ポイント(転換点)を超え地球環境自体が改変され不可逆的な状態になる危険性があるとされる．

「温暖化」の時代だった 1990 年代には平均気温の上昇は地球の長期的な温度サイクルであるとか，二酸化炭素(CO_2)の増加で温度上昇が起こっているのでなく，温度上昇の結果として CO_2 が増えているという説も主張されたが，各国の研究者代表から構成された「気候変動に関する政府間パネル」(Intergovernmental Panel on Climate Change; IPCC)が 1988 年に創設され，第 6 次評価報告書(2021)では「人間の影響が大気，海洋及び陸域を温暖化させてきたことには疑う余地がない」と報告された．科学的に人間活動による CO_2 などの温室効果ガス(GHG)の排出が気温上昇の主原因とする[1]．そして課題は人為的な人間活動を制御して温室効果ガスを減らし，地球環境が守られるように産業革命前に比べていかにして 1.5°C から 2°C の気温上昇にとどめるか[2]になった．

---

[1] 温暖化と CO_2 は関係がない，主要な要因でない，科学的に解明されていないという否定論も存在する．ただし，ファクトチェックによると否定論者の論拠は十分でなく，CO_2 原因説を否定できていない．本章では CO_2 が温暖化の主要原因であるという説および予防原則に基づき議論を展開する．

しかし，温室効果ガスは100年単位で大気中に残存するためガス排出を実質ゼロにしても気温上昇はしばらく継続するし，地球全体の人口増[3]と途上国の経済発展を考慮すると気候変動を緩和[4]させることが現実的な対策となる．IPCCのシミュレーションに基づきわが国を含め先進国は，2050年前後までの実質温室効果ガス排出ゼロ，つまり排出量と吸収量が釣り合うカーボン・ニュートラル（CN）の状態を目指す長期目標を設定している．この目標達成でも現在より気温上昇は避けることはできない（＋1.5℃程度）と推定されている．図10-1は温室効果ガスの大半を占める二酸化炭素の炭素循環を示したものであり，陸域，海洋域，人為活動域で排出と吸収があって，排出が吸収を上回るときは大気中への実質排出量は増加する．現状では吸収される排出量を考慮しても大気中に人為的排出の1％程度は残留するという推計になる．その結果として気温上昇が続くことが気象影響研究から計算されている．

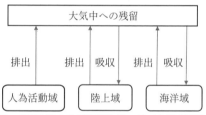

注：IPCC第6次評価報告書に基づき筆者要約
図10-1　地球の炭素循環

もちろん，人工的なガス吸収技術がどの程度進展するかによって緩和の程度は異なるし，また，気温上昇への適応（異常気象頻発や高温への対応として海岸・河川堤防のかさ上げや農作物の品種改良，エアコン使用増など）から新たなガス排出も生まれる．また，先進国等における適応も省エネルギー技術や行動変容などにより排出削減をもたらす部分もあるものの，気温上昇による堤防かさ上げ工事などにより排出量が増える部分がある．さらに途上国での経済成長，生活水準の改善や気温上昇に対応したエアコン普及等は排出増の要因になる．このよう

---

[2]　（前頁）地球の温度の変動サイクルがあり，現在がスーパー間氷期だとすると万年単位で継続することになり，気温低下循環に期待するのはリスクが大きい．
[3]　最新の国連予測でも2024年の82億人から2080年代なかばの103億人まで増加するとされている．
[4]　緩和とは温室効果ガス排出量削減と排出吸収の両方をさす．

に，気候変動と緩和，緩和と適応の間で相互作用があり，問題の構造を複雑化させている．また，気候変動の問題解決への重要なステップである 1.5℃ の上昇にとどめるには 2050 年までの実質排出ゼロを実現しなければならないが，どのように実現するかについては化石エネルギーからの脱却だけでは不十分なことが分析で出ている．

しかし，経済的な二酸化炭素吸収技術（CCUS，CCS）はいまだ開発されていない．空気中の二酸化炭素を直接吸収する技術（DAC）もあるが，コスト面での問題を解決しないと持続可能な経済発展は無理である．米国で太陽光や風力発電などの再生可能エネルギー依存が電力で高いのは，環境意識が高いからでなく火力や原子力よりも再生可能エネルギー価格が安いことによる．まさに生活の質を改善させることと地球環境を守ることがトレード・オフである点に難しさがあり，気候変動問題が厄介な問題（wicked problem）とされるゆえんである．その意味でこの問題は少子化と似た将来世代に対する現役世代の責任に関するものである．ただし，少子化は個々の自治体なり国単位の広がりであり，世界的には今世紀中は人口増加が見込まれていることから環境負荷，温室効果ガスの排出削減という点では逆に作用する問題である．より複雑なことは，問題が国内で閉じず，全地球的な課題であることである．島嶼国や途上国はより気候変動のマイナスの影響を受けるが適応対策も財源面で難しい環境におかれている．国際的な公平性をどう保証するか，いかに国際協力・協調を実施していくかという課題がある．トランプ政権時に米国がパリ協定（2015年）から離脱[5]したように国際間で実効性ある協定をどう確保していくかが問われている．

気候変動は問題の構造と解法の複雑さで第二部において検討してきたすべての項目に国際的な関係を付加したものといえる．

なぜならば，第一に IPCC は 30 年をかけて人間活動が温室効果ガスの排出を通して地球温暖化をもたらしている「科学的証拠」を明らかにして，それに基づき各国は政策を策定するようになってきた．まさに EBPM（第 6 章参照）あるいは EIPM（evidence informed policy making）が気候変動政策で実現している[6]．

第二に，企業に対して企業活動に伴う気候変動に関する情報開示が求められる

---

[5] その後バイデン政権になり復帰したが，第二次トランプ政権になり再離脱した．
[6] IPPC の報告書は科学的というより政治的なものという批判は EBPM の抱える問題に共通するものである．

ようになり，最大の排出源アクターである企業に情報開示を通じた排出抑制を誘導しようという市場からの圧力が働いている．これは企業価値がしだいに気候変動への持続可能性と関連していることが明らかになり，投資家情報としても有用になってきたことも影響している（第7章参照）．金融安定理事会が設立した気候関連財務情報開示タスクフォース（Task Force on Climate-related Financial Disclosures; TCFD）が2017年に公表した企業への開示要請基準に温室効果ガス排出に関する項目が含まれ，それに準拠した企業が急速に増えた．TCFDは2023年解散したが，その後，TCFDを発展させた形式で国際サステナビリティ基準審議会（ISSB）が基準を検討し，気候変動に関する開示基準を2023年に公表している．政府の規制でない形式で企業の情報開示の国際標準化が気候変動によって実現しているのである．

　第三は，個人と集団・社会との関係（第8章参照）である．温室効果ガスの排出はエネルギー関連が8割を占め，家庭部門のCO_2排出量は電気・熱配分後で約15％である．しかしながら，人間活動の多くは個人や家庭が最終的に財・サービスを消費することに伴い発生するから，個人の選好やニーズあるいは行動によって全体の排出量も決まる．対話型AIの登場（ChatGPTなど）でデータセンターにおいて大量の電力消費をするようになり，IT化がかえって温室効果ガスの排出増になる事態が起こっている．

　第四は，専門家の助言である．新型コロナウィルス感染症の最初の頃は感染症の専門家の助言（行動抑制）は政策決定に相当程度反映されたといえる（第9章参照）．ただし，温室効果ガス削減では温暖化の原因が人間活動であることが特定化されても，対策として人間活動をやめることは人類の消滅を意味することになり採用されない．政治的合意，とくに国際的合意を得るにはガス排出削減の具体策の提示と温暖化による影響を受ける国への援助などが実現することが必要である．それには気象や環境の専門家以外に経済・社会・国際関係のほか政策科学などの分野の専門家の関与が求められている．気候変動の総合評価においても気候と経済の相互作用を考慮したモデル等が利用されているが，どのように対策を進めていくか，国際的な合意形成をどうするかなどの検討には，外交的な調整能力以外に学問分野にまたがる専門家の参加とそれを統合化する調整能力と政治力が必要といえる．

　気候変動は間違いなく人類の危機の一つであるが，国際紛争（とくにウクライ

ナやパレスチナのガザ地区での戦争)のように危機による直接の犠牲者が明示的にならないため，現象は日々生じていても危機が行動につながりにくい特性がある．重大な危機としてしばしば参照される新型コロナウィルス感染症(パンデミック)および原子力発電所事故と気候変動を期間，空間，進行度および関係専門分野で比較したのが図 10-2 である．気候変動の影響期間は 100 年単位であり，原子力事故の処理時間として東京電力福島原子力発電所では廃炉まで 40 年とされているが放射能廃棄物の処理を含めると 100 年以上とされる．他方，パンデミックは流行を繰り返すが，ウイルスの毒性が強い状態は長くて数年単位で収束すると考えられている．空間的な影響としては，気候変動は大気圏全体にかかるから地球全体であり，パンデミックも生物が生存している地域全域であるのに対し，原子力発電所事故は事故の影響(高濃度放射線の圏域)範囲に限定される．また，危機の進行度については，気候変動は「忍び寄る危機」と表現されるように静かに確実に押し寄せてくるのに対し，原子力事故の炉心融解などは急速に進行する．パンデミックも感染力の強さによってはヒトからヒトへの感染が早く大規模流行になることもあるが，長期的ではない．そして，科学的な専門分野が危機の分析や対策に関係するため専門家も政策助言などに参加するが，気候変動はメカニズムの分析やシミュレーションに気象学が，国際的な協定や枠組みの検討には国際関係論や国際法が関係する．パンデミックでは前章で扱ったように感染症学と公衆衛生学が，原子力発電所事故では原子力工学や放射線医学が関係する．

項　目	気候変動	パンデミック	原発事故
期　間	長　期	短期～中期	長　期
空　間	地球全域	世界的	限定地域
進　行	忍び寄る	急激に	急速に
専門性	気象学・環境学・国際関係論	感染症学・公衆衛生学	原子力工学・放射線医学

図 10-2　気候変動・パンデミック・原発事故の比較

気候変動への対策と不確実性

気候変動は IPCC により人間活動による温室効果ガス(GHG)排出増によることが科学的に特定化されたことから，対策も提案されている．その意

味では温室効果ガスのメカニズムは比較的明確[7]であるものの，温暖化に伴う人間生活の維持のため適応が求められる．すると，適応による温室効果ガスの排出が増える一方，炭素吸収技術などの技術革新による排出抑制およびそれに伴う環境悪化等の問題構造を複雑化させる要素が発生してくる．また，各国に排出削減目標を達成させる方策や島嶼国での適応や途上国への支援をいかに確実に実行していくかの具体的な取組みについては未定であり，（排出削減に関する）法的拘束力がないパリ協定の枠組みのもとでどのように気候変動問題を解決するかが問われている．

気候変動は全地球的な観点からみると温室効果ガスの排出に伴う温暖化によるさまざまな現象である．その意味で不確実性マトリックス（図1-1参照）における因果関係はしだいに明確になってきており，カオスのような因果関係が不明で予測も不能な問題ではない．適応策が取られた場合の予測範囲には誤差があるという意味でリスク下の意思決定である．ただし，これには財源確保や国際的合意の実行が前提になる．各国がどの気候変動政策をとるかは自然科学的には予測できないから，不確実性への対応としてIPCC第6次委員会報告は持続可能から化石燃料依存の五つのシナリオ[8]を準備し各シナリオでの将来を予測している（シナリオ分析）．

社会・政治的な観点からは，気候変動は地球環境の問題であるが，各国における影響は異なり，問題のとらえ方も大きく違ったものになる．温暖化の予測が確実になったとしても各国で重大な問題になる事態が異なるためである．島嶼国では海面上昇と異常気象の頻発で生存の危機に直面し，現世代の持続可能性が課題になる社会問題である．一方で，先進国は再生可能エネルギー技術や二酸化炭素吸収技術の開発を通じて気候変動市場のリーダーシップをとる機会とみるであろう．他方，国際安全保障の観点からは，途上国では人口増と異常気象などに伴う食糧危機が地域紛争や難民問題を生じ，先進国を含め世界的な不安定化を招く危険性もある．このように問題の本質的原因は気候変動であっても，生じる問題は社会的，人口的，安全保障，経済・ノベーションにかかわるものとなる．問題の

---

[7] 各シナリオの将来予測における推定温度に依然として幅があり，精度に問題があるという意見もある．

[8] 持続可能な発展のもとで気温上昇を1.5℃以下，持続可能な発展のもとで気温上昇を2℃未満，中道的な発展のもとで気候政策を導入，地域対立的な発展のもとで気候政策を導入しない，化石燃料依存型の発展のもとで気候政策を導入しないの五つ．

枠組み（framing）をどうするかの曖昧性・複雑性の次元，すなわち，不確実な問題の階層化と構造化に対処しなければならない．これは気候変動がさまざまな問題に相互に関連すること，空間的・時間的な広がりをもつことによる．

| 手法の開発と政策科学の復活 | 地球温暖化が急激に進行していることを世界の人々が実感してきたことおよび気候変動をもたらすおもな原因が人間の活動であることが科学的に

明らかにされたため，問題はいかに温室効果ガスの排出量を2050年までに削減して実質ゼロにするかになった．ただし，これは全地球レベルの話であり，各国が取組みをどのように進めていくのか，世界全体で実質ゼロにするため，いかに各国に残存許容排出量（炭素予算）を割り振るか，円滑な実施のためいかなる排出権取引や支援措置，研究開発やコスト削減が必要かといった実施に関する問題を解決する必要がある．また，国際的な協定や合意をどのようにするか，国際的な取り決めに基づき国内でいかに実施していくか，の検討が必要である．さらに，決定した内容を実施する場合には影響を受ける国民の理解と協力が不可欠である．たとえば，再生可能エネルギーの開発や利用につき補助金を交付する場合には，財政措置が必要であり議会・国民への説明が求められる．温暖化の科学的解明が進み，温室効果ガス排出削減に向けた研究開発と経済活動が一体化（green economy）し，両者がトレード・オフでなくなった[9]とはいえ，どのように社会経済が化石エネルギー依存から脱炭素化していくかは難しい問題である．

国連開発計画（UNDP）が2024年に世界77か国の約7万5千人を対象に無作為抽出で実施した気候変動に関する国際世論調査（UNDP, 2024）によれば，85％の人は化石エネルギーを早急に再生産エネルギーに替えるべきとし，同様に86％の人は貿易や安全保障のように同意できない場合であっても気候変動については協働すべきとしている．また，89％の人は気候変動をもっとも解決すると思われるアクターとして政府をあげている．このように先進国も途上国も共通して国民は再生可能エネルギーへの移行により早期の温室効果ガス排出の実質ゼロを望んでいるが，政府の取組みは必ずしも進んでいない．もっとも，国際調査も国内調査（内閣府（2023）の「気候変動に関する世論調査」）でも質問項目は日常

---

[9] このことは気候変動が経済ビジネスの対象になり政治経済学的な利害関係者を抱え込むことになる．化石エネルギー関係の業界は煙草業界のように反対キャンペーンをすることになり，電気自動車や水素エネルギー等の業界は気候変動対応への促進勢力となる．

生活での地球環境・気候変動に焦点をおいている．気候変動と対立する企業の経済活動などの項目はほとんどないため，政治・経済や行政において気候変動をどのように位置づけるかの議論につながりにくい制約がある．実際，内閣府の世論調査でも「気候変動適応を実践する上での課題」としてもっとも多い「どのような基準で選択し，どのように取り組めばよいか情報が不足していること」に次いで「経済的なコストが掛かること」が2番目にあがっている．また，2020年と比較してこの課題をあげる者の割合は 37.4 % から 47.4 % に増加している（逆に1番目の課題は 68.3 % から 59.8 % に減少）．経済的コスト対地球環境の価値に関しどのような意思決定をするかが問われている．

林田（2023）の分析によれば，「環境を守るためなら，今の生活水準を落とすつもりがある」に賛同する割合が日本人は国際的に低いほうであり，若い世代ではより低い[10] という．個人のレベルとともに企業等の組織レベル，自治体・国の政府レベルの意思決定や行動に踏み込んだ行動科学的なアプローチが温室効果ガス排出のメカニズムや測定にかかる自然科学的なアプローチとともに必要とされる．その意味で新型コロナウィルス感染症で求められた感染対策と社会経済活動のバランスをより長期的な視点で実現するものと定義でき，気候変動問題は各学問分野を統合化する政策科学の復活・回帰でもある．

10.2 国際的対応

グローバル・ガバナンスとしての気候変動の対応

気候変動の問題解決には IPCC によれば大気中の温室効果ガスの排出量を削減することが必要である．そして大気の特性から，気候変動の影響を排出量（寄与度）が多い国も少ない国も排出削減貢献と無関係に受ける．このため，気候変動に対処するには世界各国が排出量削減に取り組む必要があり，国際的にどのようにして確実に削減を進めていくかが問題になる．しかし，世界的な公権力行使は国家主権を前提にすれば存在しないから，国際的な取組みなり協調の枠組みによることになる．国際関係論からいえば「分権的で中央政府不在の国際社会における集合行為形成の困難は，特定の環境問題領域にかかわる国際環境レ

---

[10] スイス，インド，台湾が全体・20代とも60%超であるのに対し，日本は全体で33%，20代で18%と最下位から4番目である（比較可能な28カ国・地域）．

ジュームによって克服されうる」(太田, 2011). つまり各国, 関係するアクターが協働して国際的な問題を解決するための仕組みと過程が必要であり, 世界的なグローバル・ガバナンスが必要になる. 1970 年代から世界秩序などに関し国際政治でガバナンス論は提唱されていたが, ローズノー(Rosenau, 1999)やコヘイン(Keohane, 2001)らにより公権力を伴わない仕組みを含めて国際的なガバナンスの研究と実践が盛んになった. これは東西冷戦が終結し, 貿易や環境につき国際的な枠組みが世界的に必要になってきた背景も影響している.

とくにコヘインはリアリストの立場から国際政治ではグローバル政府は機能しない(当面存在しない)ため, 国家間の合意を得るためにグローバル・ガバナンスにならざるを得ないとし, 同時に国際政治の合意形成におけるアカウンタビリティによる基準に注目する(Grant and Keohane, 2005). アカウンタビリティの本質を権力関係とみなし, 国家に準拠性の枠組みを与える基準とする. そのため, 基準を満たさないときには懲罰を課する権利を認める[11]. そして, 基準には①国際法・条約, ② 超国際の市民社会における行為規範[12], ③ 名声および同僚の圧力があるとする. これは, 大国などが条約からの離脱や無視などによって権力乱用するのを抑止するためであり, アカウンタビリティが重要な役割[13]を果たすとする(Keohane, 2006).

実際, 地球環境・気候変動でも中心になっているのは国際条約であり, 地球環境については 1992 年に「気候変動に関する国際連合枠組条約」(UNFCCC)が採択され 1994 年に発効した. そして, 1995 年から気候変動枠組条約締約国会議(COP)が毎年開催されている. ここでは国連が主要なアクターとして関与しているが, 気候変動の特性から, なるたけ多くの国が参加し, かつ, 実効性ある緩和策などの履行合意が不可欠である. 国家間の調整をはかる国際条約などの仕組みは基本的に国境によって規定され, 有効性もその加盟数・割合に依存する. 他方, 気候変動などの地球規模の問題は生態系として世界全体にわたり, 問題の範囲と国家の領土が一致しない. とくに排出責任として枠組条約の検討時期(1990年)では, 累積排出量が途上国グループ 41 % に対し先進国グループ 39 % と同程

---

[11] デイとクラインらの定義と同じである(Day and Klein, 1987).
[12] 国際法に触れないが劣悪な環境下で従業員に労働をさせることなどがあげられる.
[13] 階層的, 助言的, 財政, 法的, 市場, 同僚, 名声の七つのアカウンタビリティ・メカニズムを示している.

度であった．このため「共通だが差異ある責任及び各国の能力」を考慮し，先進国の義務として途上国への資金供与，技術移転および能力開発を課している（第4条第3項から第5項）．ここでは気候変動の特性と過去の責任および現在の能力を勘案した衡平的(equitable)な観点が示されている．

問題は2050年までに地球全体の平均気温を1.5℃から2.0℃の温度上昇にとどめるべく，どのように温室効果ガス排出削減を実行していくかである．残された時間はわずかであるため，トップダウンによる排出量削減割当が有効な印象を与えるが，パリ協定では京都議定書とは異なり，ボトムアップ型の削減目標設定と市場原理の活用をはかることとしている．表10-1は二つのアプローチを比較したものであり，京都議定書ではトップダウンで法的拘束力をもつ数値目標が先進国で設定されたが，実際の数値目標は努力なしで達成可能な低い水準であったことや米国やカナダが途中離脱・不参加[14]となったため実効性は劣るものとなった．当時の中国は途上国に含められ最大の排出国が削減の数値目標の対象にならなかったこともあり，目標達成にもかかわらず温暖化が進む事態になり，米国・カナダ・日本も途中で離脱し，新たな方策が求められた．

そこで登場したのがパリ協定であり，2050年までのグローバルな＋1.5℃目標を掲げ，先進国・途上国・その他の国を含め各国は自主的な削減目標を設定し，その達成度を5年ごとに検証する枠組みを導入した．いわば「目標の見える

表10-1 京都議定書とパリ協定の比較

項 目	京都議定書	パリ協定
枠組み	法的拘束力を持つ削減の数値目標(先進国のみ)	自主的な目標設定(途上国を含む各国)
実効性	数値目標の内容が努力なしに達成可能等の限界	検証可能性とラチェットアップ*の有効性に依存　罰則なし
不参加国	米，加，日本は途中から離脱	イラン
アプローチ	トップダウン	ボトムアップ
メカニズム	強制	自発性，市場原理
アカウンタビリティ	先進国の気候アカウンタビリティ	国際的な気候アカウンタビリティのシステム

* 段階的に目標を高い水準へ引き上げていく仕組み．

---

[14] 京都議定書(COP3)は米国も含め各国により採択されたが，途中で脱退したため最終的には不参加となった．

化」であり，経営学・心理学における挑戦的な目標設定による高い成果の達成に期待する考え方 ＝ 目標設定理論(Locke, 1968; Locke et al., 1990)の採用である．ただし，フォルクナーが説くように各国が自主的に目標を設定するため，多くの国の参加が見込まれるものの世界全体の排出削減が目標に達するには，見える化による透明性と同時に相互に高い目標に向けて努力する圧力(ピア・プレッシャー)と各国および国際環境団体の監視による情報効果(naming and shaming)[15]が作用することが必要である(Falkner, 2016).

また，6条2項では各国主導型の市場メカニズム，4項では国連管理型の市場メカニズムが規定され，法的な割当による強制的な排出削減に代わり自発的な市場原理が適用されることになった．海外で実現した排出量削減・吸収量を各国の削減目標達成に活用する制度である．パリ協定の条文には市場メカニズムという用語は一切登場しない[16]が，目標達成の手段として国際排出量取引であることから市場の活用になる．現在の排出量の約3割が削減できる試算もあるとされるが，目標を競って高く設定できるか，自主的な取組で期間内に達成できるか，また，トランプ政権時の米国のように離脱をいかに防ぐかなどの課題もある．

しかし，気候変動は全世界の各アクターに影響する問題であるから，その解決・対処には各国政府の合意による国際条約だけでは不十分であり，NGOなどによる監視や情報提供による非国家イニシアティブを含むグローバルな気候変動ガバナンスが必要である．もちろん，そのガバナンスの運営にさいし政府や国際機関の果たす役割は大きいが，新型コロナウィルス感染症のワクチン開発のようにイノベーションを促し開発リスクを軽減する政府と企業の役割分担と協働が重要である．通常2-3年はかかるワクチンの開発期間が半年程度で済んだことは，画期的な技術と同時に政府が大量買い上げを約束することにより新興企業がリスクをとれたことが大きい．2050年までの累積二酸化炭素排出量は1.5℃上昇に伴う排出量 ＝ 炭素予算 ＝ carbon budget を超過するのが確実視されていることから，二酸化炭素の経済的な吸収技術の早期開発が不可欠である．緊急性と市場性を周知させて財政支援を含めた企業の研究開発と実用化の推進が必要である．

---

[15] 「名指し非難」と訳され基準や規範を遵守しない組織名などを明らかにすることである．もっとも，大国の場合は非難を無視することがあり効果は限定的である．

[16] 国際条約では合意(コンセンサス)方式から市場原理を認めない国(ベネズエラなど)に配慮したことによる．

ガバナンスの複雑性：相互作用

気候変動への対処方策の中心はガバナンスになる．これは気候変動の主原因と結果が地球全体にかかる人間活動に伴う温室効果ガスの排出と温度上昇であることから当然のことである．パリ協定も各国の自主的な目標達成努力に成果(排出量削減)が依存しており，階層的な関係や投票民主主義で問題を解決するものでない．グローバル・ガバナンスの代表的な気候変動ガバナンス(西谷, 2022)が機能するには，国際協定での合意・履行を可能にする国際政治とそれを担保する国内政治双方のガバナンスが確立されていることが前提になる．国内政治での考え方や方針が国際政治・協定の舞台に影響を与える側面もある(Tosun and Peters, 2021)．事実，パリ協定での合意には米国のオバマ政権の気候変動対策と最大の排出国になった中国の習近平指導部における排出削減を通じた産業政策・育成方針(再生可能エネルギー技術の開発や電気自動車の強化など)の一致も影響している．トランプ政権第1期および第2期でのパリ協定からの脱退や気候変動に反する環境政策は，大国の国内政治が国際的な目標達成に大きくかつ確実に影響する象徴例である．もっとも，米国内でも州政府や都市間ネットワークで気候変動に取り組む動きがあり，連邦政府の動きが全米的な排出削減や気候変動に100%作用するものではない．

このように国際ガバナンスと国内ガバナンスの相互作用および国内政治での動きがガバナンスの有効性を規定することにも注意が必要である．他方，ドイツの環境政策が熱心なのは環境規制・技術を欧州標準にしたいという国内政治を通じた欧州政治・市場への影響もあるとされる．国際規格・標準化における主導権争いが地球環境・気候変動でも経済・ビジネスに関連して生じているのである．

また，企業，非営利組織，市民の非制度的な国際ネットワークも重要な役割を果たしている．とくに排出源に占める大きさや二酸化炭素吸収技術開発という点で企業の果たす機能は重要である．同時に気候変動は国民生活の変容を求めることもあり，市民間の熟議などを通じて意思決定を行う討議民主主義こそグローバル・ガバナンスとして相応しいとドライゼクとニーメイヤーは主張する(Dryzek and Niemeyer, 2019)．パリ協定はオーケストレーション(指揮)の考え方を導入したとし，指揮の場(舞台)には市民組織を含む多くのアクターが関与するとする．そこでは深い討議民主主義が指揮に有効とする．国境を超える問題について合意に達するあるいは解決策を見出し実行することは，各国の利害や価値観，言

語の違いなどから容易でない．ロールズやハーバマスもグローバルな討議は可能であるもののグローバルな民主主義やガバナンスには否定的であるのと対照的である．他方，先の国際政治のコヘインはグローバル政府やグローバル民主主義を否定しているものの，グローバル・ガバナンスは肯定している．これはリアリストとリベラリスト，参加と代表に関する考え方の差を反映していると思われる．

　気候変動は温暖化にせよ，緩和化にせよ移行には数十年の期間を要する．少なくとも2世代にもわたる問題である．こうした中長期に影響を与える問題への対処方針・方策の決定を誰がどのようにするかが問われている．ただし，科学的に人間行動による地球環境の未来がかなりの確度で推計でき，現状では平均気温上昇を+2℃以下にすることは困難である．したがって，CO_2の空中からの回収技術の実用化も人間の行動変容とともに必要である．しかし，CO_2を技術的に削減しても地球環境や生態系をもとに近い状態に復帰できるか否かがポイントになる．もし，地球環境に不可逆性があるのならば将来における技術進歩があっても異なった生態系を前提にした人類の生活を考えるほかないからである．

　上記のような排出量削減と気温の目標達成にかかる問題は，目標期間にわたる国際間の合意形成という国際協定などによるグローバル・ガバナンスを満たしたとしても現世代と将来世代の間での時間的な調整（「世代間のガバナンス」）を要する．気候変動に対する国際社会での各国の義務は国際公共財でもある地球環境（「宇宙船地球号」）の保全という連帯責任で正当化できる．しかし，世代間の関係は将来世代の権利からのアプローチと現世代の責任からのアプローチのどちらを選択するかで変わってくる．

　温室効果ガスの影響は将来世代に及ぶものであるから，気候変動対策の決定に将来世代は参加する権利が保障されるべきとするのが前者のアプローチである．スウェーデンの環境活動家グレタ・トゥーンベリ氏が15歳の2018年に始めた「気候変動のための学校ストライキ」は，国際的な若者による気候変動運動を高める契機になった．民主主義的には決定に影響を受ける者が意思決定に参加することは合理的なことであるものの，それでは何歳から参加を認めるのか，また，まだ生まれていない将来の子どもは権利を行使できないのではないかといった現実的な課題がある．また，空間的に国家主権・内政干渉しない原則から国際関係で隣国の決定に参加できない・しないのに，時間的に将来世代の意思決定参加を認めるのは均衡に反するという批判もある．世代間の公平性はたんなる負担（費

用)の側面のみならず，受益(便益)も勘案して判断されるべきであり，将来世代は温室効果ガスによる平均気温の上昇という負担を引き受ける一方，新規技術や人口減による環境適応の便益を享受する可能性もある．他方，現世代は温室効果ガスの排出者として将来世代に排出削減をすることで応えようとする．これは現世代の責任からのアプローチに基づく予防原則に沿った考え方であり，気候変動政策の意思決定にあたっても将来世代のことを配慮することになる．

10.3　方　法・対　策

　気候変動の対策には国際的なガバナンスのもと，各アクターがそれぞれの役割を果たすことおよびその進捗状況や結果がフィードバックされ目標達成に向け長期継続的な努力が必要である．第5章と第9章でも使用したHood(1976)のNATOの枠組みを適用して各分野での対策・方法について整理すると以下のようになろう．

（1）　国際政治・国内政治

　現在のパリ協定により先進国も途上国も共通目標として世界の平均気温上昇を2℃より十分低く保ち，1.5℃に抑える努力をすることに合意している．国別の温室効果ガス削減の割り当てはないものの，各国が自主的な削減目標を設定し，その実績を報告し定期的にモニタリングを受けることになっている．したがって，排出量(削減)実績の報告義務につき法的拘束力はあるが，削減目標を達成しなかった場合の罰則はない．また，先進国が途上国に資金援助する義務は1992年の枠組条約で規定されている．わが国でも2050年までの温室効果ガス排出の実質ゼロをうたった改正地球温暖化対策推進法により1.5℃の上昇にとどめる排出量削減を国際公約として示した．これは，国家間の相互圧力と透明性で野心的な目標設定を促すというパリ協定の理論的背景に沿った動きをわが国もしているといえる．また，国内的には排出量算定を事業者に求めるほか(NおよびA)，カーボンニュートラルに向けた温室効果ガス排出量の削減等のための措置に関する計画を政府および各自治体(O)で策定することとしている．さらに，補助制度および税制度(T)による排出削減技術開発や再生可能エネルギー導入などの促進をはかっている．

　国際的には排出量測定と監視(N)，実績報告の義務(A)，途上国への支援(T)，

国連環境計画などの国際機関(O)での情報提供や資金援助がなされている．国内的には特定排出者は事業者単位で排出量報告が義務付けられており，政府および自治体は削減の実行計画を策定し，環境省，経済産業省などが中心になり所要の財政措置を講じることとしている．また，ゼロカーボンシティ制度により2050年までの温室効果ガス排出量実質ゼロを目指すことを宣言する自治体を公表することで名声メカニズム(N)を作用させることとしている．2024年6月時点で都道府県では46/47，市町村(特別区を含む)のうち1066/1741が宣言しており情報効果が認められる．

(2) 経　　済

前述のとおりパリ協定では市場という用語は国際的合意のため使用されていないが，排出権取引(T)が認められている．また，一定の温度上昇までに排出可能な累積二酸化炭素量を算定し，これから累積排出量を控除したものを炭素予算(Carbon Budget)と名称し，炭素予算の管理を通じた排出量の測定と統制を促す仕組みを可能にしている．地球全体の炭素予算(Global Carbon Budget)がいくらか(累積の許容二酸化炭素排出量がいくらか)を毎年度測定する国際プログラム(GCP)があり，わが国の環境研究所も参加している．

GCP2023によると，残された炭素予算は1.5℃, 1.7℃, 2℃に対応してそれぞれ年数に換算すると50％の確率で7，15，28年でなくなる計算になる．1.5℃上昇を目指すならば2030年で上限に達してしまう「危機的」な状況になる．もちろん，現在の排出水準も多い先進国の炭素予算は上限値を超える時点で赤字＝炭素負債になるから，この赤字の解消をはかることが世界共通の目標実現には必要である．これらの排出状況の測定にはフロー(排出量)とストック(濃度・気温と負債)[17]にかかる経済・会計の原理と情報(N)が使用されていることがわかる．負債をなくすには大気中の二酸化炭素を削減する吸収技術が有力であり，効率的で安定的な吸収技術の開発と普及が待たれる．これは政府による技術開発への財政支援(TおよびO)のほか，市場原理(N)が機能することが必要である．

経済活動と気候変動の関係は相互作用にあり，通常の経済活動は温室効果ガスを排出し気候変動にマイナスの影響を与える．他方，気候変動で気温が上昇すると経済活動における生産性の低下をもたらす(災害の多発や備えなど)ことがあり

---

[17] 会計のような貨幣単位でなく物量単位の計算体系である．

同様にマイナスの影響を与える．反対に排出量削減や吸収の開発が進むと環境ビジネスが活性化し経済にも気候変動にもプラスの作用をもたらす可能性もある．ノードハウス(Nordhaus, 1993, 2019)は気候変動と経済活動の相互依存関係の総合評価モデル DICE(Dynamic Integrated Climate Economy)を開発して排出量(平均気温)と経済活動(GDP)の関係を分析した．IPCC のシミュレーションにも活用され炭素税などの設計にも応用されている．気候変動の経済学は気候変動を社会経済活動との関係で分析することを可能にする点で手法的にも大きな前進であり，トレード・オフの問題を解決するヒントを提供する．もっとも，何℃の気温上昇まで許容するかなどは気象学や生態学の知見，技術的な適応可能性と価値観によって決まる話であり，科学的観点(N)と民主的観点(A)[18]の双方が必要とされる．

（3）科　　　学

気候変動における科学は IPCC が代表的な役割を担っている．IPCC は 1988 年に国連環境計画(UNEP)と世界気象機関(WMO)によって設置された政府間組織である．科学者からなる専門家会議といわれることがあるが，正確には政府と各国政府が推薦する約 1 千名からなる科学者で構成されており，報告書の作成・審議は各国政府関係者も参加し，表現が慎重に審議される．科学者は新規の研究を行うのでなく既往の研究成果をレビューして科学的知見を整理し意見を集約する．その過程は政治的中立性を保持することとされるが，実際には IPCC 総会などを通じて決定される．科学者は第一作業部会，第二作業部会および第三作業部会に分かれ，それぞれ自然科学的根拠，影響・適応・脆弱性および緩和を対象とする．気候変動の原因なり温暖化の人為的影響に関する科学的根拠を扱う第一作業部会の報告書がもっとも注目され，1990 年の第 1 次から 2021 年の第 6 次までの報告書で，科学的根拠の信頼性が高まり，第 6 次では温暖化が人為的活動によるものであるのは「疑う余地がない」とされた．これが 2050 年までの温室効果ガス排出量の実質ゼロに向け各国の政策を加速させる根拠となり，科学が政策・政治に作用した例といえる．もっとも，ガス排出と気温の関係には依然として予測に幅があり，二酸化炭素が温暖化をもたらすことを認めても科学の不確実性が残ることは確かである．しかしながら，地球環境の保全という観点からは気候変

---

[18] 民主的な決定を権力行使(A)としたのは，公権力は集合的意思決定による合意に依拠することによる．

動枠組み条約にもある予防原則に従うのが妥当であること，温室効果ガス以外の要因の科学的根拠と特定化も不確実性があることを考える必要がある．このように科学は影響・適応を含めNとOを中心とする政策用具といえる．

（4）技　　術

温室効果ガス排出量の削減には化石エネルギー関連からの排出を減少させることが効果的であるため，風力・太陽光などの再生可能エネルギー技術の開発・移行が求められる．また，炭素予算を超過する可能性から大気中の二酸化酸素を直接吸収する技術が期待されその安定性と経済性の向上が求められている．これら技術は政府補助金(T)による再生可能エネルギー転換によるほか，政府機関・大学・企業等の研究開発の推進によっても加速される．また，法令等によりエネルギー効率の悪い機器利用を禁止するなどの措置(A)も可能である．環境規制で2035年までに新規自動車につきZEV化（ガソリン車の原則販売禁止）を決定した米国カリフォルニア州はこの例である．したがって，温室効果ガス削減・吸収の技術開発ではAおよびTが主たる用具となる．

（5）情　報・教　育

気候変動の対策には人々の意識と行動を変容させることが必要である．禁止措置や奨励措置は強力な変容手段であるが，人間の行動の全領域をこうした規制や誘因で変化させることは物理的にも経済的にも困難である．何より気候変動は長期に及ぶ問題であり，現世代のみならず将来世代への影響を勘案するべく気候変動対策の意思決定へ参加を保障する必要がある．このため，個人レベルで地球環境を意識した行動につながる学習や情報提供(N)が重要になる．環境意識が消費者行動に結び付けば，価格や性能以外に環境負荷・温室効果ガス排出も考慮した商品・サービスの選択・選好となると期待できる．国連は「個人でできる10の行動」[19]を広報しており，SDG教育の一環として家庭・学校・職場・地域で学習と実践を展開するのは有効であろう．このさい，各行動にはいかなる理由で意義があり，どの程度地球環境保全に寄与するのかを定量的に示し理解から行動に移すことが重要である．

---

[19] 1. 家庭で節電，2. 徒歩・自転車での移動，公共交通機関の利用，3. 野菜を多く食べる，4. 飛行機利用を控える，5. 廃棄食品を減らす，6. リデユース・リユース・リペア・リサイクル，7. 家庭のエネルギー源を替える，8. 電気自動車に乗り替え，9. 環境配慮製品を選ぶ，10. 声をあげる

将来世代を含めた市民を無作為抽出して市民による気候変動の学習と対策を検討する市民討議(熟慮)は，近年わが国でも自治体主催や研究者主催で実施されるようになった．行政が対策を主導するのでなく専門家の講演や助言を受けて市民が気候変動の対策を取りまとめ行政に提言する方式であり，つくば市・杉並区などでは 16 歳以上の高校生も参加して将来世代の意見も反映しようとしている．市民パネル・市民審理とも称される形式は参加型民主主義の形態として意見が対立したり複雑な構造の問題解決の方法として展開してきた．ランダムに参加者が選定されるため，投票に参加しない層の意見も反映できることや行政や専門家との知識の差を埋めて主体的に議論できる利点がある．他方，市民レベル，行政(どの政府レベルか)，企業，社会(国際社会を含め)における分担や責任をどうするかの問題が地域での討議では生じる．気候変動においては結果の統制可能性とアクターの行動との関係が限定されないのではないか，どのように関連付けるかの問題である．国連の 10 の行動はこの点ですべて個人レベルで統制可能なものであり，責任の観点からは優れている．したがって，こうした市民会議の提言を自治体レベルの行政でどのように政策として実現していくかが課題といえる．たとえば，つくば市は気候市民会議を 2023 年度に 6 回開催し会議は提言書をまとめている．これを国連の 10 の行動と比較すると，ほとんどは国連の行動に含まれている項目であり，事業者と個人の行う行動に焦点がおかれている．新規の項目はエネルギー，二酸化炭素排出量の見える化，AI の活用，緑を増やす(緑化)くらいである．市の関与は補助金の交付なり市の施設での導入などであり，反対に国連の 10 の行動に含まれる，野菜を多く食べる，飛行機利用を控えるおよび声をあげる，は入っていない．さらにいうと農産物の地産地消は移動エネルギーを節約するという趣旨であろうがエネルギーを消費する畜産物への言及はない．

なお，環境配慮行動や排出量削減・吸収になる政策推進のメッセージ・情報が理解され，支持実行されるには，メッセージが適切かつわかりやすいことが必要であるが，誰が発信するかも重要なことが米国の実証研究で明らかにされている．科学者や有識者からの情報が信頼され受容されやすいと思われるが，Myrick and Comfort(2020)の分析では，科学者からのメッセージは信仰の象徴としての宗教指導者(ローマ教皇)からのものと比較して気候変動政策の支持にプラスの影響を与えず，むしろエリートからのものと認識するほどマイナスに作用している．これを米国でのポピュリズムの影響とみるか反科学主義の浸透とみるか

意見は分かれる[20]ものの，科学的知識・知見とその伝達・対話はアクターや方法を含め慎重な検討が必要なことを物語っている．

10.4 責任の観点から対策を考える

気候変動は地球環境にかかる問題であり平均気温の上昇に伴い起こるさまざまな現象である．その主たる原因は人為的な活動による温室効果ガスの排出と科学的に説明されており，温室効果ガスの排出削減・吸収が対策の基本となっている．大気は世界共通の自然環境でありどの国も気候変動の影響から免れることはできないから，排出量削減をはかるとともに気温上昇に適応する対策を講じる必要がある．たとえ，二酸化炭素原因説を否定する立場にたっても温暖化は現実に起こっており，頻発する異常気象による災害の増加や経済活動への悪影響を抑制することは必要である．

国際的な政府(世界政府)は存在せず，国際社会では平等な権利能力をもつ国家が併存するとみなされている．このため，全世界で気温上昇を一定範囲にとどめるため各国が国際協調をとって排出量削減に取り組もうとするのがグローバル・ガバナンスの考え方である．コヘインが説いたように，国家を一定の目標に向けて行動させることは本来平等な国家を権力に従わせることになる．それには各国家が同意した枠組み(国際法なり国際条約)でのアカウンタビリティによる権力関係を受け入れ実行する必要がある．ここでのアカウンタビリティは，合意した基準を満たさない場合には制裁・懲罰(sanctions)が課されることを前提にしている．同時に国際的な取り決めが有効になるには多くの国の参加が必要になるが，他方，取り決めを厳格にすると参加国が少なくなる危険性があり，制裁・懲罰の慎重な制度設計が重要になる．

パリ協定は目標設定理論という行為主体の行動に焦点を置く経営学的な原理から自主的な削減目標設定を説明することも可能である．一方，国際的な枠組みを設計するという法律および制度論の視点からすると，Grant and Keohane(2005)が説くアカウンタビリティの基準による多くの国の参加と排出量削減という目標実現のバランスをはかったものとみることができる．国際合意にはインプットま

---

[20] オンライン調査であり，回答者に占める白人の比率が全米平均(2020年センサスでは57.8%)より高い81.0%であったことが影響している可能性がある．

たはプロセスの正統性が求められ，パリ協定も京都議定書と同様55カ国以上かつ排出量で55％以上の国の批准があって初めて発効するからである．京都議定書と異なり全体の排出量削減目標も設定されず目標未達成でも罰則規定[21]がない点が批判される．しかし，京都議定書で排出削減義務も課されなかった途上国を含む各国が削減目標を定める方式とソフトな制裁・懲罰といえる「名指し非難」(naming and shaming)で参加のハードルを低くしている．そして，目標設定と実績評価による名声効果はアカウンタビリティの評価結果である懲罰と称賛の両方をカバーする．その意味でアカウンタビリティの本来的な機能と定義に即したものといえる．

気候変動の責任は理論的には国際的な取り決めの制度設計者(国際機関など)から条約締結国全体，国家(中央政府)，地方政府，企業，地域社会，家庭・個人レベルまでの段階がある．ただし，気温上昇に着目するならば，全世界の国家が責任をもって取り組むことが必要であり，フリーライダーや責任回避行動をとればほかの国家にとっても負担の増加になるだけである．いかに国家レベルで責任をもった行動をとり温暖化防止の目標を達成するかが求められている．そこで本節では国家レベルの責任をどのように果たせばよいか，いかに実現するかを主として検討することにする．

誰が責任を負うか

まず，誰が(who)責任をとるかの観点である．この場合，最大の問題は現在のパリ協定では全世界の最終目標は定めているが，どの国にいつまでにどれだけの削減を求めるかを決定する仕組みがないことである．パリ協定第3条では共通だが差異ある責任および各国の能力を原則としている．そして，各国が自主的に削減目標を立て(第4条：Nationally Determined Contribution; NDC)，透明的な枠組み(第13条：Enhanced Transparency Framework; ETF)で測定し，その達成状況を検証する(第14条：Global Stocktake; GST)という仕組みでラチェット(アップ)・メカニズム(野心的なメカニズム)を繰り返すことを通じて2050年までの最終目標(温室効果ガス排出の実質ゼロを通じた平均気温上昇が2℃より低い状態)に到達しようとする．これは，各国に事前に削減の最終目標を割り当て厳格な履行責任を求める

---

[21] 京都議定書では第一約束期間(2008-2012)の排出削減義務を満たさない場合には次期約束期間の排出削減義務に第一次約束期間の排出超過分の1.3倍の排出削減量が上乗せされる等の罰則が課された．

アプローチから，時間の経過とともに目標水準を徐々に引き上げるアプローチ(5年サイクルの定期的な目標引き上げプロセス)に転換したことによる．協定参加国すべてが排出削減にむけ共通に行動することは，京都議定書のように先進国のみが排出削減義務を負っていた状態より前進といえる．ただし，達成状況 GST の結果を受けてどれだけ次期のサイクルで排出削減を進めるか(貢献量)の決定は各国に委ねられている．実際，最初のサイクルの削減目標 NDC の目標値の合計は長期目標(2030年)に必要な排出削減量をはるかに下回っているから，すべて達成しても各国は長期目標にむけて大幅な削減目標 NDC の引き上げを行わねばならない．

要約すると，協定参加国 i は排出削減 x_i を行い目標とする排出削減貢献量($NDC_i^* = y_i^*$)の達成を目指すべく，途中および期間の測定(ETF_i)を経て実績の削減量 $NDC_i = y_i$ を報告しレビューを受ける．このさい，新型コロナウィルス感染症のようなパンデミックによる経済停滞や国際紛争によるエネルギーや食糧価格の変動などの外部要因[22] e_i の影響を受ける．つまり

$$y_i = f(x_i, e_i) \tag{10-1}$$

式(10-1)で排出実績が決定され，目標値 y_i^* と比較されることになる．罰則はないものの結果は公表され，環境 NGO などによって評価もなされるから，$y_i < y_i^*$ では非難され，反対に $y_i > y_i^*$ では称賛される可能性がある．もっとも，自主的に y_i^* は目標として設定されるから自国の能力に照らし，どの程度達成可能性があるか(困難な挑戦的なものか，あるいは容易なものか)の判断を客観的に達成状況 GST に基づき行い合意を得るのは困難と思われる．このため，設定目標を上回る・下回ることをもって自動的に成果や責任の評価に替えることは危険である．しかし，y_i は排出国 i で環境要因 e_i を踏まえて設定するものであるから統制可能性が高いことは確かであり，本著での定義に従えば協定参加国は統制可能性と結果の評価においてアカウンタビリティとしての責任を負う主体になる．

誰への責任か

次に誰に対する責任(to whom)を各国は負うかである．協定参加国は対等な立場であり，最高の意思決定機関は条約を批准した各国の代表が集まる締結国会議(COP)であり，参

---

[22] 記載にある国際的に共通する外部要因と国内の外部要因(自然災害や政権交代など)に区分されると考えられる．

加国合意を原則とする．したがって，国際法の建付けからすると各国は COP に対して責任を負っていることになり，標準的な経済学や政治学での本人・代理人(PA)関係(2.4 参照)とは異なる位置づけにある．PA 関係ではプリンシパル(本人)はエージェント(代理人)にプリンシパルにとって最大の成果を得られるようエージェントと契約し報酬(金銭的なものに限定されない)を支払う契約をするとみなす．プリンシパルはなるたけ多くの成果を少ない報酬で実現しようとし，反対にエージェントは努力を少なくして報酬を得ようと行動すると仮定される．しかし，気候変動でエージェントを各国，プリンシパルを COP とすると，プリンシパルの利害は長期的にはエージェントと一致(COP では各エージェントの集合がプリンシパル)し，PA 関係の制度設計から離れる．短期的にエージェントが効用を高めるには小さな排出量削減を目標とすることであるが，それでは長期の排出量実質ゼロは達成できない．また，ラチェット・メカニズムでエージェントに高い目標を設定するよう誘導することは PA 関係のラチェット効果と似ている．しかし，ラチェット効果はプリンシパルがエージェントの達成すべき目標を引き上げることを予想しエージェントが高めの努力を抑制すること(Milgrom and Roberts, 1992)であり，自主的に達成目標を引き上げることと逆の現象である．各国が COP に対して責任を負っていることは，国内的にはそれぞれの国民に対して排出削減目標の達成に責任を有していることになる．なお，この責任は自主的に設定された目標でかつ定量的なものであるから，統制可能性もあり概念としてアカウンタビリティに相当するものである．

何に対する責任か

次に，何に対して(for what)責任を負うかという点である．COP においてはパリ協定参加国全体として産業革命以前に比べ平均気温上昇を 2℃ より十分低く保つとともに，1.5℃ 上昇までに抑える努力を追求することが世界共通の長期目標となっている．ただし，気温上昇は気候変動の結果であり，気温上昇目標以内になるため何を行うかを明らかにしないと責任を果たすことができない．気候科学や IPCC の活動で温室効果ガス・二酸化炭素排出量と気温との関係が明らかにされてきたので，協定参加国の国別排出削減量 ＝ 貢献量(NDC)は自主的な目標としてこの排出量ベースで責任の対象を客観的に測定できるようにしている．

つまり，COP としては世界共通の気候変動対策の成果たるアウトカムの平均気温上昇に焦点をおき，参加国としては気候変動対策のアウトプットたる排出量

に着目している．アウトプットの達成のため何をするかの活動(インプットとアクティビティ)については，再生可能エネルギーへの置き換えや化石燃料のエネルギー効率の改善や二酸化炭素吸収技術の利用などがある．どの活動をするか組み合わせるかは各国の裁量[23]であるが，途上国への資金援助や技術支援義務を先進国は負っている．その意味で先進国は自主的な排出量削減と同時に途上国支援という活動に関する責任を有している．ただし，排出量削減の責任はアカウンタビリティに区分され，途上国支援は具体的な目標設定と分担がなされていないためレスポンシビリティに区分される．わが国も2021年に気候変動の支援を2021から2025年の5年間で官民合わせて6.5兆円実施することを表明しているが，これはCOPで決定されたのでなく先進国の責務からくる自主的な支援である．

どのように責任を果たすか

そして，これらの気候変動に関する責任をどのようにして(how)実施していくかである．現行ではETFやGSTによるモニタリングを通じたピアレビューと名指しによる非難と名声効果に期待した野心的なNDCの目標設定へのサイクルが主たる方策となっている．しかしながら，各国が自主的に定めた削減目標(NDC)の合計値(対2010年で0.5％削減)は長期目標(2030年)に必要な排出削減量(45％削減)にはるかに達していないため，パリ協定の2℃目標を実現する責任を果たす方策として現状は十分とはいえない．野心的な目標設定競争を通じたラチェット・アップを期待する論理は，国際政治のリアリズムからすると国際合意の得られやすさの利点を認めるにせよ楽観的な考え方と思われる．新型コロナウィルス感染症では感染対策と社会経済活動のバランスをはかるべく長い時間軸が使用されたが，より長い時間の観点から排出削減と持続可能な社会経済活動の両方を満たす対策を講じることが望まれる．一時的な社会経済活動の低下を許容してでも温暖化防止に舵をきるかである．ノードハウスのモデル分析でもGDPが一時的に低下する期間があっても長期的には排出量削減策をとったほうが経済的にもメリットがあるという結果になっている．世界各国のリーダー間での合意形成と実行ができるようにするのが現在に生きる国民の責任であろう．

---

[23] ETFやGSTを通じたモニタリングの実効性を勘案すると排出量に着目するアウトプット管理にならざるを得ないが，各国で具体的に気候変動対策をするには活動レベルが重要である．行政改革でNPMがインプットからアウトプット管理への転換をした背景と限界を気候変動対策で再現しているといえる．

そのため世界的に必要な排出削減量とNDC合計との差の監視，パリ協定で意図した野心的な目標を高めるメカニズムへの貢献や提言，さらには排出削減でなく排出吸収技術および気候変動への適応技術の開発は，環境NGOの重要かつ責任ある行動といえる．とくに気候変動への適応は不確実性が指摘される二酸化炭素主原因説がたとえ科学的に否定される局面になっても，農産物の品種改良や生活維持のため必要な対策である．

気候変動対策としての排出量削減と削減への活動の関係を整理すると，アウトカムの平均気温の上昇 z を目標範囲 z^* 内にするため各国が全世界のアウトプットである排出量削減 y を目標値以上 y^* にするべく各国は必要なアクテイビテイの削減なり吸収活動 x をするという論理になる．定式化すると

$$z = g(y, a) < z^* \tag{10-2a}$$
$$y = \Sigma y_i > y^* \tag{10-2b}$$
$$y_i = f(x_i, e_i)$$

ここで，a は人為的活動以外の気温上昇の要因

　　　　e_i は i 国における排出量削減行動 x_i の環境要因

このように地球温暖化にかかる科学の不確実性とは，排出量と気温の関係および削減に向けた行動と削減量の関係という2段階の予測困難度を反映しているといえる．そして国際政治や地球環境ガバナンスの厄介性(wickedness)とは，最終的な気候変動のガバナンスの成否は各国の努力の程度および各国のおかれた環境要因という質的に異なる二つの管理可能性に直面することである．

われわれは地球環境につき責任の当事者であるとともに客体でもある認識が必要である．

おわりに

　「説明責任」と呼称されるアカウンタビリティの本質と限界について解説し，「説明責任」の過剰な使用を批判した書(『アカウンタビリティを考える』NTT 出版，2013 年)を出して研究に一区切りをつけたと思っていた．ところが，かねてから注目していた國部克彦氏(神戸大学教授)から『アカウンタビリティから経営倫理へ―経済を超えるために―』(有斐閣，2017 年)の献本をいただき，それへの感想を手紙で送ったところ，書評を依頼された．題名からわかるように國部氏はアカウンタビリティが客観的・定量的な測定を前提にした有限責任を扱っているが，それでは企業などの創発的な活動(社会的責任など)を扱うことはできず無限責任としての倫理の重要性を述べている．アカウンタビリティの利点と限界を認識していた私はおおいに共感すると同時にいかに「無限責任」を果たしていくのか，測定はどうするのかの疑問を呈した．

　そこから國部氏と相談して関連分野の専門家からなる学際的な研究会をつくる話へと発展し，國部氏，後藤玲子氏(経済哲学)，瀧川裕英氏(法哲学)，神島裕子氏(政治哲学)，金森絵里氏(会計学)と当方の 6 名からなる研究会活動が新型コロナウイルス感染症のパンデミック 1 年前くらいから始まった．第一期研究会(現在は若干メンバーを替えて第二期研究会を継続中)の成果は 2023 年に國部克彦・後藤玲子編著『責任という倫理―不安の時代に問う』(ミネルヴァ書房)として刊行された．しかし，そこで主として具体的素材として扱ったのは新型コロナウイルス感染症であった．せっかくの研究会で議論し理解が深まった「責任」についてまとめてみたいという意欲が高まった．

　アマルティア・セン，ジョン・ロールズという巨人の思想を研究してきた後藤・瀧川・神島氏のアプローチの厳格さや國部・金森氏の鋭い既存学問への批判と克服しようとする創造力に学ぶとともにおおいに啓発された．研究会の活動で得られた責任に関する探究につき，アカウンタビリティ論を包含する形で有限責任と無限責任との区分についても自分なりの回答を見出したので，それを社会に発信して少しなりとも研究者として責任を果たしたいと考えた．

幸いにして丸善出版株式会社に刊行の意義を認めていただき出版にこぎつけることができた．これも編集者の小畑悠一氏の的確な方向付けと労苦に負っており厚く感謝する．また，学界転出の相談以来，30年以上にわたりご指導賜っている宮川公男先生（一橋大学名誉教授）にはいつも励ましていただき謝意を捧げたい．

　もとより，本書がどれだけ所期の目的を達しているかは読者の判断を待つほかないが，多くの方が本書を通じてこの分野に関心を示していただき世界およびわが国の政治・経済を含めた社会がより責任あるものになるよう願うばかりである．トランプ政権が2期目に入った状況下で，個人から世界全体の責任をどう果たしていくか考えていただく一助になれば望外の喜びである．

2025年1月吉日

山本　清

参 考 文 献

〈邦文〉

相川哲也ほか(2022).「少子化対策と出生率に関する研究のサーベイ―結婚支援や不妊治療などの社会動向の変化と実証分析を中心とした研究の動向―」ESRI Research Note, No.66.
会澤綾子(2023).「技術的問題における慣習的な不正行為の継承と規範化―三つの視点で見る自動車会社の燃費不正問題―」組織科学，57(2)：4-18.
朝倉輝一(2021).「「自己責任」論の陥穽―責任概念の再構築のために―」東洋法学第64巻第3号，pp.169-187.
浅田和茂(1993).「刑法学における責任と刑罰」法社会学45号，pp.144-149.
阿藤誠(1997).「日本の超少産化現象と価値観変動仮説」人口問題研究，53(1)：3-20.
―――(2017).「少子化問題を考える―少子化の人口学的メカニズムを踏まえつつ―」医療と社会，27(1)：5-20.
石川基樹(2007).「結婚・家族に関する価値意識と少子化」人間科学研究，20(2)：27-36.
ウォルフレン，カレル・ヴァン(1994).『人間を幸福にしない日本というシステム』(篠原勝訳)毎日新聞社．
江口聡(2011).『妊娠中絶の生命倫理』勁草書房．
江夏幾多郎(2020).「報酬管理と組織業績―業績給(Pay for Performance)研究についてのレビューから」日本労働研究雑誌，No.723，pp.19-29.
太田宏(2011).「国際関係論と環境問題―気候変動問題に焦点を当てて―」国際政治，第166号，pp.12-25.
大西祥世(2015).「内閣の国会に対する責任と二院制」立命館法学，359号，pp.52-74.
岡野八代(2007).「シティズンシップ論再考―責任論の観点から―」年報政治学，58(2)：122-141.
お茶の水女子大学(2018).「保護者に対する調査の結果と学力等との関係の専門的な分析に関する調査研究」平成29年度「学力調査を活用した専門的な問題分析に関する調査研究」(文部科学省委託研究)．
尾身茂(2023).『1100日間の葛藤　新型コロナ・パンデミック，専門家たちの記録』日経BP.
加賀谷哲之(2023).「サステナビリティ開示の拡充とその影響」資本市場，No.450，pp.4-14.
角松生史(2012).「行政のアカウンタビリティの展開」法政策研究会．『法政策学の試み(法政策研究第13集)』，pp.3-18，信山社．
金子隆一(2023).「人口動向の新たな見通しと，それが現代社会に問うもの」学術の動向，28(6)：10-17.
金成隆一(2017).『ルポ　トランプ王国―もう一つのアメリカを行く―』岩波新書．
―――(2019).『ルポ　トランプ王国2：ラストベルト再訪』岩波新書．
北川尚人(2020).『トヨタチーフエンジニアの仕事』講談社．
KPMG (2024).「日本の企業報告に関する調査2023」
国立社会保障・人口問題研究所(2024).「日本の世帯数の将来推計(全国推計)」
小島妙子(2014).「妊娠中絶に関する「自己決定権」―出生前診断をめぐって」法社会学，第80号，pp.170-193.
國部克彦(2017).『アカウンタビリティから経営倫理へ』有斐閣．
―――(2023).「リスク社会における責任と倫理―混乱を克服するために」國部克彦・後藤玲子．『責任という倫理―不安の時代に問う―』，pp.9-28，ミネルヴァ書房．
小坂井敏晶(2008).『責任という虚構』東京大学出版会．
―――(2020).『増補　責任という虚構』ちくま学芸文庫．
小手川正二郎(2016).「「責任を負うこと」と「責任を感じること」―レヴィナスの責任論の意義―」国学院大学紀要，第54巻，pp.29-42.

参 考 文 献

小林良彰(2000).『選挙・投票行動』東京大学出版会.
参議院法制局(2020).「法律における外来語―時代に対応し得る法律を目指して―」(https://houseikyoku.sangiin.go.jp/column/column004.htm)
接触確認アプリCOCOAの運営に関する連携チーム(2023).「新型コロナウイルス接触確認アプリ(COCOA)の取組に関する総括報告書」
高井寛(2017).「責任ある行為主体とは―ハイデガーの洞察に基づいて―」倫理学年報, 第66集, pp.143-157.
瀧川裕英(2003).『責任の意味と制度―負担から応答へ』勁草書房.
―――(2005).「「自己責任論」の分析―魅力と限界」イラクから帰国された5人をサポートする会.『いま問いなおす「自己責任論」』pp.61-92, 新曜社.
団藤重光(1990).『刑法綱要総論 第3版』創文社.
土屋隆祐(2019).「EBPMとエビデンスレベルの評価指標」ESRI Research Note, No.49.
塚原久美(2013).「妊娠中絶の何が問題か」医学哲学・医学倫理, 第31号, pp.59-62.
徳永元(2017).「責任主義の根拠に関する一考察―限定責任能力の裁判上の機能を素材として」九州法学会会報, pp.1-4.
友岡賛(2020).「Stewardshipとaccountability―会計学の考え方(7)―」三田商学研究, 63(2):1-14.
中沢志保(1986).「アメリカの初期核政策と科学者の立場―オッペンハイマーの視点を中心に―」国際政治, 第83号, pp.126-142.
中原翔(2024).『組織不正はいつも正しい―ソーシャル・アバランチを防ぐには―』光文社.
永瀬伸子(2023).「少子化対策, 何ができるか(下)「出産は損」の現状, 是正を急げ」経済教室(10月30日), 日本経済新聞.
中森弘樹(2016).「現代社会における「責任の不発化」とその処方箋の検討―責任実践の社会学的研究に向けて―」社会システム研究, 第19号, pp.177-193.
中村剛(2010).「福祉思想としての新たな公的責任―「自己責任論」を超克する福祉思想の形成―」社会福祉学, 51(3):5-17.
中根千枝(1967).『タテ社会の人間関係』講談社.
西谷真規子(2022).「新時代のグローバル・ガバナンス論―気候変動ガバナンスとアメリカのリーダーシップ―」政策オピニオン, No.246.
西尾勝(1990).『行政学の基礎概念』東京大学出版会.
西田典之(2019).『刑法総論〈第3版〉(橋爪隆補訂)』弘文堂.
野崎泰伸(2012).「中絶の規範理論のために:胎児の権利と女性の権利との対立を越えて」現代生命哲学研究, 第1号, pp.11-24.
林田ひろ子(2023).「まもなくCOP28がスタート!日本人は気候変動についてどう思っている?～ISSP国際比較調査『環境』から～」(https://www.nhk.or.jp/bunken-blog/500/489504.html).
宮沢俊義(1978).『全訂日本国憲法(芦部信喜補訂)』日本評論社.
森大輔(2020).「日本の死刑の抑止効果―3つの先行研究の計量分析の再検討」熊本法学, 第148号, pp.344-416.
森岡正博(2020).『生まれてこないほうが良かったのか?―生命の哲学へ!』筑摩書房.
文部科学省中央教育審議会(2007).「次代を担う自立した青少年の育成に向けて」(答申)
RIETI EBPMセンター(2023).「グリーンイノベーション基金事業に関する検証シナリオ(第二次案)についてのRIETI EBPMセンターからのアドバイス」(https://www.rieti.go.jp/about/activities/23090702/)
山口厚(2016).『刑法総論第3版』有斐閣.
山本清(2004).「住民選好と自治体経営」地方自治研究, 19(1):25-36.
―――(2013).『アカウンタビリティを考える』NTT出版.
―――(2022).「政府の財務報告の透明性と市民の理解可能性:調査実験的研究」日本会計研究学会第81回全国大会報告論文.
―――(2023).「公共政策と責任―コロナ禍の政策過程」國部克彦・後藤玲子『責任という倫理―不安の時代に問う―』, pp.61-94, ミネルヴァ書房.
山谷清志(2006).『政策評価の実践とその課題:アカウンタビリティのジレンマ』萌書房.

吉崎祥司（2014）．『「自己責任論」をのりこえる　連帯と「社会的責任」の哲学』学習の友社．
吉田栄司（2005）．「地方議会議員の免責と非免責―ライアビリティーとアカウンタビリティー，レスポンシビリティーの区別―」関西大学法学論集，54(6)：1193-1235．

〈外国語文献〉
Albrecht, W.S. (1991). Fraud in Government Entities: The Perpetrators and the Types of Fraud. *Government Finance Review*, 7(6):27-30.
Ashforth, B.E. and V. Anand (2003). The Normalization of Corruption in Organizations. *Research in Organizational Behaviour*, 25:1-52.
Betz, G. (2013). In Defense of the Value Free Ideal. *European Journal for Philosophy of Science*, 3:207-220.
Benedict, R. F. (1946). *The Chrysanthemum and the Sword: Patterns of Japanese Culture*, Hughton Mifflin（ベネディクト『菊と刀―日本文化の型』長谷川松治訳，講談社学術文庫，2005 年）．
Boston, J., J. Martin, J. Pallot and P. Walsh (1996). *Public Management: The New Zealand Model*, Oxford: Oxford University Press.
Churchman, C.W. (1967). Wicked Problems. *Management Science*, 14(4): B141-142.
Cressey, D. (1953). *Other People's Money: A Study in the Social Psychology of Embezzlement*. Glencoe: Free Press.
Davis, J.H., D. Schoorman and L. Donaldson (1997).Toward a Stewardship Theory of Management. *Academy of Management Review*, 22(1):20-47.
Day, P. and R. Klein (1987). *Accountabilities: Five Public Services*. London:Tavistock Publishers.
Deci, E.L. (1975). *Intrinsic Motivation*. New York: Plenum.
DiMaggio, P.J. and W.W. Powell (1983). The Iron Cage Revisited: Institutional Isomorphism and Collective Rationality in Organizational Fields. *American Sociological Review*, 48: 147-160.
Dryzek, J.S. and S. Niemeyer (2019). Deliberative Democracy and Climate Governance. *Nature Human Behaviour*, 3(5):411-413.
Eisenberg, E.M. (1984). Ambiguity as Strategy in Organizational Communication. *Communication Monographs*, 53(3):227-242.
―――(2006). *Strategic Ambiguities: Essays on Communication, Organization and Identity*. London: Sage Publications.
Falkner, R. (2016). The Paris Agreement and the New Logic of International Climate Politics. *International Affairs*, 92(5):1107-1125.
Gilbert, C.E. (1959). The framework of Administrative Responsibility. *The Journal of Politics*, 21(3):373-407.
Goldfinch, S. and K. Yamamoto (2019). Citizen Perceptions of Public Management: Hybridisation and Post-new public management in Japan and New Zealand. *Australian Journal of Public Administration*, 78(1):79-94.
Goodin, R.E. (1985). *Protecting the Vulnerable: A re-analysis of our social responsibilities*. Chicago: The University of Chicago Press.
Grant, R.W. and R.O. Keohane (2005). Accountability and Abuses of Power in World Politics. *American Political Science Review*, 99(1):29-43.
Grossi, G., P.P. Biancone, S. Secinaro, V. Brescia (2021). Dialogic Accounting through Popular Reporting and Digital Platforms. *Meditari Accountancy Research*, 29(7):75-93.
Gundersen, T. (2020). Value-Free yet Policy-Relevant? The Normative Views of Climate Scientists and Their Bearing on Philosophy. *Perspectives on Science*, 28(1):89-118.
―――(2024). Trustworthy Science Advice: The Case of Policy Recommendations. *Res Publica*, 30:125-143.
Hart, H.L.A. (1968). *Punishment and Responsibility―Essays in the Philosophy of Law*, Oxford: Oxford University Press.
Heidegger, M. (1927). *Sein und Zeit*, Max Niemeyer（マルティン・ハイデッガー『存在と時間』細谷貞雄訳，ちくま学芸文庫(上)，(下)，1994 年）．
Heider, F. (1958). *The Psychology of Interpersonal Relations*. Hillsdale: Erlbaum.

Herbert, L. (1972). The Environment in Government Accounting in the Seventies. *The GAO Review*, Fall, 22-32.
Hicks, D. (2014). A New Direction for Science and Values. *Synthese*, 191:3271-3295.
Hood, C. (1976). *The Tools of Government*. Chatham: Chatham House.
――――(2011). *The Blame Game: Spin, Bureaucracy and Self-preservation in Government*. Princeton: Princeton University Press.
Kaufman, H. (1977). *Red Tape: Its Origins, Uses, and Abuses*. Washington: Brookings Institution (ハーバート・カウフマン『官僚はなぜ規制したがるのか　レッド・テープの理由と実態』今村都南雄訳, 勁草書房, 2015 年).
Keohane, R.O. (2001). Governance in a Partially Globalized World. *American Political Science Review*, 95(1): 1-13.
――――(2006). Accountability in World Politics. *Scandinavian Political Studies*, 29(2):75-87.
Kingdon, J.W. (1984). *Agendas, Alternatives and Public Policies*. Boston: Brown and Company.
Kurz, C.F. and D.J. Snowden (2003). The New Dynamics of Strategy: Sense-making in a Complex and Complicated World. *IBM Systems Journal*, 42(3):462-483.
Leach, M., I. Scoones and A. Stirling (2010). *Dynamic Sustainabilities*. London and New York: Routledge.
Lerner, J.S. and P.E. Tetlock (1999). Accounting for the Effects of Accountability. *Psychological Bulletin*, 125(2):255-275.
Levinas, E. (1974). *Autremente qu'être ou au-delà de léssence*. Den Haag: Matinus Nijhoff (レヴィナス『存在の彼方へ』合田正人訳, 講談社, 1999 年).
Locke, E.A. (1968). Toward a Theory of Task Motivation and Incentives. *Organizational Behaviors and Human Performance*, 3(2): 157-189.
Locke, E.A. and G.P. Latham (1990). *A Theory of Goal Setting and Task Performance*. Englewood Cliffs: Prentice Hall.
Lynn, L. E. Jr. (1996). *Public Management as Art, Science, and Profession*. Chatham: Chatham House.
Milgrom, P.R. and J.E. Roberts (1992). *Economics, Organization and Management*. Hoboken: Prentice Hall(ポール・ミグロム, ジョン・ロバーツ『組織の経済学』奥野正寛ほか訳, NTT 出版, 1997 年).
Mounk, Y. (2017). *The Age of Responsibility*. Cambridge: Harvard University Press (モンク『自己責任の時代』那須耕介・亜村亜寿香訳, みすず書房, 2019 年).
Myrick, J.G. and S.E. Comfort (2020). The Pope May Not Be Enough: How Emotions, Populist Beliefs, and Perceptions of an Elite Messenger Interact to Influence Responses to Climate Change Messaging. *Mass Communication and Society*, 23(1):1-21.
Nagin, D.S. and J.V. Pepper (2012). *Deterrence and the Death Penalty*. Washington: The National Academies Press.
Nordhaus, W. D. (1993). Rolling the 'DICE' : An Optical Transition Path for Controlling Greenhouse Gases. *Resource and Energy Economics*. 15(1):27-50.
――――(2019). Climate Change: The Ultimate Challenge for Economics. *American Economic Review*, 109(6):1991-2014.
Norman, R. (2001). Letting and making Managers Manage: The Effect of Control Systems on Management Action in New Zealand's Central Government. *International Public Management Journal*, 4(1):65-89.
OECD (2015). Scientific Advice for Policy Making: The Role and Responsibility of expert Bodies and Individual Scientists. *OECD Science, Technology and Industry Policy Papers* No.21.
Rein, M. (1983). Value-Critical Policy Analysis in D. Callahan and B. Jennings (eds.). *Ethics, The Social Sciences, and Policy Analysis*, pp.83-111, New York: Plenum.
Rittel, H.W.J. and M.M. Webber (1973). Dilemmas in a General theory of Planning. *Policy Sciences*, 4:155-169.
Rock, E. (2020). *Measuring Accountability in Public Governance Regimes*. Cambridge: Cambridge University Press.

Roe, E. (2020). Control, Manage or Cope? A Politics for Risks, Uncertainties and Unknown-unknowns in I. Scoones and A. Stirling (eds.). *The Politics of Uncertainty: Challenges of Transformation*, pp.73-84, London and New York: Routledge.
Rosenau, J.N. (1999). The Future of Politics. *Futures*, 31(9-10):1005-1016.
Rudner, R. (1953). The Scientist Qua Scientists Makes Value Judgements. *Philosophy of Science*, 20(1):1-6.
Scanlon, T.M. (1998). *What We Owe to Each Other*. Cambridge: Harvard University Press.
Schick, A. (1966).The Road to PPB: The Stages of Budget Reform. *Public Administration Review*, 26(4):243-258.
―――(1996).*The Spirit of Reform: Managing the New Zealand State Sector in a Time of Change*. Wellington: State Services Commission.
Schön, D.A. (1984). *The Reflective Practitioners: How Professionals Think in Action*. New York: Basic Books.
Schön, D.A. and M. Rein (1994). *Frame Reflection*. New York: Basic Books.
Shaver, K.G. (1985). *The Attribution of Blame*. New York: Springer-Verlag.
Shaver, K.G. and D. Drown (1986). On Causality, responsibility, and Self-blame: A Theoretical Note. *Journal of Personality and Social Psychology*, 50(4):697-702.
Stewart, J. (1984). The Role of Information in Public Accountability in Hopwood, A.G. and Tomkins, C.R. (eds.). *Issues in Public Sector Accounting*, pp.13-34, Oxford: Philip Allan.
Stirling, A. (2010). Keep It Complex. *Nature*, 468:1029-1031.
Sundaramurthy, C. and M. Lewis (2003). Controlled Collaboration: Paradoxes of Governance. *Academy of Management Review*, 28(3): 397-415.
Tetlock, P.E. (1992). The Impact of Accountability on Judgement and Choice: Toward a Social Contingency Model. *Advances in Experimental Social Psychology*, 25: 331-376.
Thornton, P.H., C. Jones and K. Kury (2005). Institutional Logics and Institutional Change in Organizations: Transformation in Accounting, Architecture, and Publishing. *Research in the Sociology of Organizations*, 23:125-170.
Tosun, J. and B.G. Peters (2021). The Politics of Climate Change: Domestic and International Responses to a Global Challenge. *International Political Science Review*, 42(1):3-15.
UN (2024). *Joint UN Statement: Calling for Sexual and Reproductive Health and Rights for All*.
UNDP (2024). *Peoples' Climate Vote 2024 Results*.
Vroom, V.H. (1964). *Work and Motivation*. New York: Wiley.
Watanabe, T. and T. Yabu (2021). Japan's Voluntary Lockdown. *PLoS One*, 16(6):e0252468.
Weick, K.E. (1995). *Sensemaking in Organizations*. Thousand Oaks: Sage.
Yankelovich, D. (1999). *The Magic of Dialogue: Transforming Conflict into Cooperation*. New York: Simon & Schuster.

事項索引

●英　字
COP→気候変動枠組条約締結国会議
CSR→企業の社会的責任
EBM→証拠に基づく医療
EBPM→証拠に基づく政策立案
GHG→温室効果ガス
IPCC→気候変動に関する政府間パネル
NPM→新公共管理
PA理論→本人・代理人理論
RCT→ランダム化比較試験
Scope1,2,3　129
TCFD→気候変動関係の財務開示
UNFCCC→気候変動に関する国際連合枠組条約

●あ
アカウンタビリティ　7, 61, 99
　　パブリック・――　97
イラク人質事件　71
応答責任　29
　　――モデル　17
応答的責任　76
温室効果ガス　127, 181
カーボン・ニュートラル　178
カオス　20, 69
科学的助言　156
型式認証制度　117
企業会計の慣行　84
企業の社会的責任　83
帰結主義　43
気候変動関係の財務開示　88
気候変動に関する国際連合枠組条約　185

気候変動に関する政府間パネル　177
気候変動枠組条約締結国会議　185, 198
帰責主義　43
グローバル・ガバナンス　184
契約的責任　21
行為－因果モデル　17, 23
コミュニケーション・ギャップ　67

●さ
自己責任　61, 71
社会的強制　72
社会的責任論　39
受託責任論　38
証拠に基づく医療　103
証拠に基づく政策立案　103
情報公開　102
情報の非対称性　16, 54
将来世代への責任　24, 25
新公共管理　35, 71
人口問題審議会　151
政策の討議空間　150
政策評価　102
政策用具のNATO　162
政治資金規正法　95
政治資金収支報告書　95
政治的責任　33, 62
脆弱性モデル　41
政党助成法　97
責任主義　31
責任の帰属理論　39
説明責任　102
専門家の責任　155

事 項 索 引

●た
胎児への責任　143
対話型の責任　53
他行為可能性　31
地球温暖化　177
中立的な評定　22
動機づけ理論　50
道義的責任　21, 33
統制可能性　62
道徳的責任　22, 39, 63
登録政治資金監査人　98

●な
内部通報　119
　——制度　34
日本弁護士連合会　121
妊娠中絶　140

●は
パリ協定　186
パンデミックの不確実性　159
ハンマーとダンス　164
不確実　20, 69
不確実性　69
　——の類型　69
複雑　20, 69

不正の常態化理論　115
不正のトライアングル理論　115
法的責任　22, 33, 62
本人・代理人理論　37

●ま
無限責任　30, 68
名声効果　196
目標設定競争　199
目標設定理論　187
目標達成責任　62
モラル・ハザード　4

●や
厄介な問題　19
有限責任　68

●ら
ラチェット・メカニズム　196
ランダム化比較試験　103, 163
リスク　20, 69
リプロダクティブ・ライツ　135
レスポンシビリティ　7, 61, 99
レッドテープ　47
ロジックモデル　88, 106

人名索引

● あ
会澤綾子　116
ウォルフレン，カレル　80
オッペンハイマー，ロバート　154
尾身茂　153

● か
金子隆一　136
ギルバート，チャールズ　34
キングドン，ジョン　105
グディン，ロバート　41
クルツ，シンシア　20
グンダーソン，トービヨン　157
國部克彦　68
小坂井晶　7
コヘイン，ロバート　185

● さ
シェーバー，ケリー　39
シック，アラン　38
スキャンロン，トマス　29
スターリング，アンドリュー　69
スノーデン，デビッド　20

● た
瀧川裕英　29, 72

デイ，パトリシア　185
テトロック，フィリップ　40
トランプ，ドナルド　3

● な
中根千枝　72
中原翔　116
ノードハウス，ウィリアム　192
野崎泰伸　141

● は
ハート，ハーバート　27
フォルクナー，ロバート　187
フッド，クリストファー　88
ブルーム，ビクター　50

● ま
牧原出　169
三輪芳明　108
モンク，ヤシャ　4

● や・ら
ヤンケロビッチ，ダニエル　52
リーチ，メリッサ　159
ローズノー，ジェームズ　185
ロック，エレン　23

山本　清（やまもと　きよし）
東京大学名誉教授．国際公会計学会会長．
1975年，京都大学工学部卒業．博士（経済学）．小樽商科大学助教授，岡山大学教授，国立学校財務センター教授，東京大学教育学研究科教授のほか，日本地方自治研究学会理事，日本高等教育学会理事などの要職を歴任．専門は政府・大学の経営，政策科学．
おもな著書に『アカウンタビリティを考える―どうして「説明責任」になったのか』（NTT出版），『政府会計の改革―国・自治体・独立行政法人会計のゆくえ』（中央経済社）などがある．

責任から考える現代社会

　　　　　　　　　　令和7年4月20日　発　行

著作者　　山　本　　　清

発行者　　池　田　和　博

発行所　　丸善出版株式会社
　　　　　〒101-0051　東京都千代田区神田神保町二丁目17番
　　　　　編集：電話（03）3512-3266／FAX（03）3512-3272
　　　　　営業：電話（03）3512-3256／FAX（03）3512-3270
　　　　　https://www.maruzen-publishing.co.jp

Ⓒ Kiyoshi Yamamoto, 2025
組版印刷・中央印刷株式会社／製本・株式会社　松岳社
ISBN 978-4-621-31092-2　C 3030　　　　　Printed in Japan

本書の無断複写は著作権法上での例外を除き禁じられています．